die 42 wichtigsten Fälle zur GoA und zum Bereicherungsrecht

Hemmer/Wüst/Peterek

Januar 2007

Hemmer/Wüst Verlagsgesellschaft

Hemmer/Wüst/Peterek, die 42 wichtigsten Fälle zur GoA und zum Bereicherungsrecht

ISBN 3-89634-707-1

3. Auflage, Januar 2007

gedruckt auf chlorfrei gebleichtem Papier
von Schleunungdruck GmbH, Marktheidenfeld

Vorwort

Die vorliegende Fallsammlung ist für **Studenten in den ersten Semestern** gedacht. Gerade in dieser Phase ist es wichtig, bei der Auswahl der Lernmaterialien den richtigen Weg einzuschlagen. **Auch in den späteren Semestern und im Referendariat** sollte man in den grundsätzlichen Problemfeldern sicher sein. Die essentials sollte jeder kennen.

Die Gefahr zu Beginn des Studiums liegt darin, den Stoff zu abstrakt zu erarbeiten. Nur ein **problemorientiertes Lernen**, d.h. ein Lernen am konkreten Fall, führt zum Erfolg. Das gilt für die kleinen Scheine / die Zwischenprüfung genauso wie für das Examen. In juristischen Klausuren wird nicht ein möglichst breites Wissen abgeprüft. In juristischen Klausuren steht der Umgang mit konkreten Problemen im Vordergrund. Nur wer gelernt hat, sich die Probleme des Falles aus dem Sachverhalt zu erschließen, schreibt die gute Klausur. Es geht darum, Probleme zu erkennen und zu lösen. Abstraktes anwendungsunspezifisches Wissen, sog. „Träges Wissen“, täuscht Sicherheit vor, schadet aber letztlich.

Bei der Anwendung dieser Lernmethode sind wir Marktführer. Profitieren Sie von der fast 30-jährigen Erfahrung des Juristischen Repetitoriums hemmer im Umgang mit Examensklausuren. Diese Erfahrung fließt in sämtliche Skripten des Verlages ein. Das Repetitorium beschäftigt und beschäftigte **ausschließlich Spitzenjuristen**, teilweise Landesbeste ihres eigenen Examenstermins. Die so erreichte Qualität in Unterricht und Skripten werden Sie woanders vergeblich suchen. Lernen Sie mit den Profis!

Ihre Aufgabe als Jurist wird es einmal sein, konkrete Fälle zu lösen. Diese Fähigkeit zu erwerben ist das Ziel einer guten juristischen Ausbildung. Nutzen Sie die Chance, diese Fähigkeit bereits zu Beginn Ihres Studiums zu trainieren. Erarbeiten Sie sich das notwendige Handwerkszeug anhand unserer Fälle. Sie werden feststellen: Wer Jura richtig lernt, dem macht es auch Spaß. Je mehr Sie verstehen, desto mehr Freude werden Sie haben, sich neue Probleme durch eigenständiges Denken zu erarbeiten. Wir bieten Ihnen mit unserer **juristischen Kompetenz** die notwendige Hilfestellung.

Fallsammlungen gibt es viele. Die Auswahl des richtigen Lernmaterials ist jedoch der entscheidende Aspekt. Vertrauen Sie auf unsere Erfahrungen im Umgang mit Prüfungsklausuren. Unser Beruf ist es, **alle klausurrelevanten Inhalte** zusammenzutragen und verständlich aufzubereiten. Prüfungsinhalte wiederholen sich. Wir vermitteln Ihnen das, worauf es in der Prüfung ankommt – verständlich – knapp – präzise.

Achten Sie dabei insbesondere auf die richtige Formulierung. Jura ist eine Kunstsprache, die es zu beherrschen gilt. Abstrakte Floskeln, ausgedehnte Meinungsstreitigkeiten sollten vermieden werden. Wir haben die Fälle daher bewusst kurz gehalten. Der Blick für das Wesentlich darf bei der Bearbeitung von Fällen nie verloren gehen.

Wir hoffen, Ihnen den Einstieg in das juristische Denken mit der vorliegenden Fallsammlung zu erleichtern und würden uns freuen, Sie auf Ihrem Weg in der Ausbildung auch weiterhin begleiten zu dürfen.

hemmer wüst

Inhaltsverzeichnis: Die Zahlen beziehen sich auf die Seiten des Skripts.

Kapitel IV: Verhältnis von GoA und Bereicherungsrecht

Kapitel V: Die Leistungskondiktion

Kapitel VI: Die Nichtleistungskondiktion

Kapitel VII: Bereicherungsrechtliche Drittbeziehungen

Kapitel I: Der Tatbestand der GoA

Fall 1: Nachbarn am Chiemsee (Einführungsfall)

Sachverhalt:

A und B sind Eigentümer zweier benachbarter Ferienhäuser am Chiemsee. Die beiden haben die Hausschlüssel untereinander ausgetauscht, damit im Falle der Abwesenheit des einen der andere im Haus nach dem Rechten sehen kann. Wie A weiß, sucht B schon seit langem erfolglos Mieter für sein Ferienhaus. Als B einmal nicht da ist, vermietet A das Ferienhaus für ein Wochenende an seine Freunde. Dabei entstehen dem A Aufwendungen durch Telefonkosten.

Kann A Ersatz der Aufwendungen von B aus GoA verlangen?

I. Einordnung

Dieser erste, sehr einfache Fall soll Sie als Grundfall in den Problemkreis der Geschäftsführung ohne Auftrag (GoA) einführen. Die Regelungen der GoA finden sich in den §§ 677 ff. BGB.

Gerade bei Studenten in den Anfangssemestern herrscht oft eine große Unsicherheit bezüglich **Tatbestandsvoraussetzungen**, **Prüfungsaufbau** und **Systematik**. Dieser Fall dient der Darstellung der Tatbestandsmerkmale und zeigt die systematischen Weichenstellungen auf, die Sie in Ihrer Falllösung beachten müssen.

Anmerkung: Die Beteiligten bei der GoA nennt man Geschäftsherr (in unserem Fall wäre das B) und Geschäftsführer (A).

Die §§ 677 ff. BGB enthalten **vier verschiedene Typen der Geschäftsführung**: die echte GoA mit den Unterfällen berechtigte und unberechtigte GoA und die „unechte GoA“ (besser: Eigengeschäftsführung) mit den Unterfällen irrtümliche und angemaßte Eigengeschäftsführung. Diese vier Fallgruppen beinhalten jeweils unterschiedliche Rechtsfolgen, die der entsprechenden Schutzwürdigkeit von Geschäftsherrn (in dessen Rechts- oder Interessenkreis ungefragt eingedrungen wird) oder Geschäftsführer (der möglicherweise rein altruistisch tätig wird) angepasst sind.

II. Gliederung

Anspruch des A gegen B auf Aufwendungsersatz gem. §§ 677, 683 S.1, 670 BGB

1. **Besorgung eines fremden Geschäfts,** § 677 BGB
   a) Vorliegen eines Geschäfts
   b) Fremdheit des Geschäfts
2. **Ohne Auftrag oder sonstige Berechtigung,** § 677 BGB
3. **Fremdgeschäftsführungswille,** § 677 BGB
4. **Berechtigung zur Geschäftsführung,** §§ 683 f. BGB

III. Lösung

Anspruch A gegen B auf Aufwendungsersatz gem. §§ 677, 683 S.1, 670 BGB

A könnte gegen B einen Anspruch auf Ersatz seiner Aufwendungen gemäß §§ 677, 683 S.1, 670 BGB haben.

Dazu müsste der Tatbestand einer GoA erfüllt sein. Dies wäre der Fall, wenn A als Geschäftsführer ohne Auftrag oder sonstige Berechtigung ein fremdes Geschäft mit Fremdgeschäftsführungswille für den Geschäftsherrn B besorgt hätte, § 677 BGB.

1. Besorgung eines fremden Geschäfts

Zuerst müsste A ein fremdes Geschäft geführt haben.

a) Vorliegen eines Geschäfts

Dies wäre der Fall, wenn die Vermietung eines Ferienhauses ein Geschäft im Sinne des § 677 BGB darstellen würde.

Unter **Geschäft** i.S.d. § 677 BGB ist **jedes Handeln mit wirtschaftlichen Folgen außer bloßem Unterlassen, Dulden oder Geben** zu verstehen. Erforderlich ist ein aktives Handeln.

Anmerkung: Unter diese weite Definition fällt fast jede Tätigkeit. In der Klausur wird an dieser Stelle selten ein Problem auftreten. Lernen Sie frühzeitig unproblematische Punkte auch schnell und kurz, aber präzise abzuhandeln.

Die Vermietung des Ferienhauses ist eine aktive Handlung mit wirtschaftlichen Folgen. A hat somit ein Geschäft geführt.

b) Fremdheit des Geschäfts

Weiter müsste A ein fremdes Geschäft geführt haben.

Fremde Geschäfte i.S.d. § 677 BGB lassen sich unterscheiden in objektiv fremde Geschäfte, auch-fremde Geschäfte und subjektiv fremde Geschäfte.

Hier könnte A ein **objektiv fremdes Geschäft** geführt haben. Ein solches liegt vor, wenn das Geschäft **schon nach seinem äußeren Erscheinungsbild nicht zum Rechts- und Interessenkreis des Geschäftsführers gehört**.

Die Vermietung eines im Eigentum eines anderen stehenden Ferienhauses gehört schon äußerlich nicht zum Rechtskreis des A.

Er hat folglich ein objektiv fremdes Geschäft geführt.

Anmerkung: Das subjektiv fremde Geschäft ist hingegen äußerlich neutral, z.B. der Erwerb einer Sache.
Es wird erst dadurch zum fremden Geschäft, dass es in Fremdgeschäftsführungswillen vorgenommen wird. Für die Klausur bedeutet dies, dass Sie diesen Prüfungspunkt vorziehen müssen.
Das eigentliche Problemfeld an dieser Stelle bilden die auch-fremden Geschäfte. Dies sind Geschäfte, die zugleich im eigenen und fremden Interesse liegen. Sie stellen ein Problem mehr dar und ermöglichen so eine Notendifferenzierung. Wegen ihrer extremen Klausurrelevanz wird später in eigenen Fällen darauf näher eingegangen.

2. Ohne Auftrag oder sonstige Berechtigung

A müsste das objektiv fremde Geschäft ohne Auftrag oder sonstige Berechtigung geführt haben. Die Berechtigung müsste dabei gerade gegenüber dem Geschäftsherrn bestehen.

a) „Auftrag“ i.S.d. § 677 BGB

Unter **Auftrag** ist hierbei nicht nur der Auftrag nach §§ 662 ff. BGB, sondern **jeder Verpflichtungsvertrag** zu verstehen.

Zwischen A und B wurde jedenfalls kein Verpflichtungsvertrag geschlossen.

b) Sonstige Berechtigung

Sonstige Berechtigung ist **jede gesetzliche Befugnis zur Führung eines fremden Geschäfts**, z.B. als Organ einer juristischen Person (etwa § 35 I GmbHG), Eltern für ihre Kinder (§§ 1626, 1629 BGB).

Auch eine solche Berechtigung ist für A nicht ersichtlich. Folglich handelt A ohne Auftrag oder sonstige Berechtigung.

3. Fremdgeschäftsführungswille

A müsste schließlich das objektiv fremde Geschäft mit **Fremdgeschäftsführungswillen** (FGW) geführt haben.

FGW ist das **Bewusstsein ein fremdes Geschäft für einen anderen zu führen**.

Anmerkung: Allen vier Typen der GoA ist gemeinsam, dass ohne Auftrag oder sonstige Berechtigung ein fremdes Geschäft geführt wird. An dieser Stelle grenzen Sie jetzt die echte GoA von der „unechten GoA“ (oder besser der Eigengeschäftsführung) anhand von § 687 BGB ab.
Fehlt das Bewusstsein, dass es sich um ein fremdes Geschäft handelt, liegt eine irrtümliche Eigengeschäftsführung (§ 687 I BGB) vor, fehlt der Wille, das Geschäft für einen anderen führen zu wollen, ist eine angemaßte Eigengeschäftsführung gegeben (§ 687 II BGB).

Beim objektiv fremden Geschäft wird der FGW (widerleglich) vermutet. Es müssen besondere Umstände im Sachverhalt gegeben sein, um ihn dennoch abzulehnen. Beim auch-fremden Geschäft wird der FGW ebenfalls vermutet, was letztlich die Bedeutung dieser Rechtsfigur ausmacht.

A hat hier ein objektiv fremdes Geschäft geführt. Sein FGW wird deshalb vermutet.

Anmerkung: Die Rspr. musste auf die Rechtstechnik der Vermutung zurückgreifen, um den Geschäftsführer aus Beweisnöten zu befreien. Grds. müsste dieser nämlich das Vorliegen des FGW beweisen. Dies ist mit den von der ZPO zugelassenen Beweismitteln aber kaum möglich.

4. Berechtigung zur Geschäftsführung

A könnte Ersatz seiner Aufwendungen aber nur verlangen, wenn die Geschäftsführung auch **berechtigt** war.

Berechtigt ist die Geschäftsführung in drei Fällen: Sie entspricht dem **wirklichen oder mutmaßlichen Willen des Geschäftsherrn** (§ 683 S.1 BGB), der (entgegenstehende) **Wille des Geschäftsherrn ist ausnahmsweise unbeachtlich** (§§ 683 S.2, 679 BGB) **oder** der **Geschäftsherr genehmigt die Geschäftsführung in nachhinein** (§ 684 S.2 BGB). Bis zur Genehmigung liegt unberechtigte Geschäftsführung vor.

Anmerkung: Erkennen Sie die Systematik der GoA? Die allgemeinen Voraussetzungen finden Sie in § 677 BGB. Verneinen Sie hier den FGW landen Sie bei der Eigengeschäftsführung. Nach § 677 BGB prüfen Sie die Berechtigung anhand §§ 683 f. BGB. Nur bei berechtigter GoA entsteht ein gesetzliches Schuldverhältnis und die speziellen Rechtsfolgen der §§ 677 ff. BGB greifen ein.

Hier entspricht die Vermietung dem Willen des B. Somit liegt eine berechtigte GoA vor.

5. Ergebnis

A kann von B Ersatz seiner Aufwendungen nach §§ 677, 683 S.1, 670 BGB verlangen.

IV. Zusammenfassung

Sound: Das Recht der GoA kennt die berechtigte und unberechtigte GoA und die Eigengeschäftsführung. Ein gesetzliches Schuldverhältnis entsteht nur bei der berechtigten GoA. Deren allgemeine Voraussetzungen finden sich in § 677 BGB, die Frage der Berechtigung ist in §§ 683 f. BGB geregelt.

Beachten Sie, dass auf das Recht der GoA häufig verwiesen wird, z.B. §§ 994 II, 1959 I BGB. Hierbei handelt es sich um Rechtsfolgenverweisungen, so dass der Tatbestand der GoA nicht zu prüfen ist.

hemmer-Methode: Dieser Fall sollte Ihnen ein Aufbauschema an die Hand geben und die nötigen Definitionen darstellen. In der Klausur sollten Sie dieses Schema aber keineswegs sklavisch befolgen, sondern Unproblematisches zügig in der gebotenen Kürze abhandeln und nur die Schwerpunkte in der obigen Ausführlichkeit darstellen. So zeigen Sie dem Korrektor Problembewusstsein.

V. Zur Vertiefung

- Hemmer/Wüst, Rückgriffsansprüche, Rn. 385 ff. (Voraussetzungen der GoA)

Fall 2: Das Sammlerstück (subjektiv fremdes und auch-fremdes Geschäft)

Sachverhalt:

Als der W eines Tages mit seinem Ferrari durch die Innenstadt spazieren fährt, entdeckt er in der Auslage eines Bücherantiquariats eine Erstauflage des Palandt. W erinnert sich sofort, dass sein Freund H, ein Sammler antiquarischer rechtswissenschaftlicher Bücher, schon lange auf der Suche nach so einem Exemplar ist. Er parkt seinen Ferrari und kauft das Buch.

Kann W von H Erstattung des Kaufpreises aus GoA verlangen?

Abwandlung:
W hat in der Eile seinen Ferrari nur in einer Bushaltebucht parken können. Da sich die Verkaufsverhandlungen bezüglich des Palandt etwas hinzogen, wurde sein Ferrari in der Zwischenzeit vom Abschleppunternehmer A abgeschleppt. A wurde von der Polizei informiert, mit der er einen entsprechenden Werkvertrag geschlossen hat. Beim Abschleppen wird der Ferrari von A leicht fahrlässig beschädigt.

Kann W von A Schadensersatz verlangen?

I. Einordnung

Allen Typen der GoA ist gemeinsam, dass ein fremdes Geschäft geführt wird (vgl. § 677 BGB). Es gibt aber verschiedene Arten von Geschäften. Grundfall ist das objektiv fremde Geschäft.

Daneben gibt es aber auch das **subjektiv fremde** und das **auch-fremde Geschäft**. Diese beiden Konstellationen und ihre Prüfung sollen durch diesen Fall veranschaulicht werden.

Zudem stellen sich Probleme der Haftungsprivilegierung des **§ 680 BGB** und das **Verhältnis der GoA zu anderen Anspruchsgrundlagen**.

Anmerkung: Bedenken Sie, dass das subjektiv fremde und das auch-fremde Geschäft ein Problem mehr darstellen und so ein Ansatzpunkt zur Notendifferenzierung sind. Insbesondere das auch-fremde Geschäft ist ein Klassiker. Sie sollten drei Konstellationen des auch-fremden Geschäfts für Ihre Klausuren kennen:

1. Das **Tätigwerden aufgrund eines Vertrages mit einem Dritten**.
2. Das **Tätigwerden aufgrund eines nichtigen Vertrages**.
3. Die **Selbstaufopferung im Straßenverkehr**.

Diese Problemstellungen werden in diesem Skript selbstverständlich klausurtypisch aufbereitet.

II. Gliederung

Grundfall

Anspruch des W gegen H auf Aufwendungsersatz gem. §§ 677, 683 S.1, 670 BGB

1. **Besorgung eines fremden Geschäfts, § 677 BGB**

a) **Vorliegen eines Geschäfts**

b) **Fremdheit des Geschäfts**
(+) subjektiv fremdes Geschäft: Geschäft äußerlich neutral, aber FGW

2. **Ohne Auftrag oder sonstige Berechtigung, § 677 BGB**

3. Berechtigung zur Geschäftsführung, §§ 683 f. BGB

Abwandlung

Anspruch des W gegen A auf Schadensersatz gem. § 823 I BGB

1. **Handlung, Rechtsgutsverletzung, Kausalität**
2. **Verschulden**
   Problem: Haftungsprivileg des § 680 BGB anwendbar?

a) **Besorgung eines fremden Geschäfts**
   auch-fremdes Geschäft (str.)

b) **Ohne Auftrag oder sonstige Berechtigung**

c) **Fremdgeschäftsführungswille**
   bei Tätigwerden aufgrund Vertrags mit Drittem grds. (-)

III. Lösung Grundfall

Anspruch des W gegen H auf Aufwendungsersatz gem. §§ 677, 683 S.1, 670 BGB

W könnte gegen H einen Anspruch auf Erstattung des Kaufpreises als Aufwendungsersatz gem. §§ 677, 683 S.1, 670 BGB haben.

1. Besorgung eines fremden Geschäfts

Zuerst müsste W ein fremdes Geschäft geführt haben.

a) Vorliegen eines Geschäfts

Zunächst müsste W überhaupt ein Geschäft geführt haben.

Unter Geschäft i.S.d. § 677 BGB ist jedes Handeln mit wirtschaftlichen Folgen außer bloßem Unterlassen, Dulden oder Geben zu verstehen.

Der Erwerb einer Sache ist ein Geschäft.

b) Fremdheit des Geschäfts

Weiter müsste W ein fremdes Geschäft geführt haben.

Geschäfte i.S.d. § 677 BGB sind fremd, wenn sie dem Rechts- oder Interessenkreis eines Dritten angehören.

Allerdings hat W nur eine Sache erworben. Der Erwerb einer Sache ist neutral, da äußerlich keine Beziehung zu einem fremden Rechts- oder Interessenkreis besteht.

Es könnte sich aber um ein **subjektiv fremdes Geschäft** handeln. Ein solches liegt vor, wenn **ein äußerlich neutrales Geschäft mit Fremdgeschäftsführungswillen vorgenommen** wird und sich dieser Wille nach außen zeigt.

Unter Fremdgeschäftsführungswillen versteht man das Bewusstsein des Geschäftsführers ein fremdes Geschäft zu führen und dieses Geschäft für einen anderen führen zu wollen.

Hier weiß W, dass er ein Geschäft des H führt und er will es auch für H führen. Der Wille des W für H zu handeln äußert sich dadurch, dass er selbst keine Bücher sammelt und der Erwerb des Buches somit für ihn nutzlos wäre.

Somit führt W ein subjektiv fremdes Geschäft.

Anmerkung: Das subjektiv fremde Geschäft ist äußerlich neutral. Es wird erst dadurch zum fremden Geschäft, dass es in Fremdgeschäftsführungswillen vorgenommen wird. Für die Klausur bedeutet dies, dass Sie diesen Prüfungspunkt vorziehen müssen.

2. Ohne Auftrag oder sonstige Berechtigung

W müsste das subjektiv fremde Geschäft ohne Auftrag oder sonstige Berechtigung geführt haben.

Die Berechtigung müsste dabei gerade gegenüber dem Geschäftsherrn bestehen. Eine vertragliche oder gesetzliche Befugnis des W gegenüber H ist nicht ersichtlich.

3. Berechtigung zur Geschäftsführung

Fraglich ist schließlich, ob W zur Geschäftsführung berechtigt war. Dies wäre der Fall, wenn der wirkliche Wille des H mit der Geschäftsführung übereinstimmt.

Vorliegend hatte H tatsächlich geäußert, dass er einen solchen Palandt für seine Sammlung erwerben wolle. Somit entspricht der Erwerb der Sache dem wirklichen Willen des H. Die Geschäftsführung ist deshalb berechtigt.

4. Ergebnis

Folglich kann W die Erstattung des Kaufpreises als Aufwendungsersatz gem. §§ 677, 683 S.1, 670 BGB von H verlangen.

IV. Lösung Abwandlung

Anspruch des W gegen A auf Schadensersatz gem. § 823 I BGB

Fraglich ist, ob W einen Anspruch auf Schadensersatz gem. § 823 I BGB gegen A hat.

1. Deliktische Handlung, Rechtsgutsverletzung und haftungsbegründende Kausalität

Das Abschleppen des Ferrari ist eine Handlung des A, mit der er das Eigentum des W (absolutes Recht i.S.d. § 823 I BGB) kausal verletzt hat.

2. Verschulden

Weiter müsste A die Eigentumsverletzung verschuldet haben.

Schuldhaft i.S.d. § 823 I BGB handelt, wer vorsätzlich oder fahrlässig das Rechtsgut eines anderen verletzt.

Hier hat der A leicht fahrlässig und somit grds. schuldhaft gehandelt.

Allerdings könnte die Haftung des A **gem. § 680 BGB auf Vorsatz und grobe Fahrlässigkeit** beschränkt sein. Dies wäre möglicherweise der Fall, wenn A ein Geschäft des W geführt hätte.

Anmerkung: Die Haftungsbeschränkung des § 680 BGB gilt nach h.M. nicht nur für Ansprüche aus GoA selbst, sondern erstreckt sich auch auf konkurrierende deliktische Ansprüche. Sonst bestünde die Gefahr, dass das Haftungsprivileg leer läuft.

a) Besorgung eines fremden Geschäfts

Fraglich ist somit, ob A ein Geschäft des W geführt hat.

Ein Geschäft ist jedes Handeln mit wirtschaftlichen Folgen. Das Abschleppen des Ferraris **berührt zumindest auch den Interessenkreis des W**, da dieser zur Beendigung des ordnungswidrigen Zustandes verpflichtet gewesen wäre.

Folglich liegt ein **auch-fremdes Geschäft** vor.

b) Ohne Auftrag oder sonstige Berechtigung

Eine vertragliche oder gesetzliche Befugnis des A *gerade gegenüber W* ist nicht ersichtlich.

c) Fremdgeschäftsführungswille

Weiter müsste A mit FGW gehandelt haben. **Grds. wird der FGW beim Vorliegen eines auch-fremden Geschäfts vermutet**. Diese Vermutung ist allerdings widerleglich. Dazu müssten besondere Umstände zu bejahen sein, die auf eine Eigengeschäftsführung schließen lassen.

Allein die Tatsache, dass der Geschäftsführer die Person des Geschäftsherrn nicht kennt, ist allerdings nicht ausreichend. Diese Unwissenheit steht der Annahme eines FGW nicht entgegen, § 686 BGB.

Problematisch erscheint hier aber, dass A auch vertraglich zu einem Handeln verpflichtet ist und zudem ein Abschleppunternehmen gewerblich betreibt.

Wer ein Gewerbe betreibt, handelt in erster Linie zur Gewinnerzielung und will deshalb abgeschlossene Verträge erfüllen. Das Abschleppen erfolgt also zuallererst zu diesem Zweck.

Anmerkung: An dieser Stelle erscheint eine andere Auffassung durchaus gut vertretbar. Wenn weitere Umstände hinzutreten, etwa dass das KFZ eine Gefahrenquelle für den Verkehr darstellt oder in einer Feuerwehranfahrtszone parkt, ist die Annahme eines FGW wohl vorzugswürdig.

Deshalb handelt A nicht mit FGW, eine GoA liegt nicht vor. Folglich kann auch das Haftungsprivileg des § 680 BGB nicht eingreifen, so dass ein Anspruch des W besteht. Zu prüfen bleibt freilich, ob der Anspruch nicht nach § 254 I BGB zu kürzen wäre.

Anmerkung: Bedenken Sie in diesem Zusammenhang, dass die berechtigte GoA einen Rechtsfertigungsgrund für die deliktische Haftung darstellt. Gleiches gilt für die Ansprüche aus EBV. Die berechtigte GoA ist zudem Rechtsgrund i.S.d. §§ 812 ff. BGB. Daraus ergibt sich für die Klausur eine zwingende Prüfungsreihenfolge: GoA/ dinglich/ deliktisch/ bereicherungsrechtlich.

3. Ergebnis

Ein Anspruch des W gegen A auf Schadensersatz gem. § 823 I BGB besteht somit.

V. Zusammenfassung

Sound: Geschäfte i.S.d. § 677 BGB können objektiv fremd, subjektiv fremd und auchfremd sein. Besonderheiten bei den beiden letzten Varianten ergeben sich bzgl. des FGW.
Stellt sich die Frage nach der Haftung des Geschäftsführers, so bedenken Sie stets Anwendung und Reichweite des § 680 BGB.

hemmer-Methode: Lernen Sie umfassend zu denken. Das Recht der GoA kann Auswirkungen auf fast alle übrigen Ansprüche haben. Das Konkurrenzverhältnis der GoA zu anderen Ansprüchen eignet sich hervorragend als Klausuraufhänger.

V. Zur Vertiefung

- Hemmer/Wüst, Rückgriffsansprüche, Rn. 391 ff. (subjektiv fremdes Geschäft)
- Hemmer/Wüst, Rückgriffsansprüche, Rn. 390 und 405 ff. (auch-fremdes Geschäft)
- Hemmer/Wüst, Rückgriffsansprüche, Rn. 456 ff.
  (Konkurrenzverhältnis zu §§ 987 ff., 812 ff., 823 f. BGB)

Fall 3: Der verhinderte Selbstmord (Prüfung des Willens des Geschäftsherrn)

Sachverhalt:

An einem schönen Sommernachmittag schwimmt A gerade im Main, als er sieht, wie B sich in Selbstmordabsicht von einer Brücke in den Fluss stürzt. A gelingt es B, der noch bei vollem Bewusstsein ist, zu retten. Anschließend fährt A den völlig entkräfteten, sich aber noch immer töten wollenden B mit dem Taxi ins Krankenhaus.

Kann A von B Ersatz der Taxikosten verlangen?

Abwandlung:
B verliert durch den harten Aufprall auf dem Wasser das Bewusstsein und erwacht erst im Krankenhaus wieder.

I. Einordnung

Das Recht der GoA ist stark von subjektiven Elementen geprägt. Deren exakte Subsumtion bereitet häufig Schwierigkeiten. Neben der Problematik des **auch-fremden Geschäfts** soll dieser Fall vor allem die Prüfung der **Berechtigung der Geschäftsführung** erläutern.

Die Berechtigung der Geschäftsführung hängt maßgeblich vom **Willen des Geschäftsherrn** ab und die Entscheidung über ihr Vorliegen hat erhebliche Auswirkungen hinsichtlich der in Betracht kommenden Rechtsfolgen.

II. Gliederung

Grundfall

Aufwendungsersatzanspruch des A gegen B gemäß §§ 677, 683 S.1, 670 BGB

1. **Besorgung eines fremden Geschäfts**
   (+), auch-fremdes Geschäft.
2. **Ohne Auftrag oder sonstige Berechtigung**
   (+), da Handlungspflicht gemäß § 323c StGB nur gegenüber der Allgemeinheit.
3. **Fremdgeschäftsführungswille**
4. **Berechtigung der Geschäftsführung, § 683 S.1 BGB**
   a) Wirklicher Wille des B
   b) Wirklicher Wille ausnahmsweise unbeachtlich, **§ 679 BGB analog**

Abwandlung

1. – 3. wie soeben

4. Berechtigung

a) **Wirklicher Wille des B**
Wirklicher Wille nicht feststellbar, da B bewusstlos ist.

b) **Mutmaßlicher Wille**
Folgerung des mutmaßlichen Willens aus dem objektiven Interesse.

III. Lösung

Aufwendungsersatzanspruch des A gegen B gemäß §§ 677, 683 S.1, 670 BGB

A könnte gegen B einen Anspruch auf Ersatz der Taxikosten als Aufwendungsersatz gem. §§ 677, 683 S.1, 670 BGB haben.

1. Besorgung eines fremden Geschäfts

Hierzu müsste A zunächst ein fremdes Geschäft geführt haben.

Die Führung eines Geschäfts kann auch eine rein tatsächliche Handlung wie z.B. eine Rettungsaktion sein. Eine Geschäftsführung liegt somit vor.

A müsste aber auch ein fremdes Geschäft geführt haben. Zwar ist A gem. § 323c StGB zur Hilfeleistung verpflichtet, er wird aber auch im Interessenkreis des B tätig. Somit liegt ein auch-fremdes Geschäft vor.

Anmerkung: Ein Selbstmord stellt nach der Rspr. einen Unglücksfall i.S.d. § 323c StGB dar. Sie sollten sich dieser Auffassung klausurtaktisch anschließen, denn so können Sie ein auch-fremdes Geschäft bejahen, das ein Problem mehr darstellt. Folgen Sie dem nicht, liegt ein objektiv fremdes Geschäft vor.

2. Ohne Auftrag oder sonstige Berechtigung

A müsste weiter ohne Auftrag oder sonstige Berechtigung gehandelt haben.

Die Berechtigung des A könnte sich aus § 323c StGB ergeben. Jedoch muss die Berechtigung gerade gegenüber dem Geschäftsherrn, hier also B, bestehen. Die Pflicht aus § 323c StGB besteht aber nur gegenüber der Allgemeinheit. Folglich handelt A ohne Auftrag oder sonstige Berechtigung.

3. Fremdgeschäftsführungswille

A müsste weiterhin mit Fremdgeschäftsführungswillen tätig geworden sein.

Beim auch-fremden Geschäft wird dieser Wille widerleglich vermutet. Da keine Anhaltspunkte gegen die Annahme des FGW sprechen, handelt A auch in entsprechender Willensrichtung.

4. Berechtigung der Geschäftsführung

Ein Anspruch auf Aufwendungsersatz stünde dem A schließlich nur zu, wenn die Geschäftsführung berechtigt gewesen wäre.

a) Wirklicher Wille des B, § 683 S.1 BGB

Die Geschäftsführung wäre berechtigt, **wenn sie dem wirklichen Willen des Geschäftsherrn entspräche, § 683 S.1 BGB**. Der wirkliche Wille kann entweder ausdrücklich oder konkludent geäußert werden.

Hier ging der konkludent geäußerte wirkliche Wille des B dahin, sich das Leben zu nehmen und gerade nicht gerettet zu werden. Die Geschäftsführung ist somit nicht berechtigt.

b) Unbeachtlichkeit des wirklichen Willens, §§ 683 S.2, 679 BGB analog

Der wirkliche Wille des B könnte aber **ausnahmsweise unbeachtlich** sein.

Dies ist grundsätzlich nur in den Fällen des **§ 679 BGB** möglich. Von den dort genannten Konstellationen passt vorliegend aber keine.

Anmerkung: § 679 BGB enthält zwei Fälle der Unbeachtlichkeit des Willens. Zuerst, wenn die Geschäftsführung eine im öffentlichen Interesse liegende Pflicht erfüllt. Dabei kann es sich um eine privat- oder öffentlich-rechtliche Pflicht handeln. Zweitens, wenn eine gesetzliche Unterhaltspflicht (z.B. §§ 1360 ff., 1601 ff. BGB) nicht erfüllt werden würde.

Der Wille des B könnte aber nach **§ 679 BGB analog** unbeachtlich sein. § 679 BGB wird nach h.M. in Fällen analog angewandt, in denen **der wirkliche Wille gegen ein Gesetz verstößt oder sittenwidrig ist, §§ 134, 138 BGB**.

Der Wille des Selbstmörders ist sittenwidrig und verstößt gegen § 138 I BGB. Der Wille des B ist deshalb analog § 679 BGB unbeachtlich.

Anmerkung: Schätzt der Geschäftsführer den Willen des Geschäftsherrn schuldlos falsch ein, liegt dennoch eine unberechtigte GoA vor. Allerdings entfällt dann der Schadensersatzanspruch gem. § 678 BGB wegen fehlendem Übernahmeverschulden.

5. Ergebnis

Somit ist die Geschäftsführung des A berechtigt und ihm steht ein Aufwendungsersatzanspruch gegen B aus §§ 677,683 S.1, 670 BGB zu.

IV. Lösung Abwandlung

Fraglich ist wiederum, ob der A einen Anspruch auf Aufwendungsersatz gegen B gemäß §§ 677, 683, 670 BGB hat.

Zu den oben geprüften Punkten 1. bis 3. ergeben sich insoweit keine Unterschiede.

4. Berechtigung der Geschäftsführung

Fraglich ist, ob die Geschäftsführung des A berechtigt gewesen ist, § 683 S.1 BGB.

a) Wirklicher Wille des B, § 683 S.1 BGB

Die Geschäftsführung könnte dem wirklichen Willen des B widersprechen. Allerdings ist der B bewusstlos. **Ein wirklicher Wille ist somit nicht feststellbar**. Es wäre unter Umständen denkbar, dass ein plötzlicher Meinungsumschwung kurz vor dem Bewusstloswerden stattfand.

a) Mutmaßlicher Wille des B, § 683 S.1 BGB

Die Geschäftsführung könnte aber dem **mutmaßlichen Willen** des B entsprechen.

Der mutmaßliche Wille ist gegeben, **wenn der Geschäftsherr bei objektiver Beurteilung der Umstände im Zeitpunkt der Geschäftsführung zugestimmt hätte.**

Anmerkung: Der mutmaßliche Wille darf erst und nur geprüft werden, wenn der wirkliche Wille nicht feststellbar ist. Dies entnimmt die ganz h.M. dem Sinn und Zweck des § 683 S.1 BGB.

Der mutmaßliche Wille wird von der h.M. **aus dem objektiven Interesse gefolgert**, sofern nicht ausnahmsweise andere Anhaltspunkte vorliegen.

Objektiv lag es durchaus im Interesse des B gerettet und medizinischer Untersuchung zugeführt zu werden. Somit ist die Geschäftsführung des A berechtigt, da sie dem mutmaßlichen Willen des B entspricht.

5. Ergebnis zur Abwandlung

Auch in der Abwandlung besteht deshalb ein Anspruch des A gegen B auf Ersatz der Taxikosten (Aufwendungsersatz), §§ 677, 683 S.1, 670 BGB.

V. Zusammenfassung

Sound: Entscheidend für die Frage, ob eine berechtigte oder unberechtigte GoA vorliegt, ist der Wille des Geschäftsherrn. Diesen Willen prüfen Sie wie folgt:

1. **Wirklicher Wille**. Entspricht die Geschäftsübernahme dem wirklichen Willen, so ist die GoA jedenfalls berechtigt, auf den mutmaßlichen Willen kommt es nicht an.
2. Wirklicher Wille **ausnahmsweise** nach § 679 BGB (analog) **unbeachtlich**.
3. **Mutmaßlicher Wille**. Dieser wird grds. aus dem objektiven Interesse des Geschäftsherrn gefolgert.

hemmer-Methode: Zeigen Sie dem Korrektor, dass Sie den Zusammenhang von wirklichen Willen, mutmaßlichem Willen und objektiven Interesse erkannt haben. Durch saubere Prüfung in diesem schwierigen Bereich heben Sie sich ab.

VI. Zur Vertiefung

- Hemmer/Wüst, Rückgriffsansprüche, Rn. 416 ff. (Berechtigung zur Geschäftsführung)
- Hemmer/Wüst, Basics Zivilrecht I/2, Rn. 3

Kapitel II: Rechtsfolgen der GoA

Fall 4: Der geopferte Porsche (Ersatzansprüche des berechtigten Geschäftsführers)

Sachverhalt:

H befährt eines Tages mit seinem Porsche eine ruhige Landstraße. Dabei hielt er die erlaubte Geschwindigkeit von 50 km/h ein. Auf einem geraden Straßenabschnitt kommen ihm drei Fahrradfahrer entgegen. Als H sich der Gruppe auf wenige Meter genährt hat, schert der ganz hinten fahrende Radfahrer R plötzlich aus und gerät auf die Fahrbahnspur des H. H reist das Steuer seines Wagens herum und fährt auf ein neben der Straße gelegenes Feld, wobei sein Porsche gegen einen Baum prallt.

Kann H von R Ersatz für den erlittenen Schaden über die §§ 677 ff. BGB verlangen?

Abwandlung:
R ist alleine unterwegs. Kurz vor dem Auto des H strauchelt er, weil er einen Herzanfall hat. Er bleibt bewusstlos liegen. Nachdem H ausgewichen ist und unverletzt seinen Porsche verlassen konnte, behandelt er den R. Dabei wird seine Kleidung beschädigt. H ist zufällig Arzt und zwar Gynäkologe.

Kann H für die Behandlung von R eine Vergütung verlangen? Kann er Schadensersatz für die verschmutzte Kleidung verlangen?

I. Einordnung

In diesem Fall stellt sich neben dem Problemschwerpunkt des **Aufwendungsersatzes** zuerst die Frage, ob tatbestandlich überhaupt eine GoA vorliegt. Es handelt sich um das Problem der **Selbstaufopferung im Straßenverkehr**.

In der Abwandlung stellt sich die Problematik der so genannten **professionellen GoA** (§ 1835 III BGB analog).

Hinsichtlich der Rechtsfolge ist zudem fraglich, ob auch **Schäden unter den Aufwendungsbegriff des § 670 BGB** fallen.

Anmerkung: Diese Probleme sind allesamt Klassiker der Rspr. und geistern seit Jahrzehnten durch Literatur und Klausuren. Deshalb müssen Sie diese Fälle kennen und sicher lösen können.

II. Gliederung

Grundfall

Anspruch des H gegen R auf Aufwendungsersatz gem. §§ 677, 683 S.1, 670 BGB

Besorgung eines fremden Geschäfts
(-), kein auch-fremdes Geschäft, da H nach § 7 I StVG haften würde.

Abwandlung

Anspruch des H gegen R auf Vergütung und Schadensersatz

1. **Fremdes Geschäft**
2. **Ohne Auftrag oder sonstige Berechtigung**
3. **Fremdgeschäftsführungswille**
4. **Berechtigung**
5. **Rechtsfolge: Aufwendungsersatz**

Aufwendungen ersatzfähig nach §§ 677, 683 S.1, 670

Geld für geleistete Dienste gem. § 1835 III BGB analog, wenn professioneller Nothelfer

Nach h.M. auch Ersatz risikotypischer Schäden

III. Lösung

Anspruch des H gegen R auf Aufwendungsersatz gem. §§ 677, 683 S.1, 670 BGB

A könnte die Schäden am Porsche von H gemäß §§ 677, 683 S.1, 670 BGB ersetzt verlangen.

Das wäre der Fall, wenn H ohne Auftrag oder sonstige Berechtigung ein Geschäft des R geführt hat.

Besorgung eines fremden Geschäfts

H müsste zunächst ein Geschäft des R geführt haben. Der Begriff der Geschäftsbesorgung ist weit zu verstehen und kann auch bei einem rein tatsächlichen Handeln vorliegen.

a) H hat durch das Herumreißen seines Wagens ein eigenes Geschäft geführt. Es ist in erster Linie Sache des Kraftfahrers selbst, niemanden totzufahren.

b) Möglicherweise hat er aber auch ein Geschäft des R geführt, indem er durch das Ausweichen dessen Gesundheit geschützt hat.

Nach wäre nach der Rechtsprechung des BGH aber dann **zu verneinen, wenn H für den Unfall gem. § 7 I StVG haften müsste**. Dann liegt das Ausweichen originär nur in seinem Interesse. Er weicht dann aus, um nicht zu haften. Daher ist eine Fremdgeschäftsführung nur dann anzunehmen, wenn sich der Halter nach § 7 II StVG entlasten kann.

Diese Differenzierung ergibt sich aus folgender Überlegung: die Haftung nach § 7 I StVG ist eine verschuldensunabhängige Haftung für die Betriebsgefahr, d.h. allein dafür, dass ein KFZ im Straßenverkehr genutzt wird.

Der Halter eines KFZ muss demnach alle Schäden ersetzen, die er anderen zufügt. Dann ist es ihm aber erst recht zuzumuten, eigene Schäden selbst zu tragen. Diese gesetzliche Risikoverteilung darf nicht durch die Anwendung der GoA umgangen werden.

Ein Berufen auf § 7 II StVG ist aber nur bei Vorliegen höherer Gewalt möglich.

Höhere Gewalt i.S.d. § 7 II StVG ist ein betriebsfremdes, **von außen** durch elementare Naturkräfte oder Handlungen Dritter herbeigeführtes Ereignis, dass unvorhersehbar ist und weder bei größter Sorgfalt zu verhindern, noch wegen seiner Häufigkeit in Kauf zu nehmen ist.

Das plötzliche Ausscheren des R auf gerader und übersichtlicher Strecke stellt keine höhere Gewalt i.S.d. § 7 II StVG dar. Das Ereignis mag überraschend gewesen sein, dringt aber nicht von außen in das Verkehrsgeschehen ein. H würde somit nach § 7 I StVG für Schäden Dritter haften. Er hat daher erst recht die eigenen Schäden zu tragen. Deshalb führt H kein auch-fremdes Geschäft.

Damit scheidet ein Ersatzanspruch nach den §§ 677 ff. BGB aus.

Anmerkung: Da die Entlastung gem. § 7 II StVG kaum je gelingen wird, wird es die Selbstaufopferung im Straßenverkehr als Fall der GoA kaum noch geben.
Ein Anspruch könnte sich allenfalls über § 823 I BGB ergeben. Das setzt voraus, dass der ausscherende Fahrradfahrer schuldhaft gehandelt hat, was hier nicht abschließend ermittelt werden kann.

IV. Lösung Abwandlung

1. Führen eines fremden Geschäfts

Indem der R den H behandelt, führt er ein fremdes Geschäft.

2. Ohne Auftrag oder sonstige Berechtigung

Eine vertragliche oder gesetzliche Befugnis des H gegenüber R ist nicht gegeben.

Anmerkung: In den Rettungsfällen müssen Sie genau schauen, was die rechtliche Basis für das Tätigwerden des Retters ist. Schreit jemand um Hilfe und kommt ein Arzt vorbei, wird man einen Auftrag annehmen können. Wir der Notarzt gerufen, wird man von einem Behandlungsvertrag ausgehen können. Vergleichen Sie zu den verschiedenen Konstellationen die sehr lehrreiche Entscheidung des OLG München, Life and Law 2006, 579 ff.!

3. Fremdgeschäftsführungswille

Der FGW ist in diesem Fall unproblematisch zu bejahen.

4. Berechtigung der Geschäftsführung

Die Geschäftsführung müsste schließlich berechtigt gewesen sein. Dies wäre der Fall, wenn sie dem wirklichen oder mutmaßlichen Willen des R entspräche.

Der wirkliche Wille des R wird nicht geschildert, da davon auszugehen ist, dass er sich in diesen Bruchteilen von Sekunden keinen Willen gebildet hat.

Somit müsste die Geschäftsführung dem mutmaßlichen Willen entsprechen. Dieser wird aus dem objektiven Interesse gefolgert. Unzweifelhaft hat ein Verunfallter ein Interesse daran, dass ihm in einer Notsituation geholfen wird.

Die Anspruchsvoraussetzungen sind demnach zu bejahen.

5. Anspruchsinhalt

Fraglich ist, ob H Vergütung für die von ihm aufgewendete Arbeitskraft verlangen kann, d.h. ob überhaupt Aufwendungen vorliegen.

Als berechtigter Geschäftsführer könnte H grds. seine Aufwendungen ersetzt verlangen, §§ 677, 683 S.1, 670 BGB.

a) Begriff der Aufwendung i.S.d. §§ 677, 683 S.1, 670 BGB

Dazu müsste H aber überhaupt **Aufwendungen** getätigt haben.

Aufwendungen sind **freiwillige Vermögensopfer, die der Geschäftsführer aus Anlass der Geschäftsführung erbringt**..

Anmerkung: Besteht die Aufwendung in einer eingegangenen Verbindlichkeit, so kann Aufwendungsersatz in Form der Befreiung von dieser Verbindlichkeit (§ 257 BGB) verlangt werden.

b) Aufgewendete Arbeitskraft

Grundsätzlich wird die aufgewendete Arbeitskraft nicht vergütet. Dies folgt aus der Unentgeltlichkeit der Geschäftsführung.

Eine **Ausnahme** macht die h.M. nach **§ 1835 III BGB analog**, wenn die ausgeführte Tätigkeit zum Gewerbe oder Beruf des Geschäftsführers gehört („professionelle GoA").

Anmerkung: Diese Analogie wird nur im Recht der GoA zugelassen, nicht aber im Auftragsrecht. Kommentieren Sie sich also, sofern das nach der für Sie gültigen Prüfungsordnung zulässig ist, § 1835 III BGB nicht neben § 670 BGB, sondern allenfalls neben § 683 S.1 BGB!

Denn wenn schon der im Rahmen seiner gesetzlichen Verpflichtungen tätig werdende Vormund Ersatz seiner Arbeitskraft als Aufwendung verlangen kann, dann muss das erst recht für den rein fremdnützig und freiwillig tätig werdenden Geschäftsführer gelten.

Anmerkung: Beachten Sie, dass nur Aufwendungen ersetzt werden, die der Geschäftsführer für erforderlich halten durfte. Liegt wie hier eine Notgeschäftsführung vor, wendet die h.M. § 680 BGB analog auf die Erforderlichkeit an. Das bedeutet, falls H leicht fahrlässig verkannt hat, dass seine Behandlung nicht nötig war, durfte er sie dennoch für erforderlich halten.

Fraglich ist, ob H professioneller Nothelfer in diesem Sinne ist. Das wird man nicht allein aufgrund des Berufes „Arzt" annehmen können, denn die Spezialisierung ist in diesem Berufszweig so weit fortgeschritten, dass sich nicht jeder Arzt mit dem aktuellen Stand des Rettungswesens auskennen kann.

In einem vergleichbaren Fall hat das OLG München die Professionalität eines Gynäkologen bezüglich Rettungsmaßnahmen am Unfallort verneint, weil dieser seit Jahren keine Notdienste mehr verrichtet hatte und soweit vollkommen unerfahren im Hinblick auf Rettungseinsätze war (Life and Law 2006, 579 ff.).

Anmerkung: Wichtig: verneint man die Professionalität, wird zum einen die Tätigkeit nicht vergütet. Zum anderen kommt dann aber die Haftungsprivilegierung des § 680 BGB zur Anwendung, welche dem professionellen Nothelfer nicht zur Verfügung steht!

Demnach kann H vorliegend keinen Ersatz für seine Tätigkeit verlangen.

c) Ersatzfähigkeit von Schäden im Rahmen der §§ 677, 683 S.1, 670 BGB

Aufwendungen sind freiwillige Vermögenseinbußen (s.o.).

Hier erleidet H aber einen Schaden, also eine unfreiwillige Vermögenseinbuße. Somit liegen grds. keine Aufwendungen vor.

Dieses Ergebnis wird allgemein als unbillig empfunden.

Nach ganz h.M. werden deshalb **auch Schäden von § 670 BGB erfasst, sofern sich das typische Risiko der übernommenen Geschäftsführung verwirklicht hat**. Umstritten ist nur die dogmatische Begründung dieses Ergebnisses.

Nach e.A. **übernimmt der Geschäftsführer freiwillig das mit der Geschäftsführung verbundene Gefahrenrisiko**. Deshalb sei die Gleichstellung mit einer freiwilligen Vermögenseinbuße gerechtfertigt. Dagegen spricht aber, dass der Geschäftsführer in aller Regel hofft, es möge kein Schaden eintreten. Zudem muss die Gefährlichkeit nicht unbedingt erkennbar sein.

Nach a.A. sind die Schäden deshalb zu ersetzen, weil eine **rein fremdnützige Tätigkeit** vorliegt. Folglich hafte der Geschäftsherr nach den allgemeinen Grundsätzen der Risikozurechnung. Es handelt sich deshalb um eine richterrechtliche Risikohaftung (vgl. auch Rechtsgedanke des § 110 HGB).

Der zweiten Ansicht ist zu folgen, da mit ihr die (unstreitige) Anwendbarkeit von § 254 I BGB auf den Anspruch besser zu erklären ist.

Es handelt sich dann um eine eigenständige Risikohaftung und nicht um einen Aufwendungsersatzanspruch.

Anmerkung: Früher wurde die Ersatzfähigkeit oftmals mit einem konkludent geschlossenen Garantievertrag begründet. Dies ist jedoch als reine Fiktion abzulehnen.

Im Ergebnis kann H nach allen Ansichten grundsätzlich Ersatz seiner Schäden verlangen.

V. Zusammenfassung

Sound: Schäden werden grundsätzlich über die GoA als Aufwendungsersatz (!) ersetzt, Arbeitskraft wird dagegen grundsätzlich nicht vergütet. Ausnahme: § 1835 III BGB analog.

hemmer-Methode: Lernen Sie, die Wertungen hinter den Normen zu verstehen. So bekommen Sie auch „Exoten“ wie § 1835 III BGB in den Griff. Denken Sie immer daran: das Berufen auf die h.M. ersetzt nicht die Begründung. Nur wer die Hintergründe kennt, kann in der Klausur überzeugend argumentieren.

VI. Zur Vertiefung

- Hemmer/Wüst, Rückgriffsansprüche, Rn. 373 ff.
  (Rückgriffsansprüche des berechtigten Geschäftsführers)

Fall 5: Streit in der Kleingartensiedlung (Ersatzansprüche des unberechtigten Geschäftsführers)

Sachverhalt:

X trifft in seinem idyllischen Garten Vorbereitungen für ein Grillfest. Als er das bereits angezündete Feuer kurz aus den Augen lässt, springt ein Funke auf die vollständig aus Holz gebaute Gartenlaube des X über. Der Gartennachbar N bemerkt dies und will das Feuer mit seinem Feuerlöscher löschen. Er weiß aber genau, dass X wegen eines jahrelangen Nachbarschaftsstreits mit ihm eher seine Laube opfern würde, als „in seiner Schuld zu stehen". Nach dem Löschen verlangt N von X Ersatz der Kosten für das Wiederbefüllen des Feuerlöschers.

Ansprüche des N?

Abwandlung 1: Es gelingt dem N trotz aller Mühen nicht, den Brand zu löschen. Die Laube brennt vollständig nieder. Er begehrt dennoch Ersatz seiner Kosten.

Abwandlung 2: N kann den Brand löschen, was X doppelt erbost: er wollte die Laube demnächst ohnehin abreißen. Ansprüche des N?

Abwandlung 3: N löscht den Brand, aber schon während seines Löscheinsatzes war X auf den Brand aufmerksam geworden und mit seinem Gartenschlauch herbeigeeilt. X hätte damit den Brand ebenso effektiv gelöscht wie N. Ansprüche des N?

I. Einordnung

Die §§ 677. ff. BGB unterscheiden im Rahmen der echten GoA in berechtigte und unberechtigte GoA. Während im Tatbestand diese Unterscheidung für die Prüfung kaum eine Rolle spielt (es unterscheidet sich nur ein Tatbestandsmerkmal: die Berechtigung), wirkt sich der **Unterschied in den Rechtsfolgen** umso deutlicher aus.

Nur der berechtigte Geschäftsführer hat den privilegierten Aufwendungsersatzanspruch aus §§ 677, 683 S.1, 670 BGB. Der **unberechtigte Geschäftsführer kann sich hingegen nur auf Bereicherungsrecht stützen, § 684 S.1 BGB**. Das dies erhebliche Unterschiede beim Aufwendungsersatz i.S.v. § 670 BGB nach sich zieht, soll Ihnen dieser Fall verdeutlichen.

Anmerkung: Die Anspruchsgrundlage des unberechtigten Geschäftsführers für Aufwendungsersatz ist §§ 677, 684 S.1, 818 I, II BGB.

Die Verweisung auf die §§ 818 ff. BGB ist eine Rechtsfolgenverweisung, nicht eine Rechtsgrundverweisung. D.h. dass der Tatbestand der §§ 812 ff. BGB nicht zu prüfen ist. Kommentieren Sie sich deshalb am besten, sofern das nach der für Sie geltenden Prüfungsordnung zulässig ist, neben den § 684 S.1 BGB die §§ 818 ff. BGB.

II. Gliederung

Anspruch des N gegen X auf Ersatz seiner Aufwendungen, §§ 677, 684 S.1, 818 BGB

1. **Besorgung eines fremden Geschäfts, § 677 BGB**
   (+) auch tatsächliche Handlung des Löschens ist Geschäft.
2. **Ohne Auftrag oder sonstige Berechtigung, § 677 BGB**
3. **Fremdgeschäftsführungswille**

4. **Berechtigung, § 683 S.1 BGB**
(-), da wirklich geäußerter Wille des X entgegenstehend. Objektives Interesse deshalb unbeachtlich.
5. **Rf: Aufwendungsersatz gem. §§ 677, 684 S.1, 818 ff. BGB**

Abwandlung 1

Anspruch (-),
da keine Bereicherung des X.

Abwandlung 2

Anspruch (-),
da aufgedrängte Bereicherung.

Abwandlung 3

Anspruch (+), aber nur in Höhe der Wasserkosten als ersparte Aufwendungen.

III. Lösung

Anspruch des N gegen X auf Ersatz der Aufwendungen für das Nachfüllen des Feuerlöschers gem. §§ 677, 684 S.1, 818 II BGB

N könnte Ersatz seiner Aufwendungen verlangen, wenn er ohne Auftrag oder sonstige Berechtigung ein Geschäft des X geführt hat, § 677 BGB.

1. Besorgung eines fremden Geschäfts

Zunächst müsste N ein Geschäft des X geführt haben.

Ein Geschäft ist jedes Handeln mit wirtschaftlichen Folgen außer bloßem Unterlassen, Dulden oder Geben. Somit ist auch die tatsächliche Handlung des Brandlöschens ein Geschäft in diesem Sinne.

Es müsste weiter auch ein fremdes Geschäft, also ein Geschäft des X gewesen sein.

Das Geschäft wäre fremd, wenn es (zumindest auch) dem Rechts- oder Interessenkreis eines anderen angehört.

Das Löschen der Laube des X gehört bereits objektiv zum Rechts- und Interessenkreis des X.

Somit hat N ein objektiv fremdes Geschäft des X geführt.

2. Ohne Auftrag oder sonstige Berechtigung

Eine vertragliche oder gesetzliche Befugnis zugunsten des N ist nicht ersichtlich.

3. Fremdgeschäftsführungswille

N müsste weiterhin mit Fremdgeschäftsführungswillen, d.h. im Bewusstsein der Fremdheit des Geschäfts und mit dem Willen für einen anderen zu handeln, gehandelt haben. Beim Vorliegen eines objektiv fremden Geschäfts wird der FGW vermutet.

Anmerkung: In der Klausur gilt: Zeit sind Punkte. Verschenken Sie keine unnötige Zeit, in der Sie auswendig gelernte Definitionen herunterleiern an Punkten, die völlig unproblematisch sind. So verärgern Sie höchstens noch den Korrektor, der Ihnen zu Recht mangelndes Problembewusstsein vorwerfen kann.

4. Berechtigung zur Geschäftsführung, § 683 S.1 BGB

Schließlich könnte es sich um eine berechtigte Geschäftsführung gehandelt haben, da das Löschen des Brandes im objektiven Interesse des X lag.

Allerdings hat X sich tatsächlich geäußert, dass er nicht wolle, dass N für ihn Geschäfte führe. Dieser tatsächlich geäußerte wirkliche Wille geht nach ganz h.M. dem objektiven Interesse vor. Dies ergibt sich aus Wortlaut und Sinn und Zweck des § 678 BGB.

Anmerkung: Nach h.M. bleibt auch unbeachtlich, dass der wirkliche Wille „unvernünftig“ ist, da jeder das Recht hat, seine Angelegenheiten so zu regeln, wie er es für richtig hält. Grenzen ergeben sich freilich aus §§ 679, 134, 138 BGB.

Die Geschäftsführung widerspricht folglich dem wirklichen Willen des X und ist deshalb unberechtigt, § 684 S.1 BGB.

5. Rechtsfolge: Ersatz der Aufwendungen nach §§ 677, 684 S.1, 818 ff. BGB

Da **unberechtigte Geschäftsführung** vorliegt, kann N **Ersatz seiner Aufwendungen nur nach bereicherungsrechtlichen Grundsätzen** verlangen.

N kann demnach nur Ersatz verlangen, sofern X durch die Geschäftsführung bereichert ist. Da das Löschen der Laube dem N geglückt ist, liegt eine Bereicherung des X vor, so dass N Ersatz seiner Aufwendungen verlangen kann.

Anmerkung: Dieses Ergebnis deckt sich folglich mit dem Anspruch des berechtigten Geschäftsführers gem. §§ 677, 683 S.1, 670 BGB. Dass dies aber nicht immer so sein muss, sollen Ihnen die Abwandlungen deutlich machen.

6. Ergebnis

Ein Aufwendungsersatzanspruch des N gegen X gem. §§ 677, 684 S.1, 818 II BGB besteht somit.

IV. Lösung Abwandlung 1

Es liegt wiederum unberechtigte Geschäftsführung vor (s.o.).

Allerdings ist die Geschäftsführung des N hier erfolglos geblieben. **Eine Bereicherung des X liegt somit gerade nicht vor**. Ein Anspruch des N scheidet deshalb aus.

Anmerkung: Hier zeigt sich ein erster wichtiger Unterschied. Gem. §§ 677, 683 S.1, 670 BGB werden dem Geschäftsführer auch Aufwendungen ersetzt, die völlig nutzlos geblieben sind. Das entscheidende Kriterium ist allein, dass der Geschäftsführer sie für erforderlich halten durfte. Bei berechtigter Geschäftsführung wird also ein subjektiver, bei unberechtigter Geschäftsführung ein objektiver Erforderlichkeitsmaßstab angelegt.

V. Lösung Abwandlung 2

Die Rettung der Laube stellt objektiv eine Bereicherung des X dar. Da X die Laube aber ohnehin abreißen wollte, ist diese Bereicherung für ihn subjektiv wertlos.

Grds. bestimmt sich der Umfang der Bereicherung nach §§ 818 ff. BGB rein objektiv. Geschieht der Vermögenszuwachs allerdings ohne Zutun und ohne den Willen des Bereicherten, so greifen zu dessen Schutz die **Grundsätze der aufgedrängten Bereicherung** ein. Danach wird der Umfang der Bereicherung allein nach deren subjektiven Wert bemessen.

Da subjektiv keine Bereicherung vorliegt, scheidet ein Anspruch des N aus.

VI. Lösung Abwandlung 3

Während bei §§ 677, 683 S.1, 670 BGB die Vermögensminderung des Geschäftsführers ausgeglichen wird, wird im Rahmen der §§ 677, 684 S.1, 818 ff. BGB allein die Bereicherung des Geschäftsherrn ausgeglichen. X ist aber allein dadurch bereichert, dass er sich die **Aufwendungen** für Wasserkosten **erspart** hat.

Der N kann folglich nur den Betrag als Aufwendungsersatz verlangen, den X sich an Aufwendungen erspart hat. Dies sind allein die Wasserkosten. Die Mehrkosten des N für das Auffüllen des Feuerlöschers bleiben dagegen unberücksichtigt.

Anmerkung: Da die unberechtigte GoA grds. unerwünscht ist, geht es zu Lasten des Geschäftsführers, wenn sich Aufwendungen und Bereicherung nicht decken.

VII. Zusammenfassung

Sound: Bei unberechtigter GoA gilt (nur) Bereicherungsrecht. Es entsteht nicht das gesetzliche Schuldverhältnis der berechtigten GoA. Dies bedeutet eine Schlechterstellung des Geschäftsführers:

1. Nutzlose Aufwendungen werden nicht ersetzt.
2. Die Grundsätze der aufgedrängten Bereicherung greifen ein.
3. Erspart sich der Geschäftsherr Aufwendungen, werden nur diese ersetzt.

hemmer-Methode: Verstehen Sie die Wertungen der GoA. Bei unberechtigter Geschäftsführung liegt ein Eingriff in den Rechtskreis des Geschäftsherrn vor, den dieser grds. nicht hinzunehmen braucht. Deshalb stehen seine Interessen im Vordergrund. Er schuldet folglich nur Aufwendungsersatz, wenn ihm die Geschäftsführung tatsächlich genutzt hat.

VIII. Zur Vertiefung

- Hemmer/Wüst, Rückgriffsansprüche, Rn. 443 ff.
  (Rückgriffsansprüche des unberechtigten Geschäftsführers)

Fall 6: Die Saufkumpane (Ersatzansprüche des Geschäftsherrn)

Sachverhalt:

Nach einer gemeinsamen Feier ist H ganz betrunken, W etwas weniger. H setzt sich dennoch in seinen Wagen, um nach Hause zu fahren. Um Unheil zu vermeiden, schiebt W den H zur Seite und führt seinerseits den Wagen. Dabei kommt es zu einem Unfall, bei dem H verletzt wird.

Kann H von W Schadensersatz aus GoA verlangen?

Abwandlung:
Als W den H doch noch glücklich nach Hause gebracht hat und W sanft im Bett ruht, trifft er vor dem Haus des H den frischgebackenen Lottomillionär L. L feiert gerade seinen Gewinn und ist dabei zu faul, weiterhin zu Fuß zu gehen. Er verhandelt deshalb mit dem W über den Verkauf des Autos. W verkauft das Auto schließlich im Namen des H für den doppelten Marktpreis, obwohl er weiß, dass H an seinem Auto hängt und es nie hergeben würde. L nimmt das Auto sofort mit. Als H davon am nächsten Morgen erfährt, ist er zunächst verstimmt, besinnt sich dann aber, als er hört, wie viel L gezahlt hat. Er verlangt von W den Kaufpreis heraus.

Kann er dieses Verlangen auf GoA stützen?

I. Einordnung

Die GoA schützt die Interessen von Geschäftsführer *und* Geschäftsherrn. Folglich muss auch dieser Ansprüche gegen den Geschäftsführer haben.

Klausurwichtige Ansprüche sind insbesondere: der **Schadensersatzanspruch gem. § 678**, der **Herausgabeanspruch nach §§ 681 S.2, 667 BGB** und der **Schadensersatzanspruch wegen Pflichtverletzung gem. § 280 I BGB i.V.m. §§ 677 ff. BGB**.

Dieser Fall soll Ihnen die Problematik der ersten beiden Ansprüche verdeutlichen.

Anmerkung: Der Schadensersatzanspruch wegen Pflichtverletzung wird wegen der besonderen Problematik als eigener Fall behandelt.

II. Gliederung

Grundfall

Anspruch des H gegen W auf Schadensersatz gem. § 678 BGB

1. **Besorgung eines fremden Geschäfts**
2. **Ohne Auftrag/ sonstige Berechtigung**
3. **Fremdgeschäftsführungswille**
4. **Übernahmeverschulden**
   (-) wirklicher Wille des H analog § 105 II BGB unbeachtlich, mutmaßlicher Wille gegen Fahrt des W.
5. **Rechtsfolge: Schadensersatz**
   Ausschluss nach § 680 BGB (str.).

Abwandlung

Anspruch des H gegen W auf Herausgabe des Kaufpreises, §§ 681 S.2, 667 BGB

1. **Voraussetzungen des § 677 BGB**
2. **Berechtigung**
   grds. (-), aber Genehmigung durch H gem. § 684 S.2 BGB.
3. **Rechtsfolge: Herausgabe**

III. Lösung

Anspruch des H gegen W auf Schadensersatz gem. § 678 BGB

H könnte gegen W einen Schadensersatzanspruch gem. § 678 BGB haben.

1. Besorgung eines fremden Geschäfts

W müsste zunächst ein Geschäft des H geführt haben. Der Begriff der Geschäftsbesorgung ist weit zu verstehen und kann auch bei einem rein tatsächlichen Handeln vorliegen.

W hat mit dem Heimfahren des H ein Geschäft des H geführt.

2. Ohne Auftrag oder sonstige Berechtigung

Eine vertragliche oder gesetzliche Befugnis des W gegenüber H ist nicht ersichtlich.

3. Fremdgeschäftsführungswille

Der FGW wird vermutet. Somit liegt eine Geschäftsführung ohne Auftrag durch W vor.

4. Übernahmeverschulden

Schließlich müsste W ein **Übernahmeverschulden** treffen. Ein solches liegt vor, **wenn die Übernahme der Geschäftsführung gegen den wirklichen oder mutmaßlichen Willen des Geschäftsherrn verstößt**.

Anmerkung: Unterscheiden Sie Übernahme- und Ausführungsverschulden. Ausführungsverschulden liegt vor, wenn die Übernahme der Geschäftsführung dem Willen des Geschäftsherrn entsprach, der Geschäftsführer aber Geschäftsführungspflichten verletzt hat. Er haftet dann nach § 280 I BGB.

Die Übernahme der Geschäftsführung könnte gegen den wirklichen Willen des H verstoßen, da H selbst fahren wollte. Weil H allerdings volltrunken ist, ist dieser Wille analog § 105 II BGB unbeachtlich.

Allerdings könnte ein Verstoß gegen den mutmaßlichen Willen des H vorliegen. Der mutmaßliche Wille wird aus dem objektiven Interesse gefolgert. Hier geht das objektive Interesse des H ebenfalls dahin, nicht von dem auch betrunkenen W gefahren zu werden. Somit verstößt die Übernahme der Geschäftsführung gegen den Willen des H.

Fraglich ist aber, ob W dies **kannte oder kennen** musste. Ausreichend ist, dass W fahrlässig nicht erkannte, dass die Übernahme des Geschäfts nicht dem Willen des H entsprach, **§ 122 II BGB**.

Hier ist zu berücksichtigen, dass W für seine Entscheidung nur wenige Augenblicke blieben. Deshalb kann ihm nur der Vorwurf leichter Fahrlässigkeit gemacht werden. Dies ist aber grds. für eine Haftung nach § 678 BGB ausreichend.

Anmerkung: Eine andere Ansicht ist an dieser Stelle sicherlich vertretbar. Sind Sie unsicher, so entscheiden Sie sich am besten klausurtaktisch (sofern vertretbar): nehmen Sie grobe Fahrlässigkeit an, schneiden Sie sich das Problem des § 680 BGB ab. Verschenken Sie keine Punkte.

5. Ausschluss der Haftung gem. § 680

Die Haftung des W könnte aber nach § 680 BGB ausgeschlossen sein. Danach muss der Notgeschäftsführer nur Vorsatz und grobe Fahrlässigkeit vertreten.

Eine besondere Dringlichkeit lag angesichts der dem H bei eigener Heimfahrt drohenden Gefahren vor.

W hat auch nur leicht fahrlässig gehandelt.

Anmerkung: Das Haftungsprivileg des § 680 BGB erstreckt sich nach h.M. auch auf konkurrierende deliktische Ansprüche. Sonst droht der Schutz dieser Norm ausgehöhlt zu werden. In Betracht käme evtl. eine Haftung nach dem StVG.

6. Ergebnis

Ein Anspruch des H gegen W auf Schadensersatz gemäß § 678 BGB scheidet aus.

IV. Lösung Abwandlung

Anspruch des H gegen W auf Herausgabe des Kaufpreises, §§ 681 S.2, 667 BGB

Fraglich ist, ob H von W Herausgabe des Kaufpreises verlangen kann.

1. Vorliegen einer GoA, § 677 BGB

Die Voraussetzungen des § 677 BGB sind gegeben. Problematisch ist allein, ob die Geschäftsführung des W berechtigt war.

2. Berechtigung der Geschäftsführung

Die Geschäftsführung wäre nur berechtigt, wenn sie dem Willen des H entspräche. Hier wollte der H aber keinesfalls sein geliebtes Auto verkaufen. Somit widersprach die Geschäftsführung dem Willen des H und war unberechtigt, § 683 S.1 BGB.

Anmerkung: Handelt jemand im Außenverhältnis ohne Vertretungsmacht, müssen Sie im Innenverhältnis zwischen Vertreter und Vertretenem stets an die GoA denken. Ist der Vertretene dann später mit dem Geschäft einverstanden, kann darin sowohl im Außenverhältnis (§ 177 I BGB) als auch im Innenverhältnis (§ 684 S.2 BGB) eine Genehmigung vorliegen.

Allerdings könnte H die **Geschäftsführung genehmigt haben, §§ 684 S.2, 185 I BGB**.

Eine Genehmigung kann ausdrücklich oder konkludent erfolgen. Hier verlangt H von W den Kaufpreis heraus.

Darin liegt eine konkludente Genehmigung der Geschäftsführung. Somit liegt doch eine berechtigte GoA vor.

Anmerkung: Ob sich die Genehmigung auch auf die Art und Weise der Ausführung des Geschäfts bezieht, muss nach §§ 133, 157 BGB durch Auslegung ermittelt werden. Bedeutung hat dies für die Frage nach Schadensersatzansprüchen wegen Pflichtverletzung der GoA. Jedenfalls ausgeschlossen ist aber der Anspruch aus § 678 BGB.

3. Ergebnis

Folglich muss W das durch die Geschäftsführung Erlangte herausgeben. Dies umfasst nach ganz h.M. auch den Gewinn. W muss also nicht nur den objektiven Wert des Autos, sondern den von L gezahlten Preis insgesamt herausgeben.

Anmerkung: Ob dieser Herausgabeanspruch auch bei unberechtigter GoA besteht, ist umstritten. Nach e.A. darf der Geschäftsherr nicht schlechter stehen als bei berechtigter GoA, nach a.A. kann er die Geschäftsführung jederzeit genehmigen und die ihm günstigen Rechtsfolgen so herbeiführen.

Beachten Sie noch folgendes: Handelt der Geschäftsführer bei der Veräußerung einer Sache im eigenen Namen, fehlt der Fremdgeschäftsführungswille.

Es handelt sich dann um eine Eigengeschäftsführung, bei der unter den Voraussetzungen des § 687 II BGB gem. §§ 681 S.2, 667 ebenfalls Herausgabe des Erlöses geschuldet wäre. Zudem ist dann an § 816 I S.1 BGB zu denken.

V. Zusammenfassung

Sound: Der Geschäftsherr kann Schadensersatz verlangen, wenn Übernahme oder Ausführungsverschulden vorliegt. Dabei ist § 680 BGB zu beachten. Außerdem kann er Herausgabe des durch die Geschäftsführung Erlangten verlangen, wobei dieser Anspruch auch erzielte Gewinne umfasst.

VI. Zur Vertiefung

- Hemmer/Wüst, Rückgriffsansprüche, Rn. 449 ff. (Gegenansprüche des Geschäftsherrn)

Kapitel III: Die Eigengeschäftsführung

Fall 7: Nachbarschaftsstreiche am Chiemsee (Die angemaßte Eigengeschäftsführung)

Sachverhalt:

A vermietet das Ferienhaus des B an die kinderreiche Familie des F, obwohl er weiß, dass B keine Kinder mag und deshalb sein Haus nie an eine Familie mit Kindern vermieten würde. A denkt sich, da B ohnehin nicht mit der Vermietung einverstanden ist, braucht er auch nichts davon zu wissen. Er behält deshalb den Mietzins ein, der wegen des Verhandlungsgeschicks des A deutlich über dem durchschnittlich zu erzielenden Mietzins liegt. Das Ferienhaus des B brennt ab, da das 5-jährige Kind der Familie F trotz hinreichender Beaufsichtigung mit Streichhölzern gespielt hat.

Kann B von A Schadensersatz und Herausgabe des Mietzinses verlangen?

I. Einordnung

Die **angemaßte Eigengeschäftsführung** ist in **§ 687 II BGB** geregelt. Diese Norm scheint auf den ersten Blick schwer verständlich, beinhaltet aber für den Geschäftsherrn äußerst günstige Rechtsfolgen: Neben den allgemeinen Ansprüchen (§§ 987 ff., 823 ff., 812 ff. BGB) kann der Geschäftsherr auch die Ansprüche aus §§ 687 II, 678 BGB auf **Schadensersatz** und auf **Herausgabe** gem. §§ 687 II, 681 S.2, 667 BGB geltend machen. Warum dies für den Geschäftsherrn besonders günstig ist, soll dieser Fall verdeutlichen.

Anmerkung: § 687 II BGB wird in der Klausur oft übersehen oder wegen Unverständlichkeit falsch angewendet. Beides wird Ihnen nach Durcharbeitung dieses Falls hoffentlich nicht mehr passieren.

II. Gliederung

1. Ansprüche des B gegen A auf Schadensersatz

a) Anspruch gem. § 823 I BGB
(-), da Kausalität fehlt.

b) Anspruch gem. §§ 687 II, 678 BGB

2. Anspruch des B gegen A auf Herausgabe des Mietszinses

a) Anspruch aus §§ 990 I 1, 987 I BGB
(+), aber nur Herausgabe des objektiven Werts der Vermietung.

b) Anspruch gem. §§ 687 II, 681 S.1, 667 BGB
(+) auch Gewinn ist herauszugeben.

III. Lösung

B könnte gegen A Ansprüche auf Schadensersatz und Herausgabe des Mietzinses haben.

1. Ansprüche des B gegen A auf Schadensersatz

B könnte gegen A wegen des Brandes einen Anspruch auf Schadensersatz haben. In Betracht käme ein Anspruch aus unerlaubter Handlung (§§ 823 ff. BGB) oder GoA.

a) Anspruch gem. § 823 I BGB

B könnte einen Anspruch aus § 823 I BGB haben. Dazu müsste ein geschütztes Rechtsgut verletzt worden sein und daraus ein kausaler Schaden entstanden sein.

aa) Durch den Brand wurde das Eigentum des B und somit ein von § 823 I BGB geschütztes Rechtsgut verletzt. Dadurch ist auch ein Schaden entstanden.

bb) Fraglich ist aber, ob der Schaden auch kausal ist. Kausalität muss hierbei zwischen deliktischer Handlung und Rechtsgutsverletzung bestehen. Die deliktische Handlung ist hierbei nicht etwa das Zündeln des Kindes, sondern die Vermietung des Ferienhauses.

Kausalität ist hier aber zu verneinen. Das Zündeln und damit der Brand sind nicht adäquat kausale Folgen der Vermietung, da es völlig außerhalb der allgemeinen Lebenserfahrung liegt, dass die Folge einer unberechtigten Vermietung ein durch ein ausreichend beaufsichtigtes Kind verursachter Brand ist.

Ein Anspruch aus § 823 I BGB scheidet somit aus.

Anmerkung: Es wäre gegebenenfalls noch an § 848 BGB zu denken. Dazu müsste der A dem B die Wohnung aber deliktisch entzogen haben. Da ist aber fraglich, ob dem B allein durch die Vermietung bereits ein Schaden entsteht.

b) Anspruch gem. §§ 687 II, 678 BGB

B könnte aber einen Anspruch wegen angemaßter Eigengeschäftsführung gem. §§ 687 II, 678 BGB haben. Dazu müsste A zunächst ein Geschäft des B geführt haben sowie die Fremdheit des Geschäfts und die eigene Nichtberechtigung positiv gekannt haben.

aa) Die Vermietung des Ferienhauses des B ist jedenfalls ein Rechtsgeschäft, das (nur) dem Rechtskreis des B angehört. Folglich hat A ein **objektiv fremdes Geschäft** geführt.

bb) Weiter müsste A die **Fremdheit des Geschäfts** und die **eigene Nichtberechtigung** zur Geschäftsführung **gekannt** haben. A wusste, dass er ein fremdes Haus vermietet und er wusste zudem, dass B sein Haus nicht an kinderreiche Familien vermieten würde. Somit hatte A jeweils entsprechende Kenntnis.

cc) Schließlich müsste den A noch ein **Übernahmeverschulden gem. § 678 BGB** treffen. Dies wäre der Fall, wenn A erkannt hat oder hätte erkennen müssen, dass seine Geschäftsführung nicht dem Willen des B entspricht. Der Begriff des Kennenmüssens wird dabei in **§ 122 II BGB** legaldefiniert.

Anmerkung: Bei der GoA ist zwischen Übernahme- und Ausführungsverschulden zu differenzieren. § 678 BGB setzt nur ein Übernahmeverschulden voraus. Das Übernahmeverschulden bezieht sich allein auf die Frage, ob der Geschäftsführer schuldhaft bei der Übernahme der Geschäftsführung den Willen des Geschäftsherrn missachtet. Entspricht die Übernahme der Geschäftsführung dagegen dem Willen des Geschäftsherrn, führt der Geschäftsführer seine Geschäfte aber unsachgemäß, liegt ein Ausführungsverschulden vor, für dass er nach § 280 I BGB i.V.m. §§ 677, 683 f. BGB haftet.

Hier wusste A, dass B diese Art der Geschäftsführung nicht will. Somit trifft A ein Übernahmeverschulden.

dd) Ein Anspruch aus §§ 687 II, 678 BGB besteht deshalb. Rechtsfolge ist, dass A für alle Schäden, die aus der Geschäftsführung entstehen, verschuldensunabhängig haftet. Somit muss er dem B den kompletten Brandschaden ersetzen.

Anmerkung: Erkennen Sie die Unterschiede? Erstens ist die GoA hier wesentlich weiter in der Frage des Verschuldens, zweitens ist der Ansatzpunkt der Kausalität ein anderer.

2. Ansprüche des B gegen A auf Herausgabe des Mietzinses

B könnte zudem Ansprüche auf Herausgabe des Mietzinses haben. In Betracht kämen Ansprüche aus EBV und GoA.

a) Anspruch aus §§ 990 I 1, 987 BGB

B könnte einen Anspruch gem. §§ 990 I 1, 987 I BGB haben.

Die Voraussetzungen dieses Anspruchs sollen hier nicht vertieft werden, liegen aber vor.

Fraglich ist aber, welchen Umfang der Anspruch hat. § 987 I BGB beinhaltet eine Rechtsfolgenverweisung auf § 818 II BGB. Danach ist für Nutzungen Wertersatz zu leisten. Die Höhe des Wertersatzes bestimmt sich aber objektiv. Im konkreten Fall bedeutet dies, dass B nur den durchschnittlichen Mietzins von A herausverlangen kann, nicht jedoch den zusätzlich von A ausgehandelten „Gewinn".

b) Anspruch gem. §§ 687 II, 681 S.2, 667 BGB

B könnte von A aber auch die Herausgabe des aus der Geschäftsführung Erlangten verlangen.

§ 687 II BGB ist neben den §§ 987 ff. BGB uneingeschränkt anwendbar, da deren Schutzzweck, die Privilegierung des redlichen Besitzers, bei angemaßter Eigengeschäftsführung nicht gewahrt werden muss.

Anmerkung: Die angemaßte Eigengeschäftsführung ist neben dem EBV anwendbar, die berechtigte GoA dagegen stellt einen Rechtfertigungsgrund für das EBV dar. Für die Klausur bedeutet dies, dass Sie vor Beginn der Bearbeitung entscheiden müssen, welcher Typ der GoA vorliegt. Nur dann können Sie klausurtaktisch geschickt auf das Konkurrenzverhältnis eingehen.

Die Voraussetzungen des § 687 II BGB liegen vor (s.o.). Somit ist A zur **Herausgabe des durch die Geschäftsführung Erlangten** verpflichtet.

Darunter fällt auch der erzielte Gewinn, selbst wenn der Geschäftsherr selbst den Gewinn nicht erzielt hätte.

A hat den erhöhten Mietzins erlangt. Folglich ist dieser insgesamt herauszugeben.

Anmerkung: Hier zeigt sich ein weiterer Vorteil der GoA: auch der Gewinn kann herausverlangt werden. Dies ist sonst grds. nicht möglich, da Deliktsrecht, Bereicherungsrecht und EBV jeweils nur Ersatz des objektiven Werts geben. Allein § 816 I 1 BGB hat nach h.M. dieselbe Rechtsfolge. Dessen Voraussetzungen liegen hier aber nicht vor, da die Vermietung keine Verfügung ist.

3. Ergebnis

B kann von A Schadensersatz gem. §§ 687 II, 678 BGB und Herausgabe des (erhöhten) Mietzinses gem. §§ 687 II, 681 S.2, 667 BGB verlangen.

IV. Zusammenfassung

Sound: Die Rechte aus § 687 II BGB bedeuten grds. eine Verschärfung der allgemeinen Haftung. Zum einem knüpft das Verschulden an einer anderen Verletzungshandlung an, zum anderen ist auch der erzielte Gewinn herauszugeben.

Bei der irrtümlichen Eigengeschäftsführung gelten die §§ 677 ff. BGB gerade nicht. Somit stellen sich keine GoA-typischen Probleme. Zu denken ist an allgemeine Ansprüche aus EBV, Delikts- oder Bereicherungsrecht.

hemmer-Methode: Bei der angemaßten Eigengeschäftsführung ist der Geschäftsführer überhaupt nicht schutzwürdig. Er haftet deshalb nach den allgemeinen Regeln ebenso wie aus GoA. Unterschiede ergeben sich dabei vor allem im Umfang der Ersatzansprüche. Denken Sie deshalb von der Rechtsfolge her. Dann erfassen Sie die Probleme der Klausur auch vollständig.

V. Zur Vertiefung

- Hemmer/Wüst, Rückgriffsansprüche, Rn. 478 ff. (Geschäftsanmaßung)

Fall 8: Der Dollar-Tausch-Fall (Besonderheiten bei minderjährigem Geschäftsführer)

Sachverhalt:

V bewahrt von früheren Urlaubsreisen noch Restgeld in seinem Schreibtisch auf, u.a. eine 100 $ Banknote. Der 17-jährige Sohn K des V stiehlt diesen Geldschein und tauscht ihn am nächsten Tag mit dem 17-jährigen N gegen 50 €. N kennt zwar den wahren Wert von 100 $, spiegelt dem K aber vor, der Dollar hätte in letzter Zeit einen enormen Wertverlust erlitten. Auf Fragen des N, wo K den Schein denn herhabe, hatte dieser geantwortet, sein Vater habe ihm das Geld geschenkt. Wie geplant geht N daraufhin zur Bank und tauscht den Schein gegen 80 € ein. Davon geht er spontan schick Essen. Als sich der Sachverhalt aufklärt, erklärt V diese Geschäfte seines Sohnes könne er nicht billigen. Dies erklären auch die Eltern des N.

Welche Ansprüche hat V gegen N?

V — K Tausch N

I. Einordnung

Dieser Fall entspricht bereits einem sehr hohen Niveau, stellt aber einen typischen Fall dar, in dem Sie neben zahlreichen anderen Problemen auch die **angemaßte Eigengeschäftsführung** bedenken müssen.

Der Fall soll Ihnen deshalb noch einmal die Prüfung der GoA in der Klausurlösung zeigen.

Daneben ist hier **§ 682 BGB** von Bedeutung.

II. Gliederung

1. Anspruch des V gegen N auf Herausgabe von 80 € gem. §§ 985, 285 BGB

(-), § 285 BGB nicht anwendbar.

2. Anspruch des V gegen N auf Schadensersatz gem. §§ 989, 990 I BGB

a) Vindikationslage

(+), wegen erfolgter Anfechtung.

b) Bösgläubigkeit

(+), Einsichtsfähigkeit nach § 828 III BGB analog.

c) Schaden

3. Anspruch des V gegen N auf Schadensersatz gem. § 992 BGB i.V.m. §§ 823 II BGB, 263 StGB

(-), da kein Dreiecksbetrug.

4. Anspruch des V gegen N auf Herausgabe der 80 € gem. § 816 I 1 BGB

a) Verfügung eines Nichtberechtigten

b) Wirksamkeit

(+), gutgläubiger Erwerb der Bank möglich.

c) Wegfall der Bereicherung und verschärfte Haftung

5. Anspruch aus § 687 II, 681 S.2, 677 BGB

(-) wegen § 682 BGB.

III. Lösung

1. Anspruch des V gegen N auf Herausgabe von 80 € gem. §§ 985, 285 BGB

V könnte gegen N einen Anspruch auf Herausgabe entweder der 100 $ oder 80 € haben, § 985 BGB.

Ein Anspruch direkt aus § 985 BGB scheidet aus, da N keinen Besitz an den 100 $ mehr hat.

Ein Anspruch auf Herausgabe des anstelle dessen Erlangten (rechtsgeschäftliches Surrogat) gem. §§ 985, 285 BGB scheidet aus, da § 285 BGB nicht anwendbar ist.

Dies ergibt sich aus folgender Überlegung: § 285 BGB ist eine Norm aus dem allgemeinen Teil des Schuldrechts, § 985 BGB ist ein dinglicher Anspruch. Eine direkte Anwendung scheidet deshalb aus. Für eine analoge Anwendung fehlt es an der Regelungslücke, da mit den §§ 987 ff. BGB abschließende Sonderregelungen bestehen. Somit kann V auch nicht die 80 € herausverlangen.

2. Anspruch aus §§ 989, 990 I BGB

V könnte einen Anspruch auf Schadensersatz in Höhe von 80 € haben.

a) Vindikationslage

Dazu müsste zuerst eine Vindikationslage im Zeitpunkt der Verletzungshandlung vorgelegen haben. Eine Vindikationslage liegt vor, wenn V Eigentümer ist und N Besitzer ohne Besitzrecht, §§ 985, 986 I BGB.

Die Verletzungshandlung liegt hier in der Weitergabe des 100 $ Scheins an die Bank.

Da die Übereignung der 100 $ von K an N aber vom Vater des K wirksam angefochten wurde (Auslegung gem. §§ 133, 157 BGB!), war V zu diesem Zeitpunkt Eigentümer, N Besitzer ohne Besitzerecht (vgl. § 142 I BGB).

Anmerkung: Beachten Sie, dass die Übereignung nicht schon an der Minderjährigkeit des K scheitert, da ein sog. neutrales Geschäft vorliegt. K verfügt nämlich über fremdes Eigentum. Neutrale Geschäfte des Minderjährigen sind aber nach h.M. wirksam, da diesen keine rechtlich nachteiligen Folgen treffen (zudem arg. § 165 BGB).

b) Bösgläubigkeit

Weiter müsste N bösgläubig gewesen sein. N ist gem. §§ 2, 106 BGB beschränkt geschäftsfähig. Bei beschränkt Geschäftsfähigen beurteilt sich die Bösgläubigkeit für den deliktsähnlichen Schadensersatzanspruch nach der Einsichtsfähigkeit, § 828 III BGB analog.

Zwar wusste N nichts vom Diebstahl des K, er kannte aber seine eigene Täuschung und damit die Anfechtbarkeit der dinglichen Einigung des Tauschvertrags zwischen ihm und K. Wer die Anfechtbarkeit eines Rechtsgeschäfts kennt, wird aber so gestellt, als kenne er die Nichtigkeit, § 142 II BGB. Deshalb ist N bösgläubig.

c) Schaden

Schließlich müsste dem V ein Schaden entstanden sein.

V hat sein Eigentum an den 100 $ verloren, da die Bank gutgläubig Eigentum an den 100 $ erworben hat, §§ 929 S.1, 932, 935 II BGB. Somit ist ihm ein Schaden entstanden.

d) Zwischenergebnis

Ein Anspruch des V gegen N auf Schadensersatz gem. §§ 989, 990 I BGB besteht deshalb.

3. Anspruch aus § 992 BGB i.V.m. §§ 823 II BGB, 263 StGB

Wegen der eigenmächtigen Wegnahme des 100 $ Scheins steht K nicht im Lager des N und ein Dreiecksbetrug scheidet somit aus.

4. Anspruch aus § 816 I 1 BGB

V könnte einen Anspruch auf Herausgabe der 80 € gem. § 816 I 1 BGB haben.

Diese Norm ist neben dem EBV anwendbar, da die Erlösherausgabe nicht Regelungsgegenstand des EBV ist.

a) Verfügung eines Nichtberechtigten

N müsste nichtberechtigt über die 100 $ verfügt haben.

Durch die Rückwirkung der Anfechtung (s.o.) ist N nichtberechtigt. Die Einigung mit der Bank ist eine Verfügung über das Eigentum des V.

Somit hat N als Nichtberechtigter verfügt.

b) Wirksamkeit der Verfügung

Da die Bank gutgläubig Eigentum erworben hat (s.o.) ist die Verfügung wirksam.

c) Wegfall der Bereicherung und verschärfte Haftung

Allerdings könnte ein Anspruch ausgeschlossen sein, wenn N entreichert ist, § 818 III BGB. Tatsächlich hat N das Geld spontan ausgegeben und ist somit grundsätzlich entreichert (§ 818 III BGB).

Allerdings kann sich derjenige nicht auf Entreicherung berufen, der verschärft haftet. Verschärft haftet, wer den Mangel des rechtlichen Grundes positiv kennt (§§ 819 I, 818 IV BGB). N kennt die Anfechtbarkeit des Rechtsgeschäftes mit K. Diese Kenntnis wird gem. § 142 II BGB der positiven Kenntnis i.S.v. § 819 I BGB gleichgestellt. Folglich haftet N verschärft.

Er kann sich deshalb nicht auf den Wegfall der Bereicherung berufen. Ein Anspruch besteht somit.

5. Anspruch aus §§ 687 II, 681 S.2, 667 BGB

Schließlich könnte V auch einen Anspruch auf Herausgabe des durch die Geschäftsführung Erlangten haben.

§ 687 II BGB ist neben dem EBV anwendbar, weil dessen Schutzzweck jedenfalls gewahrt bleibt.

Da N aber gemäß §§ 2, 106 BGB minderjährig ist, haftet er gem. § 682 BGB als Geschäftsführer grds. nicht nach § 687 II BGB.

Anmerkung: Die Sperrwirkung des § 682 BGB wird oft übersehen. Sie erfasst alle Typen der GoA, selbst die angemaßte Eigengeschäftsführung, bei der der Geschäftsführer überhaupt nicht schutzwürdig ist. Allerdings soll nach dem Willen des Gesetzgebers auch hier der Minderjährigenschutz Vorrang haben.

Ein Anspruch scheidet somit aus.

Der V kann somit Ansprüche aus §§ 989, 990 I BGB und § 816 I 1 BGB geltend machen.

IV. Zusammenfassung

Sound: § 687 II BGB ist neben dem EBV anwendbar! Der minderjährige Geschäftsführer haftet wegen § 682 BGB trotzdem nicht.

hemmer-Methode: Lernen Sie am schwierigen Fall. Die Wahrscheinlichkeit, dass eine GoA-Problematik in dieser Form auftritt ist wesentlich wahrscheinlicher als eine reine GoA-Klausur. Wenn Sie aber Ihr Problembewusstsein geschärft haben, werden Sie die GoA in einer solchen Klausur nicht übersehen.

Kapitel IV: Verhältnis von GoA und Bereicherungsrecht

Fall 9: Der Titelhändler

Sachverhalt:

A zahlt dem B 30.000 €, damit dieser ihm einen Ehrendoktortitel verschafft, den A auch in der Bundesrepublik Deutschland legal nutzen kann. Als dies dem B nicht gelingt, fordert A sein Geld zurück. B hat das Geld jedoch an einen unbekannten Hintermann gegeben.

Kann A von B Rückzahlung der 30.000 € verlangen?

I. Einordnung

Die **berechtigte GoA ist grds. ein Rechtsgrund i.S.d. §§ 812 ff. BGB**. Deshalb ist für ein Nebeneinander von GoA und Bereicherungsrecht grds. kein Platz.

Von dieser Regel macht der BGH in st. Rspr. eine wichtige Ausnahme, die Sie unbedingt kennen müssen. In Fällen, in denen der **Geschäftsführer aufgrund eines (erkannt oder unerkannt) nichtigen Vertrages tätig wird**, wendet der BGH die GoA und Bereicherungsrecht nebeneinander an.

Anmerkung: Ungeachtet der eigentlichen Systematik, aus der sich grds. eine zwingende Prüfungsreihenfolge ergibt, soll hier aus didaktischen Gründen zuletzt auf das Recht der GoA eingegangen werden.

II. Gliederung

1. Anspruch des A gegen B auf Schadensersatz wegen Nichterfüllung, §§ 280 I, III, 281 BGB i.V.m. §§ 611, 675 BGB

Vertrag nach § 138 I BGB nichtig.

2. Anspruch des A gegen B auf Herausgabe und Rückübereignung des Geldes gem. § 812 I 1 1.Alt. BGB

a) **Etwas erlangt**
Eigentum und Besitz an den Geldscheinen.

b) **Durch Leistung des A**

c) **Ohne Rechtsgrund**
Vertrag gem. § 138 I BGB nichtig (+).

d) **Ausschluss der Kondiktion nach § 817 S.2 BGB**

3. Anspruch des A gegen B auf Herausgabe und Rückübereignung des Geldes gem. § 817 S.1 BGB

Anspruch ebenfalls wegen § 817 S.2 BGB ausgeschlossen.

4. Anspruch des A gegen B auf Schadensersatz gem. § 823 I BGB

Rechtsgutsverletzung (-), da Vermögen kein absolutes Recht.

5. Anspruch des A gegen B auf Schadensersatz gem. § 826 BGB bzw. § 823 II i.V.m. § 263 I StGB

(-) wegen erhöhter Anforderungen an Sittenwidrigkeitsvorsatz.

6. Anspruch des A gegen B wegen Pflichtverletzung der berechtigten GoA, §§ 280 I, 681 S.2, 667 BGB i.V.m. §§ 677, 683 BGB

a) **Schuldverhältnis**
(+) berechtigte GoA ist gesetzliches Schuldverhältnis.

b) Pflichtverletzung
(+) Verletzung der Herausgabepflicht.

c) Vertretenmüssen
(+) sog. Ausführungsverschulden.

d) Kausaler Schaden

e) Mitverschulden

III. Lösung

1. Anspruch des A gegen B auf Schadensersatz wegen Nichterfüllung, §§ 280 I, III, 281 BGB i.V.m. §§ 611, 675 BGB

A könnte einen Anspruch auf Schadensersatz wegen Nichtverschaffung des Titels haben.

Dazu müsste zuerst ein wirksames Schuldverhältnis zwischen A und B bestehen, denn nur ein wirksamer Anspruch kann auch fällig werden, §§ 280 I 1, 281 I 1 BGB.

A und B haben hier zwar einen Geschäftsbesorgungsvertrag geschlossen (§§ 675, 611 BGB), dieser ist jedoch wegen Sittenwidrigkeit gem. § 138 I BGB nichtig, da die Käuflichkeit von Ämtern zur Sinnentleerung von Titeln führt und die Funktionsfähigkeit öffentlicher Ämter beeinträchtigt.

Ein Anspruch aus §§ 280 I, III, 281 BGB scheidet deshalb aus.

2. Anspruch des A gegen B auf Herausgabe und Rückübereignung des Geldes gem. § 812 I 1, 1. Alt BGB

Der A könnte einen Anspruch auf Rückzahlung gem. § 812 I 1 1.Alt. BGB haben. Dazu müsste B etwas ohne Rechtsgrund durch Leistung des A erlangt haben.

a) Etwas erlangt

B müsste etwas erlangt haben. Erlangtes Etwas kann jeder vermögenswerte Vorteil sein, z.B. Rechte (v.a. Eigentum), vorteilhafte Rechtsstellungen (z.B. Besitz) etc.

Hier hat der B Eigentum und Besitz an den Geldscheinen erlangt.

b) Durch Leistung des A

B müsste Eigentum und Besitz durch Leistung des A erlangt haben. Leistung ist die bewusste und gewollte Mehrung fremden Vermögens. Hier hat A unproblematisch an B geleistet.

c) Ohne Rechtsgrund

Die Leistung müsste ohne Rechtsgrund erfolgt sein. Als Rechtsgrund käme allein der zwischen A und B geschlossene Vertrag in Betracht. Dieser ist jedoch nichtig (s.o.). Somit erfolgte die Leistung ohne Rechtsgrund.

d) Ausschluss der Kondiktion nach § 817 S.2 BGB

Der Anspruch könnte aber nach § 817 S.2 BGB ausgeschlossen sein. Nach ganz h.M. ist § 817 S.2 BGB auf alle Arten der Leistungskondiktion anwendbar.

Da A und B offenkundig sittenwidrig handeln ist die Norm einschlägig. Der Anspruch ist deshalb ausgeschlossen.

3. Anspruch des A gegen B auf Rückgewähr des Geldes gem. § 817 S.1 BGB

A könnte einen Anspruch auf Rückzahlung gem. § 817 S.1 BGB haben. Dazu müsste der B durch die Annahme einer Leistung gegen die guten Sitten verstoßen haben. Dies ist hier der Fall (s.o.).

Der Anspruch ist jedoch nach § 817 S.2 BGB ausgeschlossen, da auch der A gegen die guten Sitten verstößt. Ein Anspruch aus § 817 S.1 BGB scheidet deshalb aus.

4. Anspruch des A gegen B auf Schadensersatz wegen unerlaubter Handlung, § 823 I BGB

A könnte einen Anspruch auf Schadensersatz haben. Dazu müsste der B ein geschütztes Rechtsgut des A verletzt haben. Allerdings hat A allein eine Vermögenseinbuße erlitten. Das Vermögen wird aber nicht als absolutes Rechtsgut i.S.d. § 823 I BGB geschützt. Es fehlt folglich an einer Rechtsgutsverletzung, ein Anspruch scheidet deshalb aus.

5. Anspruch des A gegen B wegen vorsätzlicher sittenwidriger Schädigung, § 826 BGB

Da B nur die vereinbarte Leistung erbringen wollte, fehlt es am Vorsatz zur sittenwidrigen Schädigung.

6. Anspruch wegen Verletzung eines Schutzgesetzes, § 823 II BGB i.V.m. § 263 I StGB

Der Anspruch scheidet aus den unter 5. genannten Gründen ebenfalls aus.

Anmerkung: Jetzt erkennen Sie das Dilemma des BGH. Alle von der Systematik des BGB für die Rückabwicklung nichtiger Verträge vorgesehenen Rechtsinstitute versagen. Dieses Ergebnis erschien dem BGH aber extrem unbillig. Er prüft deshalb die GoA.

7. Anspruch des A gegen B auf Schadensersatz wegen Pflichtverletzung der berechtigten GoA, §§ 280 I, 681 S.2, 667 BGB

A könnte schließlich einen Anspruch wegen Pflichtverletzung des gesetzlichen Schuldverhältnisses der GoA haben.

a) Schuldverhältnis, § 280 I 1 BGB

Zuerst müsste zwischen A und B ein vertragliches oder gesetzliches Schuldverhältnis bestehen. Allein in Betracht kommt die berechtigte GoA, §§ 677, 683 S.1 BGB.

aa) Besorgung eines fremden Geschäfts

Der B müsste ein fremdes Geschäft geführt haben. Eine Geschäftsführung liegt jedenfalls vor.

Fraglich ist aber, ob auch ein fremdes Geschäft geführt wurde, da B aufgrund eines zwischen A und B geschlossenen Vertrages tätig wurde.

Nach Ansicht des BGH steht dies der Annahme eines zumindest auch-fremden Geschäftes nicht entgegen.

Anmerkung: Diese Ansicht des BGH ist von der h.L. stark angegriffen worden. Wer aufgrund eines (nichtigen) Vertrages tätig wird, wolle zuerst seine vertraglichen Verpflichtungen erfüllen und in den Genuss der Gegenleistung kommen. Es liege deshalb allein ein eigenes Geschäft vor.

bb) Ohne Auftrag oder sonstige Berechtigung

Schließlich handelt B auch ohne Auftrag, da der Vertrag zwischen A und B wegen Sittenwidrigkeit gem. § 138 I BGB nichtig ist.

cc) Fremdgeschäftsführungswille

B müsste mit Fremdgeschäftsführungswillen gehandelt haben. Nach Ansicht des BGH wird der FGW beim auch-fremden Geschäft vermutet. Somit handelt B mit FGW.

dd) Berechtigung der Geschäftsführung

Die Geschäftsführung des B ist auch berechtigt, da sie dem Willen des A entsprach, § 683 S.1 BGB.

Somit ist das gesetzliche Schuldverhältnis der berechtigten GoA entstanden.

b) Pflichtverletzung, § 280 I 1 BGB

Zweitens müsste der B eine Pflicht verletzt haben. Im Betracht kommt die Pflicht zur Herausgabe des durch die Geschäftsführung Erlangten gem. §§ 681 S.2, 667 BGB.

Anmerkung: Der Geschäftsführer muss bei seiner Geschäftsführung bestimmte Pflichten erfüllen. Nach § 677 BGB muss er bei der Ausführung den Willen und das Interesse des Geschäftsherrn beachten. Aus dem Wortlaut der Norm soll sich nach h.M. dabei ergeben, dass anders als bei § 683 S.1 BGB das Interesse des Geschäftsherrn Vorrang vor dem Willen haben soll. Weiter trifft den Geschäftsführer die Pflicht, den Geschäftsherrn zu benachrichtigen (§ 681 S.1 BGB) und ihn treffen die Pflichten eines Beauftragten (§§ 681 S.2, 666 – 668 BGB). Verstößt der Geschäftsführer gegen eine dieser Pflichten schuldhaft, liegt ein Ausführungsverschulden vor, für das nach § 280 I BGB gehaftet wird. Eine Pflicht zur Fortführung der Geschäftsführung besteht grds. nicht, kann sich aber evtl. aus § 242 BGB ergeben.

Durch die Weitergabe des Geldes an einen Hintermann hat der B diese Herausgabepflicht verletzt.

c) Vertretenmüssen, § 280 I 2 BGB

Die Pflichtverletzung geschah auch schuldhaft, nämlich vorsätzlich. Damit trifft B ein sog. Ausführungsverschulden.

d) Kausaler Schaden

A müsste durch die schuldhafte Pflichtverletzung ein kausaler Schaden entstanden sein.

Dies ist der Fall. B kann die durch die Geschäftsführung erlangten 30000 € nicht herausgaben. Mithin besteht für A ein Schaden in ebendieser Höhe.

e) Mitverschulden des A, § 254 I BGB

Allerdings könnte der Anspruch des A nach § 254 I BGB zu kürzen sein.

Jedoch hat der A keine Pflicht oder Obliegenheit verletzt. Dass B das Geld weitergeben würde, konnte A nicht wissen und die Vorleistung an sich ist nicht vorwerfbar.

8. Ergebnis

Der A hat gegen B einen Anspruch auf Schadensersatz in Höhe von 30000 € aus Pflichtverletzung der berechtigten GoA gem. §§ 280 I, 681 S.2, 667 BGB i.V.m. §§ 677, 683 BGB.

IV. Zusammenfassung

Sound: Das Tätigwerden aufgrund eines (unerkannt) nichtigen Vertrages ist die umstrittenste Fallgruppe des auch-fremden Geschäfts. Die Rspr. des BGH ist in vielerlei Hinsicht angreifbar. In einer neueren Entscheidung hat der BGH deshalb auch das auch-fremde Geschäft abgelehnt, da zwischen den Beteiligten nie ein Vertrag vorlag und zudem hohe Provisionszahlungen auf ein Eigengeschäft schließen lassen.

Nach Ansicht des BGH ist hier ein Anspruch des A zu bejahen, nach h.L. ginge A leer aus. Sie wirft dem BGH vor, aus Gründen der Billigkeit Tatbestandsmerkmale zu überdehnen (auch-fremdes Geschäft) und mit faktisch nicht widerlegbaren Fiktionen zu arbeiten (Fremdgeschäftsführungswille).

hemmer-Methode: Dieser Fall ist einmal aus der Sicht des BGH geschrieben. Oftmals lesen Sie in Lehrbüchern nur (dogmatisch sicherlich berechtigte) Kritik zu dieser Rspr. Welche Problematik dahinter steht, wird meistens nur am Rande erwähnt. Versuchen Sie Probleme umfassend zu verstehen. Nur so können Sie für und wider wirklich überzeugend abwägen.

V. Zur Vertiefung

- Hemmer/Wüst, Rückgriffsansprüche, Rn. 409 (Tätigwerden aufgrund nichtigen Vertrags)
- Hemmer/Wüst, Rückgriffsansprüche, Rn. 449 ff. (Gegenansprüche des Geschäftsherrn)
- Hemmer/Wüst, Bereicherungsrecht, Rn. 61 ff. (Konkurrenz zu anderen Vorschriften)

Fall 10: Der Wirtschaftsprüfer

Sachverhalt:

S, der sich in wirtschaftlichen Schwierigkeiten befindet, wendet sich an den Wirtschaftsprüfer W und beauftragt ihn, eine Schuldensanierung durchzuführen. W verhandelte mit den Gläubigern des S und erreichte bedeutende Schuldennachlässe. Weder S noch W erkannten, dass ihre Vereinbarung wegen Verstoßes gegen das Rechtsberatungsgesetz nichtig war.

Kann W von S Vergütung seiner Dienste verlangen?

I. Einordnung

Dieser Fall ist eine der am schärfsten kritisierten Entscheidungen des BGH. Er beinhaltet Probleme des **auch-fremden Geschäfts**, des **Aufwendungsersatzes** und des **Bereicherungsrechts**.

II. Gliederung

Ansprüche des W gegen S auf Vergütung seiner Dienste

1. **Vertragliche Ansprüche**
   Vertrag nach § 134 I BGB nichtig.
2. **Aufwendungsersatz gem. §§ 677, 683 S.1, 670 BGB**
   Zwar auch-fremdes Geschäft (str.), Aufwendungen aber nicht erforderlich.
3. **§ 812 I 1 1.Alt. BGB**

III. Lösung

Fraglich ist, ob W von S Vergütung seiner Wirtschaftsberatertätigkeit verlangen kann.

1. Vertragliche Ansprüche

Vertragliche Ansprüche scheiden aus, da der Vertrag zwischen S und W gem. § 134 I BGB i.V.m. Art. 1 § 1 RBeratG (Schönfelder Ergänzungsband Nr. 99) nichtig ist.

2. Aufwendungsersatz gem. §§ 677, 683 S.1, 670 BGB

W könnte einen Anspruch auf Ersatz seiner Aufwendungen haben. Dies wäre der Fall, wenn W ein Geschäft des S geführt hat.

a) Die Regulierung fremder Schulden stellt für W ein fremdes Geschäft dar. Allerdings hielt W sich auch für vertraglich dazu verpflichtet. Deshalb liegt ein **auch-fremdes Geschäft** vor.

b) Problematisch ist insbesondere, ob W **Fremdgeschäftsführungswillen** hatte. Dies könnte fraglich sein, da W sich vertraglich verpflichtet gefühlt hat, die fraglichen Leistungen zu erbringen.

Nach e.A. liegt deshalb nur ein eigenes Geschäft des W vor. Wer sich für verpflichtet hält, will allein seine Verpflichtung erfüllen. Für die Annahme eines auch-fremden Geschäfts mit FGW sei deshalb kein Platz.

Nach a.A. findet sich eine solche Einschränkung der GoA weder im Wortlaut des Gesetzes, noch in dessen Sinn und Zweck eine Stütze. Vielmehr sei allein darauf abzustellen, dass kein Auftrag oder sonstige Berechtigung vorliegt. W führt nach dieser Ansicht ein auch-fremdes Geschäft, sein FGW wird vermutet.

c) W könnte somit grds. Ersatz seiner Aufwendungen verlangen. Allerdings bestehen jene Aufwendungen in einer vom Gesetz verbotenen Tätigkeit. Deshalb durfte W sie nach Ansicht des BGH nicht für erforderlich halten.

d) Ein Aufwendungsersatzanspruch aus GoA besteht folglich nicht.

Anmerkung: Nach h.L. ist diese Lösung nicht interessengerecht, für die Abwicklung nichtiger Verträge sei das Bereicherungsrecht spezieller. Durch die Anwendung der GoA bestünde die Gefahr, dass die differenzierten Regelungen der §§ 814, 817 S.2 und 818 III BGB umgangen werden. Die GoA habe zudem eine andere Zielrichtung: sie will Geschäftsherrn und –führer schützen, nicht nichtige Verträge rückabwickeln.

3. Anspruch wegen rechtsgrundloser Leistung gem. § 812 I 1, 1.Alt BGB

W könnte einen Anspruch auf Wertersatz geleisteter Dienste gem. § 812 I 1 1.Alt. BGB haben. Dazu müsste S etwas ohne Rechtsgrund durch Leistung des A erlangt haben.

Anmerkung: Diese Stelle ist der Knackpunkt der Entscheidung: der BGH prüft trotz tatbestandlichem Vorliegen einer GoA noch Bereicherungsrecht. Dies ist dogmatisch falsch, da die berechtigte GoA ein Rechtsgrund i.S.d. §§ 812 ff. BGB ist. Der BGH sieht darüber hinweg, wohl mit dem Hintergedanken sich die Möglichkeit eines Schadensersatzanspruches gem. § 280 I BGB i.V.m. §§ 677 ff. BGB (vgl. Fall 9) offen zu halten.

a) S müsste etwas erlangt haben. Erlangtes Etwas kann jeder vermögenswerte Vorteil sein. Hier hat S die geleisteten Dienste des W erlangt.

b) Dies geschah durch Leistung des W.

c) Die Leistung müsste ohne Rechtsgrund erfolgt sein. Als Rechtsgrund käme allein der zwischen W und S geschlossene Vertrag in Betracht. Dieser ist jedoch nichtig. Somit erfolgte die Leistung ohne Rechtsgrund.

Anmerkung: Der BGH prüft noch, ob der Anspruch nicht nach § 817 S.2 BGB ausgeschlossen ist, ließ dies aber aus prozessualen Gründen offen. In anderen Entscheidungen wurde die Anwendbarkeit des § 817 S.2 BGB auf ähnliche Konstellationen verneint.

Folglich schuldet S dem W Wertersatz der geleisteten Dienste gem. §§ 812 I 1 1.Alt., 818 II BGB. Der Wert ist nach einer üblichen bzw. angemessenen Vergütung zu bestimmen.

IV. Zusammenfassung

Sound: Nichtige Verträge werden nach Bereicherungsrecht abgewickelt. Die Motive des BGH sind zwar edel, rechtfertigen aber nicht die Umgehung der bereicherungsrechtlichen Wertungen.

hemmer-Methode: Blicken Sie hinter die Kulissen. Beim BGH sitzen Praktiker, die lösungsorientiert denken. Der BGH sah sich in einem Dilemma und ist deshalb über „dogmatische Leichen" gegangen. Dennoch ist die Lösung der h.L. vorzuziehen.

V. Zur Vertiefung

- Hemmer/Wüst, Rückgriffsansprüche, Rn. 409 (Tätigwerden aufgrund nichtigen Vertrags)
- Hemmer/Wüst, Basics Zivilrecht I/2, Rn. 20 ff. (Tätigwerden aufgrund nichtigen Vertrags)
- Hemmer/Wüst, Bereicherungsrecht, Rn. 61 ff. (Konkurrenzen zu anderen Vorschriften)

Kapitel V: Die Leistungskondiktion

Fall 11: Der minderjährige Schwarzfahrer (condictio indebiti, § 812 I 1 1.Alt. BGB)

Sachverhalt:

Der 11-jährige M fährt regelmäßig mit den Omnibussen der örtlichen Verkehrsbetriebe V. M erhält von seinen Eltern stets die Beträge die erforderlich sind, um die benötigten Fahrkarten zu erwerben. Als der M einmal bei einer Kontrolle ohne Fahrschein erwischt wird (er hatte sich von dem Geld lieber Süßigkeiten gekauft), verlangt V gemäß ihren AGB ein erhöhtes Beförderungsentgelt von 40 €.

Kann dieser Anspruch auf Bereicherungsrecht gestützt werden?

I. Einordnung

Die wichtigste Aufgabe der §§ 812 ff. BGB ist die Rückgängigmachung von auf mangelhafter schuldrechtlicher Grundlage ausgetauschten Leistungen.

Anmerkung: Hier besteht eine Parallele zwischen Bereicherungs- und Rücktrittsrecht. Zwischen beiden gibt es aber grundsätzliche Unterschiede: konstruktiv handelt es sich beim Rücktritt um das gleiche Schuldverhältnis, das in ein Rückgewährschuldverhältnis umgewandelt wird, während die §§ 812 ff. BGB ein völlig neues Schuldverhältnis begründen. Bzgl. der Haftung findet bei den §§ 346 ff. BGB grds. eine Verschuldenshaftung statt (soweit das Empfangene nicht mehr vorhanden ist, §§ 346 IV, 280 I BGB), während nach Bereicherungsrecht grds. nur das herauszugeben ist, was noch vorhanden ist.

Grundgedanke des Bereicherungsrechts ist es somit, einen Anspruch auf Rückgängigmachung eines Rechtserwerbs zu geben, der nach den maßgeblichen Vorschriften im Interesse der Rechtssicherheit, der rechtlichen Logik, des gutgläubigen Erwerbs etc. zwar gültig vollzogen ist, aber eines rechtfertigenden Grundes entbehrt.

Die §§ 812 ff. BGB sollen an dieser Stelle einen billigen und gerechten Ausgleich herbeiführen. Es handelt sich bei ihnen deshalb grds. um Billigkeitsrecht, dessen Auslegung in besonderem Maße unter dem Grundsatz von Treu und Glauben steht.

Nach neuerer Lehre wird im Bereicherungsrecht zwischen Leistungs- und Nichtleistungskondiktion unterschieden. Die **condictio indebiti** ist der wichtigste Fall der Leistungskondiktion.

Dieser Fall soll die **Tatbestandsvoraussetzungen** eines auf § 812 I 1 1.Alt. BGB gestützten Anspruchs erläutern und ein **Prüfungsschema** an die Hand geben.

Anmerkung: Die ältere Lehre sah in § 812 I BGB einen einheitlichen Bereicherungstatbestand. Zentrales Tatbestandsmerkmals war dabei das Unmittelbarkeitserfordernis („auf dessen Kosten"). Es sollte vorliegen wenn der Verlust des Bereicherungsgläubigers und der Erwerb des Bereicherungsschuldners auf demselben Vorgang beruhten. Diese Formel war aber wesentlich zu unbestimmt. Nach neuerer Lehre und h.M. prüft man heute eine Unmittelbarkeit nur noch bei der Nichtleistungskondiktion.

II. Gliederung

Anspruch der V gegen M auf Zahlung von 40 € Wertersatz gem. § 812 I 1 1.Alt. BGB

1. **Etwas erlangt**
   jedenfalls Gebrauchsvorteil; ersparte Aufwendungen (str.).
2. **Durch Leistung (der V)**
   Leistung wegen generellen Leistungswillens der V (+).
3. **Ohne Rechtsgrund**
   Weder Vertrag, noch berechtigte GoA.
4. **Rf: Herausgabe bzw. Wertersatz, § 818 I bzw. II BGB**

III. Lösung

V könnte gegen M einen Anspruch auf Zahlung von 40 € (Wertersatz des Erlangten, § 818 II BGB) gem. § 812 I 1 1.Alt. BGB haben.

Dazu müsste M etwas durch Leistung der V ohne Rechtsgrund erlangt haben.

1. Etwas erlangt

Zuerst müsste M **etwas erlangt** haben. Erlangtes Etwas kann dabei **jeder vermögenswerte Vorteil** sein, der die Vermögenslage des Bereicherungsschuldners verbessert.

Anmerkung: Gegenstand der Bereicherung und damit „erlangtes Etwas" können folgende vermögenswerte Vorteile sein:

1. **Rechte aller Art**:
dingliche Rechte (z.B. Eigentum, Pfandrechte, Anwartschaftsrechte) oder persönliche Rechte (Forderungen, Nutzungsrechte, Anspruch auf Gutschrift und Auszahlung gem. §§ 676f, 676g BGB). Besitz ist nach h.M. kein Recht, sondern nur ein tatsächliches Verhältnis.

2. **Vorteilhafte Rechtsstellungen**:
Besitz (nicht aber Besitzdienerschaft; Besitz *nur bei Leistungskondiktion*, da bei Eingriff die §§ 858 ff. BGB spezieller.), Grundbuchstellung (wegen Möglichkeit der wirksamen Verfügung), Auflassung (wegen der Bindung nach § 873 II BGB; Herausgabe durch Aufhebungsvertrag).

3. **Befreiung von einer Verbindlichkeit**:
insb. bei Leistung gem. § 267 BGB (Abgrenzung zur GoA nötig), Befreiung von der Beseitigungspflicht nach § 1004 BGB, grundloser Schuldenerlass (§ 397 BGB), Verzicht auf dingliche Rechte (§ 1255 BGB analog), Befreiung von der Barzahlungspflicht (§ 817 IV ZPO).

4. **Gebrauchs- und Nutzungsvorteile**:
Arbeitsleistung (sofern nicht fehlerhaftes Arbeitsverhältnis), unbefugte Verwertung eines Fotos.

5. **Bereicherungsanspruch**
(Stichworte: „Kondiktion der Kondiktion" und „Kumulierung von Risiken").

6. **Ersparte Aufwendungen** (str.):
nach h.M. Frage der Entreicherung (§ 818 III BGB).

Hier könnte M Aufwendungen erspart oder Gebrauchsvorteile erlangt haben.

M könnte den üblichen Fahrpreis erspart haben. Die Ersparnis von Aufwendungen ist nach h.M. aber eine Frage der Entreicherung (§ 818 III BGB), da man sonst die vom Gesetz vorgegebene Trennung von Bereicherung (§§ 812 ff. BGB) und Entreicherung (§§ 818 ff. BGB) unzulässig vermischen würde.

Erlangt hat M aber die Beförderung als solche und somit einen Gebrauchsvorteil.

Anmerkung: Beachten Sie in diesem Zusammenhang § 812 II BGB. Diese Norm ist keine Anspruchsgrundlage, sondern hat nur Klarstellungsfunktion hinsichtlich des Bereicherungsgegenstandes. Anspruchsgrundlage bleibt allein § 812 I 1 1.Alt. BGB.

2. Durch Leistung der V

M müsste die Gebrauchsvorteile **durch Leistung** der V erlangt haben.

Unter Leistung versteht man die **bewusste und zweckgerichtete Mehrung fremden Vermögens („doppelte Finalität"** der Leistung).

Anmerkung: Der Leistungsbegriff ist nicht unbestritten. Nach e.A. bedarf es einer (Rück)Besinnung auf die maßgeblichen Wertungskriterien:

1. Jeder Partei eines fehlerhaften Kausalverhältnisses sollen ihre Einwendungen gegen die andere Partei erhalten bleiben.

2. Jede Partei soll vor Einwendungen ihres Vertragspartners geschützt werden, die dieser aus einem Rechtverhältnis mit einem Dritten herleitet.

3. Das Insolvenzrisiko soll angemessen verteilt werden.

Unter Verwendung der Regeln kommt diese Ansicht vielfach zu den gleichen Ergebnissen wie die h.M., da bei der Auslegung des Leistungsbegriffs ebenfalls auf diese Wertungen zurückgegriffen wird.

In der Klausur sollten Sie diesen Streit deshalb nicht überbewerten.

a) Leistungsbewusstsein

Die Vermögensmehrung müsste zuerst **bewusst** erfolgt sein. Dazu muss der Bereicherungsgläubiger wissen, dass er fremdes Vermögen mehrt.

Hier nimmt V zunächst von M überhaupt keine Kenntnis. Dies wäre nur bei einer Einzelkontrolle beim Einstieg der Fahrgäste zu bejahen. Regelmäßig käme somit nur eine Nichtleistungskondiktion in Betracht.

Fraglich ist aber, ob nicht ein **generelles Leistungsbewusstsein** der V vorliegt. Dies ist grds. zurückhaltend zu beurteilen, um die Grenze zwischen Leistungs- und Nichtleistungskondiktion nicht zu verwischen.

Bei einem einfachen „blinden Passagier" z.B. in einen Flugzeug liegt deshalb kein generelles Leistungsbewusstsein vor.

Bei Bus oder Bahn ist aber folgendes zu bedenken: zunächst geht der Betreiber (hier V) offenbar selbst davon aus, dass auch mit Schwarzfahrern ein Beförderungsvertrag zustande kommt (AGB: „erhöhtes Beförderungsentgelt"). Weiter findet gerade keine individuelle Einzelkontrolle beim Einstieg statt, so dass V an alle im Bus befindlichen Fahrgäste leisten will.

Deshalb ist ausnahmsweise ein genereller Leistungswille bei V anzunehmen.

b) Leistungszweck

Weiter müsste die Vermögensmehrung **zweckgerichtet** erfolgt sein.

Anmerkung: Hierdurch unterscheidet sich die Leistung von der bloßen Zuwendung, die zwar bewusst, nicht aber zweckgerichtet erfolgt. Leistungszweck kann jeder von der Rechtsordnung erlaubte Zweck sein. In Betracht kommen v.a. die Erfüllung einer Verbindlichkeit, die Begründung einer Verbindlichkeit und die Erfüllung eines vereinbarten Zwecks.

Hier möchte V die vermeintlich bestehende Verpflichtung aus dem Beförderungsvertrag erfüllen. Folglich ist die Vermögensmehrung zweckgerichtet.

Anmerkung: Strittig ist, ob die Zwecksetzung eine Willenserklärung ist. Die h.M. verneint das. Erforderlich ist nur ein natürlicher Leistungswille. Deshalb können auch Minderjährige leisten. Die Gegenansicht wendet zwar die §§ 104 ff. BGB an, sieht die Zwecksetzung aber als neutrales Geschäft des Minderjährigen. Im Ergebnis fallen die Ansichten nur bei Geschäftsunfähigen auseinander.

3. Ohne Rechtsgrund

Schließlich müsste die Leistung der V **ohne Rechtsgrund** erfolgt sein. Rechtsgrund könnte jedoch ein Beförderungsvertrag i.V.m. den AGB der V sein.

Ein Angebot der V liegt im Bereitstellen des Busses, eine Annahme des M im Einsteigen. Allerdings ist M noch minderjährig (§§ 2, 106 BGB), so dass er der Einwilligung seiner Eltern bedarf. Eine solche liegt aber gerade nicht vor, da die Einwilligung nur für Fahrten mit gültigem Fahrausweis erteilt wurde. Somit ist kein Beförderungsvertrag zwischen V und M zustande gekommen.

Anmerkung: Auch die berechtigte GoA könnte einen Rechtsgrund in diesem Sinne darstellen. Hier scheitert sie aber am fehlenden FGW. Im Übrigen gibt es keine allgemeine Formel, wann ein Rechtsgrund besteht oder nicht. Dies ist aus dem Sinn und Zweck des Bereicherungsrechts objektiv zu ermitteln. So kann u.U. auch die nichteheliche Lebensgemeinschaft Rechtsgrund sein.

Hier besteht kein Rechtsgrund. Folglich geschah die Leistung der V rechtsgrundlos.

4. Ergebnis

V hat somit einen Anspruch auf Herausgabe des Erlangten. Da Gebrauchsvorteile aber nicht herausgegeben werden können, schuldet M Wertersatz (§ 818 II BGB). Der objektive Wert der erbrachten Leistung ist aber nur das „normale" Beförderungsentgelt. Dieses kann V von M verlangen.

IV. Zusammenfassung

Sound: Ein vermögenswerter Vorteil, der durch rechtsgrundlose Leistung erlangt wurde, ist grds. herauszugeben.

hemmer-Methode: Auch hier gilt wieder: kein Schema ist zwingend. Oftmals liegt der Schwerpunkt der Prüfung auf dem fehlenden Rechtsgrund. Dann können Sie die übrigen Punkte in der gebotenen Kürze abhandeln. Achten Sie dabei aber auch juristisch korrekte Sprache: erlangt wird nicht Geld oder ein Schrank etc., sondern Eigentum und Besitz daran. Vermeiden Sie laienhafte Sprache. Dies und die richtige Schwerpunktsetzung bringt Sie nach oben.

V. Zur Vertiefung

- Hemmer/Wüst, Bereicherungsrecht, Rn. 83 ff. (Bereicherungsgegenstand)
- Hemmer/Wüst, Bereicherungsrecht, Rn. 124 ff. (Leistungskondiktion gem. § 812 I 1 1.Alt. BGB)

Fall 12: Das ungewollte „Geschenk" (condictio indebiti, § 812 I 1 1.Alt. BGB)

Sachverhalt:

Unternehmer U sendet dem Verbraucher V ungefragt ein Buch zu. U hofft, V damit zu einem Kauf des Buches bewegen zu können. V hat daran jedoch kein Interesse und lässt das Buch einfach originalverpackt im Regal liegen. Als U nach drei Monaten immer noch keinen Vertragabschluss mit V erreicht hat, verlangt er Herausgabe des Buches.

Kann U Herausgabe nach § 812 I 1 1.Alt. BGB verlangen?

I. Einordnung

In diesem Fall stellen sich Probleme des Ausschlusses der Kondiktion. Behandelt werden **§ 814 BGB** und **§ 241a BGB**.

Anmerkung: § 241a BGB beruht auf der Umsetzung von Art. 9 FernAbsRiL. Die Vorschrift bezweckt, den Verbraucher vor der Zusendung unbestellter Ware zu schützen. Im Ergebnis schießt § 241a BGB über das Ziel hinaus: von der RiL gefordert war, dass allein durch die Zusendung unbestellter Ware keine Gegenleistungspflicht begründet wird. Dies war bereits durch geltendes Recht gewährleistet, da die bloße Zusendung noch keinen Vertrag begründen kann.

II. Gliederung

Anspruch des U gegen V auf Herausgabe des Buches gem. § 812 I 1 1.Alt. BGB

1. **Etwas erlangt**
   (+) zumindest Besitz am Buch.
2. **Durch Leistung (des U)**
   (+) Leistungszweck ist die Begründung einer Verbindlichkeit.
3. **Ohne Rechtsgrund**
   (+) kein Vertragsschluss.
4. **Ausschluss nach § 814 BGB**
   (-) keine positive Rechtsfolgenkenntnis.
5. **Ausschluss nach § 241a BGB**

III. Lösung

Anspruch des U gegen V auf Herausgabe des Buches gem. § 812 I 1 1.Alt. BGB

U könnte einen Anspruch auf Herausgabe des Buches gem. § 812 I 1 1.Alt. BGB gegen V haben.

Dazu müsste V etwas durch Leistung des U ohne Rechtsgrund erlangt haben.

1. Etwas erlangt

Zunächst müsste V etwas erlangt haben. Erlangtes etwas kann jeder vermögenswerte Vorteil sein.

Hier hat V Besitz am Buch und damit eine vorteilhafte Rechtsstellung erlangt.

Anmerkung: Nach e.A. stellt Besitz ein Recht dar. Nach h.M. ist er ein rein tatsächliches Verhältnis. Im Ergebnis können Sie diesen Streit offen lassen, da nach beiden Ansichten Besitz kondizierbar ist, jedenfalls im Wege der Leistungskondiktion. Beachten Sie, dass V hier nach lebensnaher Sachverhaltsauslegung kein Eigentum erlangt hat, da U die Übereignung aufschiebend bedingt hat (Eigentumsvorbehalt bis zur vollständigen Zahlung).

2. Durch Leistung des U

Weiter müsste V die vorteilhafte Rechtsstellung durch Leistung des U erlangt haben.

Unter Leistung versteht man die bewusste und zweckgerichtete Mehrung fremden Vermögens.

Zweck der Leistung ist hier die Begründung einer Verbindlichkeit. Eine Leistung des U liegt deshalb vor.

Anmerkung: Vertretbar erscheint auch, hier eine Zweckverfehlungskondiktion anzunehmen. Im Ergebnis scheiden beide Ansprüche aus.

3. Ohne Rechtsgrund

V müsste die Leistung des U rechtsgrundlos erlangt haben.

Anmerkung: Beachten Sie an dieser Stelle, dass § 813 BGB den Anwendungsbereich des § 812 I 1 1.Alt. BGB erweitert. Besteht zwar ein Rechtsgrund, steht diesem aber eine dauernde Einrede (z.B. §§ 821, 853 BGB) entgegen, so kann trotzdem zurückgefordert werden, als ob kein Rechtsgrund bestünde. Vergessen Sie aber nicht die wichtige Ausnahme der Verjährungseinrede (§§ 813 I 2, 214 II BGB).

Zwar liegt in der Zusendung der Ware ein Angebot auf Abschluss eines Kaufvertrags, jedoch nimmt V dieses Angebot nicht an. Deshalb besteht kein Rechtsgrund.

4. Ausschluss des Anspruchs gem. § 814 BGB

Der Anspruch des U könnte aber wegen § 814 BGB ausgeschlossen sein.

Anmerkung: Erkennen Sie die Systematik der Ausschlussgründe (§§ 814, 815, 817 S.2, 241a BGB). § 814 BGB gilt nur für die condictio indebiti, § 815 BGB nur für die condictio ob rem. § 817 S.2 BGB gilt für alle Arten der Leistungskondiktion und § 241a BGB schließt jeglichen bereicherungsrechtlichen Herausgabeanspruch aus.

U könnte hier die Leistung in **Kenntnis der Nichtschuld** erbracht haben, § 814, 1.Alt. BGB.

Im Rahmen des § 814, 1.Alt. BGB wird aber eine **positive Rechtsfolgenkenntnis** gefordert, d.h. der Leistende muss im Zeitpunkt der Leistung in einer Art **„Parallelwertung in der Laiensphäre“** erkennen, dass er zur Leistung nicht verpflichtet ist. Es genügt weder die Kenntnis der zugrunde liegenden Tatsachen, noch bloße Zweifel ob der Verpflichtung.

Anmerkung: Handelt ein Stellvertreter, so ist gem. § 166 I BGB seine Kenntnis maßgebend. Zudem steht die Kenntnis von Einwendungen der Kenntnis der Nichtschuld gleich, wenn alle möglichen Einwendungen bekannt sind. Beachten Sie auch § 142 II BGB, der die Kenntnis der Anfechtbarkeit der Kenntnis der Nichtigkeit gleichstellt.

Hier hofft U jedoch, dass noch eine wirksame Verpflichtung zustande kommt. In einem solchen Fall fehlt die positive Rechtsfolgenkenntnis. Dies ergibt sich aus folgender Überlegung: § 814 BGB ist eine spezielle Ausprägung des Verbots widersprüchlichen Verhaltens. Hier liegt aber kein widersprüchliches Verhalten des U vor. Eine Rückforderung des Geleisteten ist deshalb nicht unbillig.

Anmerkung: Selbiges gilt z.B. für die Leistung unter Vorbehalt oder wenn die Leistung nicht ganz „freiwillig“ erbracht wird, z.B. bei Zahlung an den Gerichtsvollzieher.

Der Anspruch des U ist deshalb nicht nach § 814, 1.Alt. BGB ausgeschossen.

5. Ausschluss des Anspruchs gem. § 241a BGB

Der Anspruch könnte aber nach § 241a BGB ausgeschlossen sein.

Dazu müsste dessen persönlicher und sachlicher Anwendungsbereich eröffnet sein.

Der **persönliche Anwendungsbereich** ist eröffnet, wenn eine **Leistung eines Unternehmers an einen Verbraucher** vorliegt. Dies ist hier der Fall.

Der **sachliche Anwendungsbereich** ist eröffnet, wenn die **Leistung unbestellt erfolgt** ist. Unbestellt bedeutet, dass die Leistung **ohne zurechenbare Aufforderung des Verbrauchers** erfolgt. Auch dieses ist hier erfüllt.

Da der Anspruch des U zudem unmittelbar aus der unbestellten Leistung folgt, ist er folglich nach § 241a BGB ausgeschlossen.

Anmerkung: Da keine vertraglichen Ansprüche bestehen und § 241a BGB auch den Anspruch des U aus § 985 BGB ausschließt, kann es sein, dass Eigentum und Besitz am Buch dauerhaft auseinander fallen.

6. Ergebnis

Ein Anspruch des U gegen V auf Herausgabe des Buches nach Bereicherungsrecht besteht nicht.

IV. Zusammenfassung

Sound: § 814 BGB gilt nur für die condictio indebiti und setzt positive Rechtsfolgenkenntnis voraus. § 241a BGB schließt alle Herausgabeansprüche, also auch bereicherungsrechtliche, aus.

Selbstverständlich hat § 814 BGB eine zweite Alternative. Diese dürfte jedoch wenig klausurrelevant sein.

hemmer-Methode: Eines der großen Problemfelder im Bereicherungsrecht ist die Systematik der Ausschlusstatbestände. Diese sollten Sie sicher beherrschen. Um Ihnen das zu erleichtern, wird in diesem Skript jeder Ausschlusstatbestand bei dem entsprechenden bereicherungsrechtlichen Anspruch dargestellt und in die Falllösung eingearbeitet.

V. Zur Vertiefung

- Hemmer/Wüst, Bereicherungsrecht, Rn. 124 ff.
  (Leistungskondiktion gem. § 812 I 1 1.Alt. BGB)
- Hemmer/Wüst, Bereicherungsrecht, Rn. 430 ff. (Ausschluss nach § 814 BGB)
- Hemmer/Wüst, Bereicherungsrecht, Rn. 443 (Ausschluss nach § 241a BGB)
- Matthias Birn: Der § 241a BGB, Life&Law 2003, 883

Fall 13: Fiktion oder Wirklichkeit (condictio ob causam finitam, § 812 I 2 1.Alt. BGB)

Sachverhalt:

V verkauft K ein gebrauchtes Auto. Dabei täuscht er den K arglistig über die Mangelfreiheit des KFZ. Dies stellt sich aber erst nach Zahlung des Kaufpreises heraus. K möchte sich nun vom Vertrag lösen und diesen rückabwickeln.

Ist hier eine Rückabwicklung über Bereicherungsrecht möglich?

I. Einordnung

Dargestellt wird hier der **Tatbestand** der **Kondiktion wegen späterem Wegfall des Rechtsgrundes (condictio ob causam finitam)**. Kennzeichnend hierfür ist, dass im Zeitpunkt der Leistung zwar ein Rechtsgrund bestand, dieser aber weggefallen wäre, wenn die Forderung nicht bereits durch Leistung erloschen wäre.

Zentrales Problem dieser Kondiktionsart ist, ob sie **bei einer Anfechtung anwendbar** ist.

II. Gliederung

Anspruch auf Rückgewähr des Kaufpreises gem. § 812 I 2 1.Alt. BGB

1. **Etwas erlangt**
   (+) Eigentum und Besitz am Geld.
2. **Durch Leistung des K (+)**
3. **Späterer Wegfall des Rechtsgrundes (str.)**

III. Lösung

Anspruch des K gegen V auf Rückgewähr des Kaufpreises gem. § 812 I 2 1.Alt. BGB

K könnte einen Anspruch gegen V auf Rückgewähr des Kaufpreises haben.

1. Etwas erlangt

Zunächst müsste V **etwas erlangt** haben. Hier hat V Eigentum und Besitz an den Geldscheinen erlangt oder aber einen Anspruch aus der Gutschrift auf Auszahlung (§§ 676f, 676g BGB).

2. Durch Leistung des K

Dies hat V auch **durch Leistung** des K erlangt.

3. Späterer Wegfall des Rechtsgrunds

Schließlich müsste der **Rechtsgrund der Leistung später weggefallen** sein.

Anmerkung: Dies kann insbesondere der Fall sein, wenn eine auflösende Bedingung vereinbart wurde, ein Endtermin eingetreten ist, ein Aufhebungsvertrag geschlossen wurde, die Leistung nur von vorläufiger Art war oder eine Schenkung wirksam widerrufen wurde (§§ 530, 531 II BGB).

Hier könnte der Rechtsgrund später weggefallen sein, weil K den Kaufvertrag nach § 123 I BGB **angefochten** hat.

Anmerkung: Beachten Sie, dass die Anfechtung wegen arglistiger Täuschung uneingeschränkt neben dem Sachmängelrecht anwendbar ist. Denn der betrügerische Verkäufer ist keinesfalls schutzwürdig.

Strittig ist, ob die Anfechtung zu einem späteren Wegfall des Rechtsgrundes führt oder ein Rechtsgrund nie vorgelegen hat.

Nach e.A. hat **nie ein Rechtsgrund vorgelegen**. Anwendbar sei deshalb allein § 812 I 1 1.Alt. BGB. Dies ergebe sich aus der **ex-tunc-Wirkung der Anfechtung, § 142 I BGB**.

Nach a.A. fällt der Rechtsgrund durch die Anfechtung später weg. Anwendbar ist deshalb nur § 812 I 2 1.Alt. BGB. Zum einen **bestand für die Zeit bis zur Anfechtung rein tatsächlich ein Rechtsgrund**. Zum anderen sind **Fälle anerkannt, in denen die Anfechtung nicht zurückwirkt**, etwa beim faktischen Arbeitsverhältnis oder der fehlerhaften Gesellschaft.

Der zweiten Ansicht ist zu folgen. Denn die erste Ansicht käme für die anerkannten Ausnahmen von der Rückwirkung der Anfechtung in Erklärungsnot.

Anmerkung: Bedeutung hat der Streit letztlich nur für die Anwendung des § 814 BGB. Dieser gilt für § 812 I 2 1.Alt. BGB gerade nicht, da der Leistende im Zeitpunkt seiner Leistung ja gerade tatsächlich verpflichtet war. Allein dass er mit dem Wegfall des Rechtsgrundes rechnen konnte, genügt keinesfalls für § 814, 1.Alt. BGB.
Hier zeigt sich eine weitere Schwäche der anderen Ansicht: wegen § 142 II BGB scheint die Rückforderung gem. § 814 BGB ausgeschlossen. Ist der Schuldner aber gar nicht anfechtungsberechtigt, erscheint dies problematisch. § 814 BGB ist nur ein Spezialfall des Verbots widersprüchlichen Verhaltens. Wer aber zahlt, obwohl er die Anfechtbarkeit kennt ohne selbst anfechten zu können, ist dazu verpflichtet und verhält sich nicht widersprüchlich, wenn er nach erfolgter Anfechtung seine Leistung zurückfordert. Hier wird § 814 BGB wohl teleologisch zu reduzieren sein.

Auch § 815 BGB ist auf die condictio ob causam finitam weder direkt noch analog anwendbar. Diese Norm will ähnlich wie § 162 BGB über einen Schwebezustand hinweghelfen, der aber zu keiner Zeit vorliegt, da entweder eine Leistungspflicht besteht oder nicht.

4. Ergebnis

Folglich besteht ein Anspruch gem. § 812 I 2 1.Alt. BGB.

IV. Zusammenfassung

Sound: Bei Anfechtung liegt ein späterer Wegfall des Rechtsgrundes vor. Eine andere Ansicht ist selbstverständlich vertretbar, dann müssen Sie sich aber mit der Auslegung es § 814 BGB auseinandersetzen.

V. Zur Vertiefung

- Hemmer/Wüst, Bereicherungsrecht, Rn. 258 ff.
  (LK wegen späterem Wegfall des Rechtsgrundes, § 812 I 2 1.Alt. BGB)
- Hemmer/Wüst, Bereicherungsrecht, Rn. 430 ff. (Ausschluss nach § 814 BGB)

Fall 14: Faulsein erwünscht (condictio ob rem, § 812 I 2 2.Alt. BGB)

Sachverhalt:

AN war bei AG als Hausmeister beschäftigt. AG gewährte dem AN 20 Tage Urlaub (§ 3 BUrlG) und zahlte ihm für diese Zeit ein Urlaubsentgelt (§ 11 BUrlG). Ohne Kenntnis von AG arbeitet AN die gesamte Zeit im Betrieb des X gegen Entgelt mit. Nachdem AG dies erfährt, verlangt er Rückzahlung des Urlaubsentgelts.

Besteht ein bereicherungsrechtlicher Anspruch des AG gegen AN?

I. Einordnung

In diesem Fall wird der **Tatbestand** und **Prüfungsaufbau** der **condictio ob rem (Zweckverfehlungskondiktion, § 812 I 2 2.Alt. BGB)** dargestellt. Diese Kondiktionsart regelt die Fälle des Nichteintritts des mit der Leistung bezweckten Erfolgs.

Im Vordergrund steht in diesem kurzen Fall der **Begriff der Zweckvereinbarung** und damit verbunden die **Abgrenzung** zu anderen Rechtsinstituten.

II. Gliederung

Anspruch des AG gegen AN auf Rücküberweisung des Urlaubsentgelts gem. § 812 I 2 2.Alt. BGB

1. **Etwas erlangt**
   (+), Anspruch aus der Gutschrift auf Auszahlung des Urlaubsentgelts, §§ 676f, 676g BGB.
2. **Durch Leistung des AG**
3. **Zweckvereinbarung und Nichteintritt dieses Zweckes**
   (-), da Zweck des Urlaubs bereits gesetzlich festgelegt.

III. Lösung

Anspruch des AG gegen AN auf Rücküberweisung des Urlaubsentgelts gem. § 812 I 2 2.Alt. BGB

AG könnte gegen AN einen Anspruch auf Rückzahlung des Urlaubsentgelts wegen Nichteintritt des mit der Leistung bezweckten Erfolgs gem. § 812 I 2 2.Alt. BGB haben. Dies wäre der Fall, wenn AN etwas durch Leistung des AG erlangt hätte, diese Leistung einen vereinbarten Zweck verfolgt und dieser nicht eingetreten ist.

1. Etwas erlangt

Zunächst müsste AN **etwas erlangt** haben. Erlangtes etwas kann **jeder vermögenswerte Vorteil** sein, auch schuldrechtliche Ansprüche.

Hier hat AN einen Anspruch aus der Gutschrift auf Auszahlung des Urlaubsentgelts gem. §§ 676f, 676g BGB erlangt.

2. Durch Leistung des AG

Weiter müsste AG an AN **geleistet** haben. **Leistung ist die bewusste und zweckgerichtete Mehrung fremden Vermögens**.

Eine Leistung von AG liegt hier jedenfalls vor.

3. Zweckvereinbarung

Schließlich müssten AG und AN einen **Zweck vereinbart** haben.

a) Fraglich ist zunächst, ob eine Zweckvereinbarung in diesem Sinne überhaupt noch möglich ist, da zwischen AG und AN bereits ein Verpflichtungsvertrag besteht.

Nach e.A. soll die Zweckverfehlungskondiktion auf solche Fälle keine Anwendung finden. Liegt ein Vertrag vor, so seien entweder die §§ 320 ff. BGB oder § 313 BGB anwendbar.

Nach h.M. ist die Vereinbarung eines weiteren Zwecks neben dem Erfüllungsgrund des Vertrags möglich. Für diese Ansicht spricht der (unbeschränkte) Wortlaut der Norm und die Vertragsfreiheit.

Somit können AG und AN grds. einen Zweck i.S.d. § 812 I 2 2.Alt. BGB vereinbaren, obwohl ein Vertrag zwischen ihnen besteht.

b) Problematisch ist weiter, welche Anforderungen an diese Zweckvereinbarung zu stellen sind.

Zuerst muss der vereinbarte Zweck *über den bloßen Erfüllungszweck hinausgehen*. Dies ergibt sich bereits aus § 812 I 1 1.Alt. BGB, der die Fälle der Erfüllung einer Verbindlichkeit regelt.

Der Zweck darf auch *nicht in einer rechtlich erzwingbaren Gegenleistung bestehen*. Dafür sind die §§ 320 ff. BGB leges speciales.

Weiter darf nicht bloß ein *Motiv* vorliegen. Motive sollen nach dem Willen des Gesetzgebers grds. unbeachtlich bleiben.

Auch muss der Zweck *vereinbart werden, nicht nur vorausgesetzt* werden. Nur vorausgesetzte Zwecke sind nach § 313 BGB zu beurteilen.

Schließlich darf der Zweck *sich nicht bereits aus gesetzlichen Bestimmungen ergeben*, denn dann ist eine Zweckvereinbarung kein Raum mehr.

Hier ergibt sich der Sinn des Urlaubs und des Urlaubsentgelts bereits aus § 8 BUrlG und damit aus einer gesetzlichen Vorschrift. Nach dem Willen des Gesetzgebers ist Urlaub Erholungsurlaub.

Das Arbeiten gegen Entgelt widerspricht diesem Zweck jedenfalls.

Da dieser Zweck aber gesetzlich geregelt ist, ist für eine Zweckvereinbarung zwischen AG und AN kein Raum mehr.

4. Ergebnis

Ein Anspruch des AG gegen AN auf Rücküberweisung aus § 812 I 2 2.Alt. BGB scheidet daher aus.

Anmerkung: Auch ein Anspruch aus § 812 I 1 1.Alt. BGB scheidet aus, da § 8 BUrlG kein Verbotsgesetz i.S.d. § 134 I BGB ist und eine Nichtigkeit zudem maximal das zweite Arbeitsverhältnis erfassen würde. AG bleibt nur, dem AN in schweren Fällen zu kündigen.

IV. Zusammenfassung

Sound: Eine Zweckvereinbarung ist auch neben einem Vertrag möglich. Der Zweck muss dann aber über die Erfüllung der Verbindlichkeit hinausgehen.

hemmer-Methode: Diese Ausführlichkeit wird von Ihnen in der Klausur sicher nicht erwartet. Die genannten Punkte sollten Sie aber kennen, um in der Klausursituation sicher und überzeugend zu argumentieren.

V. Zur Vertiefung

- Hemmer/Wüst, Bereicherungsrecht, Rn. 270 ff.
  (Nichteintritt des mit der Leistung bezweckten Erfolges, § 812 I 2 2.Alt. BGB)

Fall 15: Gut gebaut ist halb geerbt (§ 812 I 2 2.Alt. BGB: Austauschverträge mit interner causa)

Sachverhalt:

N pachtete von seiner Tante T durch notariell beurkundeten Vertrag ein Grundstück. T gestand ihm zu, auf diesem Grundstück einen Anbau an das von ihm bereits genutzte Haus zu errichten. T errichtete daraufhin ein Testament, in dem N zum Alleinerben eingesetzt wurde. N übernahm die Kosten der Testamentserrichtung. Kurz vor ihrem Tod, der Anbau ist längst errichtet, enterbt T in einem neuen Testament N und vererbt alles X.

Hat N gegen X einen Anspruch gem. § 812 I 2 2.Alt. BGB?

I. Einordnung

Die Anwendung der condictio ob rem wird für mehrere Fallgruppen diskutiert, ist im Detail aber nicht unumstritten.

Hier soll die erste Fallgruppe behandelt werden: **Austauschverträge, die mit einem weiteren Zweck (internen causa) verknüpft sind**.

II. Gliederung

Anspruch des N auf Wertersatz gegen X gem. § 812 I 2 2.Alt. BGB
1. **Etwas erlangt** (+), Eigentum und Besitz am Anbau.
2. **Durch Leistung des N (str.)**
3. **Zweckvereinbarung** (+), stillschweigendes Einverständnis der T.
4. **Nichteintritt des bezweckten Erfolges** (+), da Erbeinsetzung des X.

III. Lösung

Anspruch des N auf Wertersatz gegen X gem. § 812 I 2 2.Alt. BGB

N könnte gegen X einen Anspruch gem. § 812 I 2 2.Alt. BGB haben.

1. Etwas erlangt

X müsste **etwas erlangt** haben. Dies kann **jeder vermögenswerte Vorteil** sein.

Hier hat X durch die Erbschaft im Wege der Universalsukzession (§ 1922 BGB) Eigentum und Besitz am Grundstück und damit am Anbau (§§ 93, 94 BGB) erlangt.

2. Durch Leistung des N

Fraglich ist, ob eine **Leistung** des N an T vorliegt.

Nach e.A. liegt hier keine Leistung vor, da N das Haus alleine nutzen wollte. Er wollte somit nicht fremdes Vermögen mehren.

Nach a.A. ist eine Leistung dennoch zu bejahen, da der Anbau unmittelbar T zugute kam. Er ist als wesentlicher Bestandteil des Grundstücks ebenso wie das Haus nicht sonderrechtsfähig und wird deshalb Eigentum der T. Es ist davon auszugehen, dass dies den Beteiligten bewusst war.

3. Zweckvereinbarung

N und T müssten einen über die gegenseitigen Vereinbarungen des Pachtvertrags hinausgehenden **Zweck vereinbart** haben.

In Betracht käme hier die Erwartung der Erbeinsetzung.

Die Zweckvereinbarung muss keine vertragliche Bindung begründen, denn dann wäre Bereicherungsrecht gar nicht mehr anwendbar. Ausreichend ist vielmehr eine **tatsächliche Willenseinigung**. Diese muss nicht ausdrücklich, sondern kann auch **stillschweigend** zustande kommen. Insbesondere **wenn der eine Teil mit seiner Leistung einen bestimmten Erfolg bezweckt und der andere Teil dies erkennt und billigt**, liegt eine konkludente Zweckvereinbarung vor.

Hier liegt die Zweckvereinbarung darin, dass N den Anbau auf eigene Kosten durchführt, anschließend die Kosten der Testamentserrichtung übernimmt und T ihn daraufhin zum Erben einsetzt. Sie stimmt dadurch konkludent der Zweckvereinbarung zu.

Vereinbarter Zweck ist somit die Erbeinsetzung des N und mittelbar der Eigentumsübergang bzgl. des Grundstücks auf N.

Anmerkung: Nach a.A. hat die Errichtung des Gebäudes nichts mit der Zweckvereinbarung zu tun. Alles, was N verlangen könnte, seien demnach die Kosten der Testamentserrichtung.

4. Nichteintritt des bezweckten Erfolgs

Schließlich dürfte der **bezweckte Erfolg nicht eingetreten** sein. Hier wurde N weder zum Erben eingesetzt, noch hat er Eigentum am Grundstück erlangt.

5. Ergebnis

Ein Anspruch des N gegen X gem. § 812 I 2 2.Alt. BGB besteht deshalb.

IV. Zusammenfassung

Sound: Der Zweck wird wohl in aller Regel konkludent vereinbart. Dies ist möglich und zulässig.

Da eine Zweckvereinbarung nach den vom BGH hier aufgestellten Kriterien recht leicht zu bejahen ist, wird diese Rspr. auch teilweise heftig als viel zu weitgehend kritisiert.

hemmer-Methode: Zeigen Sie, dass Sie die Voraussetzungen einer Zweckvereinbarung kennen und weisen sie auf die Gefahr der zu extensiven Auslegung hin. Einzelheiten der Kritik müssen Sie aber nicht anbringen, da die Rspr. des BGH in diesem Bereich als gefestigt gelten kann.

V. Zur Vertiefung

- Hemmer/Wüst, Bereicherungsrecht, Rn. 281 ff.
  (Nichteintritt des mit der Leistung bezweckten Erfolges, § 812 I 2 2.Alt. BGB)

Fall 16: Die „Probeehe“ (§ 812 I 2 2.Alt. BGB: unentgeltliche Leistungen im Hinblick auf nicht geschuldetes Verhalten)

Sachverhalt:

M und F haben sich verlobt. Kurz nach der Verlobung gibt F ihre Arbeitsstelle auf, um unentgeltlich bei M mitzuarbeiten. Sie will ihm so den Aufbau seines eigenen Betriebs ermöglichen. Als die Eheschließung scheitert, weil M eine neue Geliebte hat, verlangt F Ersatz für die geleisteten Dienste.

Hat F einen Anspruch gegen M?

I. Einordnung

Der Fall behandelt die zweite relevante Fallgruppe der Zweckverfehlungskondiktion: **unentgeltliche Leistungen im Hinblick auf ein nicht geschuldetes Verhalten**. Zudem wird die **Abgrenzung zu § 812 I 2 1.Alt. BGB und § 313 I BGB** problematisiert.

II. Gliederung

1. Anspruch der F gegen M auf Vergütung aus §§ 611 ff. BGB

(-), ausdrückliche Vereinbarung der Unentgeltlichkeit.

2. Anspruch der F gegen M auf Vergütung gem. § 812 I 2 2.Alt. BGB

Konkludenter Zweck: Heirat.

III. Lösung

F könnte gegen M einen Anspruch auf Ersatz oder Vergütung der geleisteten Dienste haben.

1. Anspruch der F gegen M auf Vergütung aus Dienstvertrag, §§ 611 ff. BGB

Zwischen M und F wurde zwar konkludent ein Dienstvertrag vereinbart.

Es wurde aber auch Unentgeltlichkeit vereinbart, so dass nicht auf § 612 BGB zurückgegriffen werden kann. Dies ergibt sich aus den Umständen: zum einen die Verlobung, zum anderen der Unterstützung der Existenzgründung des M.

Anmerkung: Die Rspr. löst Fälle der enttäuschten Vergütungserwartung zunehmend über § 612 BGB. Dafür ist aber nur Raum, wenn nicht ausdrücklich Unentgeltlichkeit vereinbart war. Beachten Sie auch, dass deshalb ein Anspruch aus § 812 I 1 1.Alt. BGB ausscheidet. Der unentgeltliche Dienstvertrag zwischen M und F ist Rechtsgrund.

2. Anspruch gem. § 812 I 2 2.Alt. BGB

In Betracht käme aber ein Anspruch wegen Nichteintritt des bezweckten Erfolgs.

a) **Erlangt** hat M die Dienste der F, mithin Gebrauchs- und Nutzungsvorteile.

b) Dies geschah auch **durch Leistung** der F.

c) Fraglich ist aber, ob zwischen M und F ein **Zweck vereinbart** wurde. Hier wurde F in der Erwartung tätig, dass es zu einer Heirat mit M kommen würde. Dies war für M auch erkennbar, denn ein anderer vernünftiger Grund, warum F ihre bezahlte Tätigkeit sonst aufgeben sollte, ist nicht ersichtlich. Eine Zweckvereinbarung liegt somit vor.

Anmerkung: Grenzen Sie an dieser Stelle zu § 812 I 2 1.Alt. BGB ab. Dazu müsste ein Rechtsgrund später weggefallen sein. Dies wäre z.B. durch die Vereinbarung einer auflösenden Bedingung denkbar. Deshalb müssen Sie die Erklärungen der Parteien auslegen (§§ 133, 157 BGB), ob hier (nur) ein Zweck oder eine Bedingung vereinbart wurde. Hier war der Arbeitsvertrag Rechtsgrund, dieser besteht aber für den Zeitraum der geleisteten Dienste weiter.

d) Da der **bezweckte Erfolg nicht eingetreten** ist, besteht ein Anspruch.

3. Anspruch wegen Störung der Geschäftsgrundlage, § 313 I BGB

Fraglich ist, ob zudem ein Anspruch gem. § 313 I BGB besteht. Hier wurde aber ein Zweck vereinbart, nicht nur einseitig vorausgesetzt. Somit fehlt es schon an der tatbestandlichen Einschlägigkeit.

Zudem ist § 313 I BGB nach h.M. als allgemeines Billigkeitsrecht und Ausnahme des Grundsatzes pacta sunt servanda subsidiär. Neben einem Anspruch aus § 812 BGB findet § 313 I BGB somit keine Anwendung.

Anmerkung: Diese h.M. ist nicht unbestritten. Nach im Palandt vertretener Ansicht verdrängt § 313 I BGB den Anspruch aus § 812 I 2 2.Alt. BGB.

4. Ergebnis

F hat gegen M einen Anspruch auf Vergütung gem. § 812 I 2 2.Alt. BGB.

IV. Zusammenfassung

Sound: Unterscheiden Sie erstens, was vereinbart wurde: Zweck oder auflösende Bedingung. Trennen Sie dann weiter, ob ein einseitiger Zweck vorausgesetzt wurde oder eine zweiseitige Vereinbarung vorliegt. So bekommen Sie das Verhältnis § 812 I 2, 1.Alt. BGB / § 812 I 2 2.Alt. BGB / § 313 I BGB in den Griff.

V. Zur Vertiefung

- Hemmer/Wüst, Bereicherungsrecht, Rn. 270 ff.
  (Nichteintritt des mit der Leistung bezweckten Erfolges, § 812 I 2 2.Alt. BGB)
- Hemmer/Wüst, Bereicherungsrecht, Rn. 7 ff. (Verhältnis zu vertraglichen Beziehungen)
- Hemmer/Wüst, Schuldrecht I, Rn. 607 ff. (Störung der Geschäftsgrundlage)

Fall 17: Die Unterverbriefung (§ 812 I 2 2.Alt. BGB: Vorleistungen im Hinblick auf ein in Aussicht genommenes Rechtsverhältnis)

Sachverhalt:

A war am Kauf eines dem B gehörenden Grundstücks interessiert. Die Parteien einigten sich auf den Erwerb. Notariell beurkundet wurde ein Kaufpreis von 3 Mio. €. B erhielt vor der Beurkundung von A 150.000 € in bar und ohne Quittung. Die Erwartungen des A über die Bebaubarkeit des Grundstücks erfüllten sich nicht, obwohl er sich darum bemüht hatte. Zu einer Durchführung des Kaufvertrags kam es nicht mehr, da A sich auf dessen Unwirksamkeit berief.

Kann A von B die Rückzahlung der 150.000 € verlangen?

I. Einordnung

Hier wird die dritte Fallgruppe (**Vorleistungen im Hinblick auf ein in Aussicht genommenes Rechtsverhältnis**, hier mit dem Unterfall der Unterverbriefung) der condictio ob rem dargestellt. Die Anwendung dieser Kondiktion auf den Fall der Unterverbriefung ist (relativ) unumstritten.
Daneben wird der spezielle Ausschlussgrund des **§ 815 BGB** dargestellt.

II. Gliederung

1. Vertragliche Ansprüche der A gegen B auf Rückgewähr der 150.000 €

(-), kein wirksamer Vertrag.

2. Anspruch der A gegen B auf Schadensersatz gem. §§ 280 I, 311 II, 241 II BGB

(-), keine Pflichtverletzung.

3. Anspruch der A gegen B auf Rückgewähr der 150.000 € gem. § 812 I 2 2.Alt. BGB

a) Etwas erlangt

b) Durch Leistung

c) Zweckvereinbarung

d) Nichteintritt des bezweckten Erfolgs

e) Kein Ausschluss des Anspruchs

III. Lösung

Fraglich erscheint, ob A von B Rückzahlung der 150000 € verlangen kann. In Betracht kommen vertragliche, quasivertragliche und bereicherungsrechtliche Ansprüche.

1. Vertragliche Ansprüche der A gegen B

Vertragliche Ansprüche könnten bestehen, sofern zwischen A und B ein Vertrag bestünde. Zwischen A und B könnte ein (Grundstücks-) Kaufvertrag bestehen.

a) Der geschlossene Kaufvertrag könnte aber gem. § 117 I BGB nichtig sein. Dies wäre der Fall, wenn die Parteien ein Scheingeschäft geschlossen haben. Ein Scheingeschäft liegt vor, wenn der nach der Rechtsordnung eintretende Erfolg von den Parteien in Wirklichkeit nicht gewollt ist. So liegt es aber hier: die Parteien waren sich einig, dass insgesamt 3150000 € Kaufpreis zu zahlen seien. Eine Verpflichtung auf nur 3 Mio. € war nicht gewollt. Der geschlossene Vertrag ist deshalb nichtig, § 117 I BGB.

b) Allerdings könnte das verdeckte Geschäft Wirksamkeit erlangen, § 117 II BGB. Ein Kaufvertrag über ein Grundstück bedarf nach § 311b I 1 BGB aber der notariellen Beurkundung. Anderenfalls ist er nach § 125 S.1 BGB nichtig.

Ein Vertrag über den wirklichen Inhalt des Kaufvertrags wurde aber gerade nicht beurkundet. Eine Heilung nach § 311b I 2 BGB trat nicht ein.

c) Ein wirksamer Vertrag zwischen A und B liegt somit nicht vor. Folglich scheiden vertragliche Ansprüche aus.

2. Quasivertragliche Ansprüche der A gegen B, §§ 280 I, 311 II, 241 II BGB

Ein solcher Anspruch scheidet aus, da keine Pflichtverletzung des B vorliegt.

3. Anspruch der A gegen B gem. § 812 I 2 2.Alt. BGB

Allerdings könnte ein Anspruch wegen Nichteintritts des mit der Leistung bezweckten Erfolgs bestehen.

Dies wäre der Fall, wenn B durch Leistung des A etwas erlangt hätte, mit dieser Leistung ein bestimmter Erfolg bezweckt war und dieser nicht eingetreten ist, sowie der Anspruch nicht ausgeschlossen ist.

a) Etwas durch Leistung des A erlangt

B hat hier Eigentum und Besitz an den Geldscheinen **erlangt**. Dies geschah auch gewollt und zweckgerichtet, mithin **durch Leistung** des A.

Anmerkung: Hier liegt eindeutig kein Schwerpunkt des Falles. Fassen Sie sich an solchen Stellen ruhig kurz. Achten Sie dabei aber auf die korrekte Sprache: nicht das Geld, sondern Eigentum und Besitz daran wurden erlangt.

b) Zweckvereinbarung

A und B müssten einen **Zweck vereinbart** haben.

Dieser müsste **über die bloße Erfüllung einer Verbindlichkeit hinausgehen**. Vorliegend ist dies der Fall, da überhaupt keine Verbindlichkeit besteht.

Vielmehr wollte A den B dazu veranlassen, ihn in das Grundbuch einzutragen und dadurch die Heilung des Vertrages und den Eigentumsübergang herbeizuführen. Da dies für B erkennbar war und konkludent gebilligt wurde, liegt eine Zweckvereinbarung vor.

c) Nichteintritt des bezweckten Erfolgs

Da A weder Eigentum am Grundstück erlangt hat, noch ins Grundbuch eingetragen wurde, ist der bezweckte Erfolg nicht eingetreten.

d) Ausschluss des Anspruchs

Allerdings könnte der Anspruch **nach §§ 814, 815 BGB ausgeschlossen** sein.

Anmerkung: Der BGH prüft an dieser Stelle auch einen Ausschluss nach § 242 BGB. Allerdings sah der BGH den A nicht gehindert, sich auf die Unwirksamkeit der Vertrags zu berufen: ein formunwirksamer Vertrag könne zwar ausnahmsweise als wirksam behandelt werden, dies komme aber nur bei unerträglichen Ergebnissen in Betracht.

Der Anspruch könnte nach **§ 814 BGB** ausgeschlossen sein. Fraglich ist, ob § 814 BGB auf § 812 I 2 2.Alt. BGB überhaupt Anwendung findet. Nach ganz h.M. ergibt sich aus dem Wortlaut der Norm, dass diese **nur auf die Leistungskondiktion gem. § 812 I 1 1.Alt. BGB anwendbar ist**.

Anmerkung: Der BGH hat in seinem Urteil aber auch klargestellt, dass § 814 BGB nicht eingreift, wenn ein formunwirksamer Vertrag geheilt werden soll. Den Parteien liegt dann doch etwas an einer verbindlichen Durchführung des Vertrags. Deshalb konnte der BGH auch offen lassen, ob § 812 I 1 1.Alt. BGB oder § 812 I 2 2.Alt. BGB einschlägig ist.

Der Anspruch könnte aber nach **§ 815, 2. Alt. BGB** ausgeschlossen sein.

Diese Vorschrift ist auf die Zweckverfehlungskondiktion anwendbar. Sie findet aber auch *nur darauf* Anwendung (vgl. Wortlaut).

Anmerkung: Nach e.A. soll § 815 BGB auch auf die Kondiktion wegen späterem Wegfall des Rechtsgrundes anwendbar sein. Dagegen sprechen aber Wortlaut und Sinn und Zweck der Norm. Denn bei späterem Wegfall des Rechtsgrundes besteht ja gerade noch eine Verpflichtung. Diese besteht bei der Zweckvereinbarung nicht: hier liegt nur ein Schwebezustand vor. Derjenige der weiß oder verhindert, dass dieser Schwebezustand beendet wird, soll keinen Anspruch haben. Somit bestehen zwischen den zwei Konstellationen keine vergleichbaren Interessenlagen.

Nach § 815, 2. Alt. BGB ist die Rückforderung ausgeschlossen, wenn der Leistende den Eintritt des Erfolgs wider Treu und Glauben verhindert hat. Dies ist der Fall wenn ohne zwingenden Grund Handlungen vorgenommen werden, die geeignet sind, den Erfolgseinritt zu verhindern und diese Handlungen gleichzeitig gegen Treu und Glauben verstoßen. Ein Verstoß gegen Treu und Glauben liegt nicht vor, wenn ein anerkennenswerter Grund für die Erfolgsverhinderung besteht. Dies ist eine Wertungsfrage im Einzelfall.

Anmerkung: § 815, 1.Alt. BGB regelt den Fall, dass der Anspruchsteller die Unmöglichkeit des Erfolgseintritts kennt. Erforderlich ist positive Kenntnis, bloße Zweifel genügen nicht.

Grundsätzlich können sich die Parteien eines formnichtigen Vertrags auf die Nichtigkeit berufen und den Kaufpreis zurückfordern ohne sich dadurch dem Vorwurf treuwidrigen Handelns auszusetzen.

Im Hinblick auf die in § 311b I 2 BGB getroffene Regelung sind an eine Treuwidrigkeit gem. § 815 BGB hohe Anforderungen zu stellen. Denn die dort genannten Voraussetzungen einer Heilung dürfen nicht einseitig zu Lasten des leistenden Vertragsteils herabgesetzt werden. Wäre die Rückforderung nämlich ausgeschlossen, wäre der Vertrag faktisch geheilt, ohne dass A irgendetwas erlangt hätte. Nach dem Willen des Gesetzgebers soll eine Heilung aber nur eintreten, wenn A ins Grundbuch eingetragen wird.

Der Anspruch ist deshalb nicht ausgeschlossen.

4. Ergebnis

Ein Rückzahlungsanspruch des A gegen B besteht somit gem. § 812 I 2 2.Alt. BGB.

IV. Zusammenfassung

Sound: § 815 BGB gilt nur für die Zweckverfehlungskondiktion, § 814 BGB nur für die condictio indebiti. Beide Normen sind letztlich nur Ausprägungen des Verbots widersprüchlichen Verhaltens.

hemmer-Methode: Dieser Fall ist ein bereicherungsrechtlicher Klassiker. Sie müssen hier insbesondere die Systematik der Ausschlusstatbestände verstanden haben. Wenn Sie dann noch die Wertung des § 311b I 2 BGB überzeugend darstellen, setzten Sie mit Sicherheit ein echtes Highlight.

V. Zur Vertiefung

- Hemmer/Wüst, BGB-AT I, Rn. 180 (Schwarzkauf)
- Hemmer/Wüst, Bereicherungsrecht, Rn. 270 ff.
  (Nichteintritt des mit der Leistung bezweckten Erfolgs, § 812 I 2 2.Alt. BGB)
- Hemmer/Wüst, Bereicherungsrecht, Rn. 438 ff. (Ausschluss nach § 815 BGB)

Fall 18: Der Schwarzarbeiter-Fall (condictio ob turpem vel iniustam causam, § 817 S.1 BGB)

Sachverhalt:

K trifft S, der im Malergeschäft des E angestellt ist und hört von ihm, dass er sich des Öfteren in den Abendstunden und an den Wochenenden durch private Malerarbeiten zusätzlich Geld nebenher verdiene. K sieht eine günstige Gelegenheit, die nötigen Renovierungen in seinem Eigenheim billig und „ohne lästige Lohnnebenkosten oder sonstige Abgaben" erledigen zu lassen. Man wird sich einig, dass S die Arbeiten für 20 €/Stunde („bar auf die Hand") ausführt. Die Farbe stellt K selbst zur Verfügung. Nach Ausführung der Arbeiten verlangt S Bezahlung der geleisteten 50 Stunden Arbeit. K weigert sich, da verbotene Schwarzarbeit vorgelegen habe. Zudem habe S nicht sachgemäß gearbeitet, so dass Nachbesserung nötig wird.

Welche Ansprüche hat S gegen K?

I. Einordnung

Der Fall behandelt anhand eines Klassikers der BGH-Rspr. den **Tatbestand des § 817 S.1 BGB**, sowie Anwendung und Auslegung des **Ausschlussgrundes des § 817 S.2 BGB**.

Obwohl der Fall anspruchsvoll ist und hinsichtlich einiger Gesichtpunkte sehr detailliert erscheint, muss Ihnen diese Problematik geläufig sein.

Anmerkung: § 817 S.1 BGB hat relativ wenig Bedeutung, da oftmals auch § 812 I 1 1.Alt. BGB eingreift. Eigenständige Bedeutung hat § 817 S.1 BGB nur da, wo ein einseitiger Verstoß gegen ein Verbotsgesetz nicht für § 134 BGB genügt oder die Ausschlussgründe der §§ 814, 815 BGB einschlägig sind. Dagegen ist § 817 S.2 BGB häufig ein Problemschwerpunkt, v.a. da er auf alle Arten der Leistungskondiktion anwendbar ist.

II. Gliederung

1. Anspruch des S gegen K auf Werklohn gem. § 631 BGB

⇨ (-), da Schwarzarbeitsgesetz Verbotsgesetz i.S.d. § 134 I BGB.

2. Anspruch des S gegen K auf Vergütung gem. §§ 677 683 S.1, 670 BGB

⇨ Nach Ansicht des BGH GoA tatbestandlich erfüllt, Aufwendungen aber nicht erforderlich. Nach h.L. bereits kein FGW.

3. Anspruch des S gegen K auf Vergütung gem. § 817 S.1 BGB

a) **Tatbestand grds. (+)**

b) **Ausschluss des Anspruchs (str.)**
§ 814 BGB nicht anwendbar; § 817 S.2 BGB eigentlich erfüllt, aber nach § 242 BGB nur eingeschränkt anwendbar (BGH).

c) **Rechtsfolge:**
Wertersatz, § 818 II, III BGB

III. Lösung

S könnte in mehrfacher Hinsicht Ansprüche gegen K haben.

1. Anspruch des S gegen K auf Werklohn gem. § 631 BGB

Hier wurde unproblematisch ein Werkvertrag zwischen S und K vereinbart, da ein ganz bestimmter Arbeitserfolg des S geschuldet wurde.

Dieser Vertrag könnte aber wegen Verstoßes gegen das Schwarzarbeitsgesetz i.V.m. § 134 I BGB nichtig sein.

Anmerkung: Das SchwArbG ist abgedruckt in den „dtv Arbeitsgesetzen".

Ob ein verbotswidriger Vertrag nach § 134 I BGB nichtig ist, ergibt sich aus Sinn und Zweck der Verbotsvorschrift. Entscheidend ist, dass sich das Verbot gerade gegen den wirtschaftlichen Erfolg des Rechtsgeschäftes richtet, nicht nur gegen dessen Abschluss.

Das SchwArbG will Schwarzarbeit schlechthin verhindern. Sofern beide Vertragspartner gegen das SchwArbG verstoßen, ist deshalb jedenfalls ein Verbotsgesetz nach § 134 I BGB zu bejahen.

Deshalb ist der zwischen S und K geschlossene Vertrag nach § 134 I BGB i.V.m. SchwArbG nichtig. Vertragliche Ansprüche scheiden deshalb aus.

2. Anspruch des S gegen K auf Aufwendungsersatz, §§ 677, 683 S.1, 670 BGB i.V.m. § 1835 III BGB analog

S könnte aber einen Anspruch auf Aufwendungsersatz haben.

a) Eine Geschäftsführung liegt jedenfalls vor.

b) S handelte auch ohne Auftrag, da der geschlossene Vertrag nichtig war (s.o.).

c) Ob hier bereits der Fremdgeschäftsführungswille fehlt (so die h.L.) oder erst die Aufwendungen nicht erforderlich waren (so der BGH) kann offen bleiben, da nach beiden Ansichten kein Anspruch besteht.

Anmerkung: Der Streit müsste Ihnen ja nun bekannt sein. Im Zweifel wiederholen Sie die Problematik noch einmal in Kapitel IV.

3. Anspruch des S gegen K auf Vergütung gem. § 817 S.1 BGB

S könnte schließlich einen Anspruch aus § 817 S.1 BGB haben. Dies wäre grds. der Fall, wenn K etwas durch Leistung des S erlangt hat und (zumindest auch) K durch die Annahme der Leistung gegen das Gesetz verstoßen hat.

a) Tatbestand des § 817 S.1 BGB

aa) Wie bei jeder Leistungskondiktion müsste K zuerst **etwas durch Leistung des S erlangt** haben.

Hier hat K die sich aus der Arbeit des S ergebenden Vermögensvorteile erlangt. Dass K sich Aufwendungen erspart hat, ist nach richtiger Auffassung erst eine Frage der Entreicherung.

Es liegt auch eine Leistung des S vor, da dieser durch seine Werkleistung bewusst und zweckgerichtet das Vermögen des K gemehrt hat.

bb) Schließlich müsste der K als **Empfänger der Leistung durch die Annahme der Leistung gegen ein Gesetz verstoßen**. Tatsächlich liegt ein Verstoß gegen das SchwArbG vor (vgl. oben).

cc) Der Tatbestand des § 817 S.1 BGB ist deshalb erfüllt.

b) Ausschluss des Anspruchs

Der Anspruch könnte aber nach § 814 BGB oder § 817 S.2 BGB ausgeschlossen sein.

aa) Der Anspruch ist nicht nach **§ 814 BGB** ausgeschlossen. Denn zum einen erfordert § 814 BGB positive Rechtsfolgenkenntnis, also Kenntnis der Nichtigkeit des Vertrags, wofür nichts ersichtlich ist. Zudem ist § 814 BGB nicht auf § 817 S.1 BGB anwendbar. Dies ergibt sich aus Wortlaut und systematischer Stellung der Norm.

bb) Allerdings könnte der Ausschlussgrund des **§ 817 S.2 BGB** eingreifen. Dies wäre der Fall, **wenn der Leistende vorsätzlich sitten- oder gesetzeswidrig handelt und die Leistung endgültig in das Vermögen des Empfängers übergehen sollte**.

Anmerkung: Nach h.M. wird § 817 S.2 BGB eng ausgelegt. Dies gilt auch für die beiden genannten Tatbestandsmerkmale. Allerdings wird auch leichtfertiges Augenverschließen dem Vorsatz gleichgestellt.

Da auch dem Leistenden (S) ein vorsätzlicher Verstoß gegen § 134 I BGB i.V.m. SchwArbG zur Last fällt, ist die Anwendung des § 817 S.2 BGB grds. möglich. Ob dies tatsächlich der Fall ist, ist stark umstritten.

Anmerkung: Unstrittig dagegen ist, dass § 817 S.2 BGB für alle Arten der Leistungskondiktion gilt. Darüber hinaus ist § 817 S.2 BGB nach h.M. nicht auf konkurrierende Ansprüche anwendbar, da sein Strafcharakter im Zivilrecht einen Fremdkörper darstellt. Zudem gilt er erst recht auch dann, wenn nur dem Leistenden (und nicht auch dem Empfänger) ein Verstoß zur Last gelegt werden kann, denn der Empfänger darf bei einwandfreiem Verhalten nicht schlechter stehen als bei makelhaftem.

(1) Nach Ansicht des BGH ist § 817 S.2 BGB hier nicht anzuwenden. Dem Besteller des Werks wird wegen einer auf § 242 BGB gestützten restriktiven Auslegung der Norm die Berufung darauf versagt. Der Schwarzarbeiter leiste in aller Regel vor und begehre erst noch seinen Lohn, da sei es unbillig, alle Lasten des Verstoßes gegen das SchwArbG allein ihm zur Last fallen zu lassen. Zudem dient die Nichtigkeit des Vertrags keinesfalls dem Schutz des Bestellers, sondern allein der Allgemeinheit.

(2) Nach Ansicht der h.L. widerspricht diese Lösung dem Zweck des SchwArbG. Dies wolle verhindern, dass ein Schwarzarbeiter wie ein ehrlicher Handwerker entlohnt wird.

Nach Ansicht des BGH würde der Schwarzarbeiter wegen § 818 II BGB die übliche Vergütung erhalten ohne dabei Mängelrechten ausgesetzt zu sein.

(3) Für den BGH spricht aber, dass die Frage des Wertersatzes erst eine Rechtsfolgenfrage ist (die der BGH im Übrigen anders löst als die h.L.) und die Initiative für Schwarzarbeit häufig vom Besteller ausgeht.

Daher wäre es unbillig, ihn ohne Gegenleistung in den Genuss der Werkleistung kommen zu lassen.

Der Anspruch des S ist deshalb nicht nach § 817 S.2 BGB ausgeschlossen.

c) Rechtsfolge: Umfang des Anspruchs, §§ 818 II, III BGB

aa) Grundsätzlich ist für Vorteile, die nicht in natura herausgegeben werden können, Wertersatz nach dem objektiven Wert zu leisten, § 818 II BGB.

Hier sind aber zwei Einschränkungen zu machen: zum einen bildet die vereinbarte Vergütung die absolute Obergrenze des Anspruchs, zum anderen ist Schwarzarbeit objektiv weniger wert als „ehrliche" Arbeit, da z.B. keine Mängelrechte bestehen.

bb) K könnte aber nach § 818 III BGB entreichert sein. Zunächst ist davon auszugehen, dass K sein Haus sowieso renovieren wollte, er sich also Aufwendungen erspart hat. Insofern ist er nicht entreichert.

Fraglich ist aber, ob er durch die Mangelhaftigkeit der Werkleistung entreichert ist. Dies erscheint bedenklich, da dies ein „Quasi-Mangelrecht" des K begründen würde und immerhin soll durch die Nichtigkeit des Vertrags ja gerade dies verhindert werden.

Allerdings kann K den S nicht zu einer weiteren Tätigkeit zwingen, sondern es findet nur ein Geldabzug statt.

Deshalb ist K in Höhe der Nachbesserungskosten entreichert.

4. Anspruch gem. § 812 I 1 1.Alt. BGB

Daneben besteht ein Anspruch gem. § 812 I 1 1.Alt. BGB. Die Ausführungen zu §§ 814, 817 S.2, 818 BGB gelten entsprechend.

IV. Zusammenfassung

Eine schwierige Entscheidung des BGH, die erkennbar versucht, es allen recht zu machen.

Kritikwürdig sind insbesondere die einschränkende Auslegung des § 817 S.2 BGB und die Annahme einer Entreicherung durch mangelhafte Leistung.

Sound: § 817 S.2 BGB kann nach Treu und Glauben eingeschränkt werden, wenn eine Partei einseitig ein Vorleistungsrisiko übernimmt.

hemmer-Methode: Versuchen Sie, kühlen Kopf zu bewahren. Wenn Sie die Schwächen der Rspr. aufzeigen und mit der Risikoverteilung argumentieren, sind Sie schon fast gerettet. Allerdings sollten Sie sich klausurtaktisch dem BGH anschließen, denn sonst schneiden Sie sich die Probleme des § 818 BGB ab.

V. Zur Vertiefung

- Hemmer/Wüst, Bereicherungsrecht, Rn. 300 ff. (Kondiktion gem. § 817 S.1 BGB)
- Hemmer/Wüst, Bereicherungsrecht, Rn. 444 ff. (Ausschluss nach § 817 S.2 BGB)
- Hemmer/Wüst, BGB-AT II, Rn. 104 ff. (§ 134 BGB)
- BGH Life and Law 2006, 303 ff. zu einer weiteren Entscheidung zur Einschränkung des § 817 S.2 durch § 242 BGB (sog. Schenkkreisfall)

Kapitel VI: Die Nichtleistungskondiktion

Fall 19: Der ungebetene Untermieter (Eingriffskondiktion, § 812 I 1 2.Alt. BGB)

Sachverhalt:

Der Eigentümer E eines Hausgrundstücks in Würzburg hatte an den Mieter M Wohnräume vermietet. M vermietete die Räume unter, ohne nach dem Mietvertrag dazu berechtigt zu sein. Der Untermieter U überwies an M eine höhere Miete, als dieser an E zu entrichten hatte. Nach dem Ende der Vertragsbeziehung verlangt E von M den bezogenen Untermietzins heraus.

Kann E diesen Anspruch auf § 812 I 1 2.Alt. BGB stützen?

I. Einordnung

Nach neuerer Lehre enthält § 812 I BGB keinen einheitlichen Tatbestand, sondern ist in Leistungs- und Nichtleistungskondiktion zu unterscheiden. Darüber hinaus werden auch die Nichtleistungskondiktionen weiter zergliedert. Das Bereicherungsrecht kennt fünf Tatbestände der Nichtleistungskondiktion: § 812 I 1 2.Alt. BGB, die drei Tatbestände des § 816 BGB und nach wohl h.M. auch § 822 BGB.

§ 812 I 1 2.Alt. BGB lässt sich auf unterschiedlichste Fälle anwenden. So lassen sich Ansprüche wegen eines Eingriffs in den Zuweisungsgehalt eines fremden Rechts (Eingriffskondiktion), wegen eigener Handlungen, die nicht Leistung sind (Aufwendungskondiktion) oder sonstige Regressforderungen (Rückgriffskondiktion) auf diese Norm stützen.

In diesem Fall wird der **Tatbestand** und die **Prüfung** der **Eingriffskondiktion**, dem wichtigsten Fall des § 812 I 1 2.Alt. BGB dargestellt.

Anmerkung: Die weiteren Fälle werden in einem späteren Kapitel behandelt.

II. Gliederung

Anspruch des E gegen M auf Herausgabe des Mietzinses gem. § 812 I 1 2.Alt. BGB

1. **Etwas erlangt**
   (+) Anspruch aus der Gutschrift auf Auszahlung, §§ 676f, 676g BGB.
2. **Eingriff („in sonstiger Weise")**
   (P) Zuweisungsgehalt.
3. **„Auf dessen Kosten"**
4. **Ohne Rechtsgrund**

III. Lösung

Anspruch des E gegen M auf Herausgabe des Mietzinses gem. § 812 I 1 2.Alt. BGB

E könnte einen Anspruch auf Herausgabe des Mietzinses gem. § 812 I 1 2.Alt. BGB gegen M haben.

1. Etwas erlangt

Zunächst müsste M **etwas erlangt** haben. Erlangtes etwas kann (wie bei der Leistungskondiktion auch) jeder vermögenswerte Vorteil sein.

Anmerkung: Beachten Sie aber, dass nach h.M. der Besitz als solches nicht Gegenstand einer Eingriffskondiktion sein kann, um nicht die differenzierten Regelungen der §§ 858 ff., 1007 BGB zu umgehen.

Hier hat U dem M regelmäßig den Mietzins überwiesen. Damit hat M aus seinem Girovertrag einen Anspruch auf Gutschrift und Auszahlung erlangt, §§ 676f, 676g BGB. Dies ist ein vermögenswerter Vorteil im Sinne des Bereicherungsrechts.

Anmerkung: Nach periodischem Rechnungsabschluss stellt die Gutschrift ein abstraktes Schuldversprechen i.S.d. §§ 780, 781 BGB dar, das die Bank dem Empfänger erteilt.

2. Eingriff („in sonstiger Weise")

Fraglich ist aber weiter, ob ein **bereicherungsrechtlicher Eingriff** des M vorliegt. Wann ein kondiktionsauslösender Eingriff i.S.d. § 812 I 1 2.Alt. BGB vorliegt, ist umstritten.

a) Rechtswidrigkeitstheorie

Nach e.A. liegt ein Eingriff vor, wenn die in Frage stehende **Handlung rechtswidrig** war. Nach dieser Ansicht läge hier ein Eingriff des M vor.

Gegen diese Ansicht spricht jedoch, dass es auch Eingriffe gibt, die gerade nicht rechtswidrig sind. Dies zeigt v.a. die Sonderform der Eingriffskondiktion des § 816 BGB. Es ist deutlich, dass weder der gutgläubig Beschenkte (§ 816 I 2 BGB), noch der wirksam an einen Dritten leistende (§ 816 II BGB) rechtswidrig handelt.

b) Lehre vom Zuweisungsgehalt

Nach h.M. liegt ein Eingriff vor, **wenn in den Zuweisungsgehalt eines fremden Rechts eingegriffen wurde**, wenn also ein Bereich beeinträchtigt wird, der einem anderen gebührt.

Anknüpfungspunkt der Betrachtung ist folglich nicht die Handlung, sondern der betroffene Gegenstand.

Fraglich ist dann aber, wann eine Rechtsposition einen Zuweisungsgehalt hat und welcher Umfang diesem zukommt. Dies ist jeweils im Einzelfall genau zu untersuchen.

Anmerkung: Allen absoluten Rechten kommt ein Zuweisungsgehalt zu. Anerkannt sind außerdem das Patent und das Urheberrecht.
Strittig ist, ob dem allgemeinen Persönlichkeitsrecht Zuweisungsgehalt zukommt. Dies ist wohl zumindest für Aspekte dieses Rechts zu bejahen, die der Vermarktung zugänglich sind.
Kein Zuweisungsgehalt hat nach h.M. das Recht am Gewerbebetrieb und das Wettbewerbsrecht, da diese Rechte nicht den absoluten Rechten angenährt sind.

Es ist daher zu fragen, ob die Nutzung der Untervermietung dem Eigentümer (oder dem Mieter) zuzuweisen ist.

Dafür scheint zunächst zu sprechen, dass der Eigentümer und Vermieter die Befugnis hat, die Untervermietung zu erlauben oder zu versagen, §§ 549 I, 540 I BGB.

Allerdings ist das Verhältnis Mieter/ Vermieter im Mietvertrag geregelt. Hiernach ist die Untervermietung entweder ausdrücklich zulässig oder von der Erlaubnis des Vermieters abhängig. Diese Erlaubnis steht aber nicht etwa im Belieben des Vermieters (vgl. § 553 I BGB) und ergibt sich somit nicht allein aus der Güterzuordnung. Somit ist die Nutzung der Untervermietung nicht dem Vermieter zugewiesen.

Dafür spricht auch die Wertung der §§ 549 I, 541, 543 II Nr. 2 BGB, nach denen der Vermieter als Reaktionsmöglichkeiten nur die Unterlassungsklage oder das Recht zur außerordentlichen Kündigung haben soll.

Ein Anspruch aus Eingriffskondiktion scheidet nach dieser h.M. aus.

Anmerkung: Nach h.M. geht E völlig leer aus: Ein Anspruch wegen Pflichtverletzung des Mietvertrags oder aus Deliktsrecht scheidet wegen fehlendem Schaden aus, ein EBV liegt nicht vor und die Untervermietung ist kein Geschäft des Vermieters, so dass GoA ausscheidet. Diskutiert wird noch eine Analogie zu § 816 I 1 BGB, die aber wegen fehlender vergleichbarer Interessenlage ausscheidet.

3. „Auf dessen Kosten"

Anmerkung: Selbstverständlich können Sie sich auch gegen die h.M. entscheiden und einen Eingriff annehmen. Dann müssten Sie wie folgt weiter prüfen.

Der Eingriff des M müsste **auf Kosten des E** erfolgt sein.

Fraglich ist, wie diese Formulierung des Gesetzes zu verstehen ist. Nach früherer Ansicht wurde sie als Normierung des Unmittelbarkeitsgrundsatzes verstanden. Nach heute h.M. (Lehre vom Zuweisungsgehalt) liegt eine Bereicherung auf Kosten des E vor, **wenn das Recht gerade dem E zugewiesen ist**.

Anmerkung: Damit kommen diesem Merkmal nach heute h.M. zwei zentrale Aufgaben zu. Zum einen fixiert es Gläubiger und Schuldner des Anspruchs (dies geschieht bei der Leistungskondiktion bereits durch den Leistungsbegriff), zum anderen dient es der Abgrenzung zum Deliktsrecht.

4. Ohne Rechtsgrund

Schließlich müsste der Eingriff **ohne Rechtsgrund** erfolgt sein. **Rechtsgrundlos ist der Eingriff in eine Rechtsposition, die einem anderen zugewiesen ist, es sei denn, es liegt ein besonderer Behaltensgrund vor**.

Ein solcher Behaltensgrund kann sich aus Gesetz oder vom Berechtigten abgeleitetem Recht ergeben.

Anmerkung: Wird eine Rechtsposition aufgrund Gesetzes erlangt, so ist zu fragen, ob diese Vermögensverschiebung als endgültig gewollt ist oder ob ein Ausgleich stattfinden soll. Diese Frage stellt sich insb. beim Rangerwerb gem. § 879 BGB und der Ersitzung (§ 937 BGB).

5. Ergebnis

Nach h.M. scheidet ein Anspruch des E gegen M aus.

IV. Zusammenfassung

Sound: Nach heute h.M. liegt ein Eingriff vor, wenn in den Zuweisungsgehalt eines fremden Rechts eingegriffen wird. Diese Lehre wirkt sich auf die Tatbestandsmerkmale „auf dessen Kosten" und den Rechtsgrund aus. Sie sind jeweils in diesem Sinne auszulegen.

hemmer-Methode: In der Klausur sollten Sie der ganz herrschenden Lehre vom Zuweisungsgehalt folgen und die Merkmale des § 812 I 1 2.Alt. BGB in diesem Sinne auslegen.

V. Zur Vertiefung

- Hemmer/Wüst, Bereicherungsrecht, Rn. 318 ff. (Eingriffskondiktion gem. § 812 I 1 2.Alt. BGB)

Fall 20: Fall zum Grundsatz der Subsidiarität der Nichtleistungskondiktion

Sachverhalt:

Baustoffhändler E verkauft Baumaterial unter Eigentumsvorbehalt an den Bauunternehmer U. Dieser wurde vom Bauherrn B beauftragt, ein Haus zu bauen. Noch vor vollständiger Zahlung des Kaufpreises durch U übereignet U das Material an den gutgläubigen B und baut es anschließend ein.

E —ZV→ U ——→ B → Einbau

Ansprüche des E gegen B?

Abwandlung 1:
U baut das Material gleich ein. B kennt auch jetzt die Beziehungen zu E nicht.

Abwandlung 2:
Wie im Grundfall, nur dass B jetzt die wahren Eigentumsverhältnisse kennt. Ergäben sich Unterschiede, wenn B in Abwandlung 1 die wahren Eigentumsverhältnisse kennen würde?

I. Einordnung

Der **Grundsatz der Subsidiarität der Nichtleistungskondiktion** ist ein zentrales Element des Bereicherungsrechts. Entscheidende Bedeutung erlangt er im Dreipersonenverhältnis, auf das noch später zugehen sein wird.

II. Gliederung

Grundfall
Anspruch des E gegen B gem. § 812 I 1 2.Alt. BGB

(-), da Leistungsbeziehung im Verhältnis E/U.

Abwandlung 1

(-), Subsidiarität. Wertungsmäßig kein Unterschied, ob erst Übereignung oder gleich Einbau.

Abwandlung 2

Nichtleistungskondiktion aus Wertungsgründen möglich.

III. Lösung Grundfall

Anspruch des E gegen B gem. § 812 I 1 2.Alt. BGB

E könnte gegen B einen Anspruch aus Eingriffskondiktion gem. § 812 I 1 2.Alt. BGB haben.

Dieser Anspruch könnte aber wegen des **Grundsatzes der Subsidiarität der Nichtleistungskondiktion gegenüber der Leistungsbeziehung** ausgeschlossen sein.

Dieser Grundsatz besagt, dass, falls eine Leistungsbeziehung bezüglich des erlangten Bereicherungsgegenstandes vorliegt, allein diese Leistungsbeziehung(en) rückabgewickelt werden.

Denn grds. soll jeder nur für die Risiken bzgl. Insolvenz oder Einwendungen haften, die die von *ihm* gewählte schuldrechtliche Beziehung beinhaltet.

Hier hat B von U Eigentum und Besitz geleistet bekommen. Verlangt E nun Eigentum und Besitz heraus, so scheitert dieser Anspruch am Grundsatz der Subsidiarität.

Anmerkung: Abzustellen ist allein auf den erlangten Bereicherungsgegenstand. Zielen mehrere bereicherungsrechtliche Ansprüche auf denselben Gegenstand der Bereicherung und wurde dieser Gegenstand geleistet, dann scheidet der auf die Nichtleistungskondiktion gestützte Anspruch aus. Nicht erforderlich ist, dass die Leistungsbeziehung auch zwischen den betreffenden Personen (im Fall E/B) besteht.

IV. Lösung Abwandlung 1

Streng genommen liegt hier gerade keine Leistung des U an B vor, da der Eigentumsübergang kraft Gesetzes erfolgt ist (§ 946 BGB).

Nach überwiegender Meinung kann es aber wertungsmäßig keinen Unterschied machen, ob zuerst übereignet, oder sofort eingebaut wird. Ein Anspruch aus Nichtleistungskondiktion (ebenso wie aus §§ 951 I 1, 812 I 1 2.Alt. BGB) scheidet folglich wie im Grundfall aus.

Anmerkung: Vertretbar erscheint es auch, die Einbauhandlung des U als bereicherungsrechtliche Leistung des Eigentums zu behandeln. Das Ergebnis bleibt dasselbe.

V. Lösung Abwandlung 2

Hier ist ein rechtsgeschäftlicher Eigentumsübergang gem. § 932 II BGB ausgeschlossen. Das Eigentum könnte nur kraft Gesetzes übergehen (§ 946 BGB), da es dabei nicht auf Bösgläubigkeit ankommt.

Allerdings könnte man auch hier wieder im Einbau eine Leistung des B sehen (s.o.).

Einigkeit besteht jedoch, dass der Grundsatz der Subsidiarität der Nichtleistungskondiktion nicht unbegrenzt gilt. Sein Zweck ist letztlich eine Art Vertrauensschutz. Wo keine Schutzbedürftigkeit besteht, geht seine ratio ins Leere.

Deshalb ist von der h.M. anerkannt, dass eine Eingriffskondiktion trotz Leistungsbeziehung möglich ist, wenn die **Wertung des § 932 II BGB oder des § 935 BGB** dies gebieten.

So liegt es aber hier. B war bösgläubig i.S.d. § 932 II BGB. Er ist somit nicht schutzwürdig. E kann sich gem. § 812 I 1 2.Alt. BGB direkt an ihn halten.

Dasselbe muss gelten, wenn B in Abwandlung 1 die Eigentumsverhältnisse kennt.

VI. Zusammenfassung

Sound: Eine Leistungsbeziehung bzgl. des gleichen Bereicherungsgegenstands schließt grds. die Eingriffskondiktion aus. Dies gilt nicht, wenn die Wertungen der §§ 932 II, 935 BGB dies gebieten.

hemmer-Methode: In der Klausur müssen Sie vom Grundsatz ausgehen: Kein Anspruch aus Eingriffskondiktion. Zeigen Sie dann auf, dass es Fälle gibt, in denen der Schutz der Subsidiarität über das Ziel hinausschießen würde.

VII. Zur Vertiefung

- Hemmer/Wüst, Bereicherungsrecht, Rn. 310 ff. (Grundsatz der Subsidiarität)

Fall 21: Erlösherausgabe (Eingriffskondiktion gem. § 816 I 1 BGB)

Sachverhalt:

A, der in der Weberei des E angestellt ist, entwendet dort Stoffe und veräußert diese an die Färberei F. Diese veräußert die Stoffe nach Bearbeitung an den Händler H, der sie an seine Kunden verkauft.

E verlangt von H den Kaufpreis, den dieser von seinen Kunden erzielt hat gem. § 816 I 1 BGB. Zu Recht?

I. Einordnung

§ 816 BGB ist ein Spezialfall der Eingriffskondiktion. Die Norm beinhaltet insgesamt drei Tatbestände: § 816 I 1 BGB, § 816 I 2 BGB und § 816 II BGB. Hier soll zunächst auf **§ 816 I 1 BGB** eingegangen werden.

Dabei wird zunächst der **Tatbestand** dargestellt und dann der **Anspruchsinhalt** (Rechtsfolgenseite) erläutert.

II. Gliederung

Anspruch des E gegen H auf Herausgabe des erlösten Kaufpreises, § 816 I 1 BGB

1. **Verfügung**
2. **Durch einen Nichtberechtigten**
3. **Dem Berechtigten gegenüber wirksam**
   (+), wegen Genehmigung der zunächst unwirksamen Verfügungen.
4. **Rf: Herausgabe „des Erlangten“**
   str., ob Gewinn oder objektiver Wert herauszugeben.

III. Lösung

Anspruch des E gegen H auf Herausgabe des erlösten Kaufpreises, § 816 I 1 BGB

E könnte einen Anspruch auf Herausgabe des Kaufpreises gem. § 816 I 1 BGB gegen H haben.

Dies wäre der Fall, wenn H durch eine dem Berechtigten E gegenüber wirksame Verfügung eines Nichtberechtigten etwas erlangt hat.

1. Verfügung

Zuerst müsste über die Stoffe **verfügt** worden sein.

Eine Verfügung ist ein Rechtsgeschäft, durch das ein bestehendes Recht unmittelbar und dauerhaft aufgehoben, übertragen, belastet oder inhaltlich verändert wird.

Anmerkung: Diese Definition mag zwar kompliziert klingen, ihre *genaue* Kenntnis ist aber ein absolutes Muss. Beachten Sie, dass der Erwerb eines Rechts an sich noch keine Verfügung ist. Beispiele einer Verfügung sind dagegen etwa die Übertragung des Eigentums, die Abtretung einer Forderung und die Belastung eines Grundstücks. Bloße schuldrechtliche Verpflichtungen sind keine Verfügungen. Unter anderem deshalb lehnt die h.M. eine analoge Anwendung des § 816 I 1 BGB auf unberechtigte Nutzungsüberlassung (Vermietung, Verpachtung) ab.

Hier wollte A an F das Eigentum an den Stoffen übertragen. Eine Verfügung liegt deshalb vor. Gleiches gilt bei F/H bzw. H/Kunde. Auf die Wirksamkeit der Verfügung kommt es hier noch nicht an.

2. Nichtberechtigung

Weiter müsste ein **Nichtberechtigter** verfügt haben. **Berechtigter ist, wer entweder Rechtsinhaber ist oder von diesem zur Verfügung ermächtigt (§ 185 BGB) wurde**.

Hier war A weder Eigentümer noch von E ermächtigt. Er handelte somit als Nichtberechtigter.

Aber auch F und H handeln als Nichtberechtigte. Ein rechtsgeschäftlicher gutgläubiger Erwerb scheidet aus, da dem E die Sache abhanden gekommen war, § 935 BGB. Ein gesetzlicher Eigentumserwerb scheitert am geringen Wert der Verarbeitung (§ 950 BGB). Folglich waren auch F und H Nichtberechtigte.

Anmerkung: Vorsicht! Trennen Sie Berechtigung und Verfügungsbefugnis. Es gibt Berechtigte ohne Verfügungsbefugnis (z.B. Ehegatte bei §§ 1365, 1369 BGB), bei diesen greift § 816 I BGB ein. Es gibt aber auch Nichtberechtigte mit Verfügungsbefugnis (z.B. Insolvenzverwalter, Testamentsvollstrecker). Hier greift § 816 I BGB nicht.

Überdies müsste die Verfügung gerade vom Nichtberechtigten in eigenem Namen vorgenommen worden sein. Ein Vertreter würde deshalb nur für den Vertretenen verfügen. Hier ist nichts ersichtlich, dass A und F und H nicht in eigenem Namen verfügen.

3. Wirksamkeit der Verfügung

Die Verfügungen müssten **dem Berechtigten E gegenüber wirksam** sein. Die Wirksamkeit kann von Anfang an vorliegen oder nachträglich eintreten.

Anmerkung: Von Anfang an wirksam ist die Verfügung in den Fällen des gutgläubigen Erwerbs (insb. §§ 932 ff., 892 ff., 1207, 405 BGB). Hier liegt häufig ein Schwerpunkt der Prüfung. Nachträglich tritt die Wirksamkeit durch Genehmigung des Berechtigten gem. § 185 II 1, 1. Alt. BGB ein.
Beachten Sie dabei, dass sich die Genehmigung nur auf die Rechtsfolge der Verfügung bezieht. Der Verfügende bleibt Nichtberechtigter, da sonst der Tatbestand insgesamt entfiele.

Wie bereits oben kurz dargestellt scheitert eine anfängliche Wirksamkeit sämtlicher Verfügungen an § 935 I BGB.

E könnte aber eine Verfügung **nachträglich genehmigt** haben, **§§ 184 I, 185 II 1, 1. Alt. BGB**. Eine Genehmigung kann ausdrücklich oder konkludent erfolgen. Hier liegt eine **konkludente Genehmigung der Verfügung des H im Herausgabeverlangen** des Kaufpreises.

Anmerkung: Liegen mehrere Verfügungen vor, kann sich der Berechtigte aussuchen, welche er genehmigen will. Er wird vernünftigerweise diejenige genehmigen, bei der der Anspruchsgegner solvent ist und der Anspruchsumfang am größten.

4. Rf: Herausgabe „des Erlangten“

Da die Tatbestandsmerkmale sämtlich erfüllt sind, ist H grds. zur **Herausgabe „des Erlangten“** verpflichtet.

Anmerkung: Streng genommen erlangt der Verfügende durch die Verfügung nach h.M. nichts. Er verliert nur sein Recht. Gemeint ist hier das Entgelt aus dem der Verfügung zugrunde liegenden Kausalgeschäft.

a) Strittig ist jedoch, was darunter zu verstehen ist.

Nach e.A. ist nur der **objektive Wert** der Sache herauszugeben. Ein evtl. vorhandener Veräußerungserlös wird nicht vom Anspruch umfasst. Nach dieser Ansicht wird nicht etwa der Kaufpreis erlangt, sondern nur die **Befreiung von der gegen den Verfügenden gerichteten Forderung**. Da diese Befreiung nicht herausgegeben werden kann, ist gem. § 818 II BGB **Wertersatz** geschuldet.

Und für diesen gilt nach ganz h.M. ein objektiver Wertmaßstab. Anders als bei § 687 II BGB werde hier auch nicht bewusst in einen fremden Rechtskreis eingegriffen. Schließlich beruhe der Gewinn nicht auf einer eigenen Leistung des Anspruchsgläubigers, sondern allein auf der Geschäftstüchtigkeit des Anspruchsschuldners.

Nach h.M. ist **das tatsächlich Erlangte** herauszugeben, auch wenn dies den objektiven Wert übersteigt. Dafür spreche zuerst der **Wortlaut** des § 816 I 1 BGB, der in dieser Hinsicht Spezialgesetz zu § 818 BGB sei. Da der Berechtigte zudem das **Risiko des „Unterwertverkaufes“** trage, sei es nur billig, wenn er auch den Gewinn bekomme.

Der h.M. ist zu folgen. Denn der Systematik des Bereicherungsrechts ist inhärent, dass die gesamte Bereicherung „abgeschöpft“ werden soll.

Folglich muss H grds. den vom Kunden erzielten Kaufpreis herausgeben.

b) Fraglich ist aber, ob er einen an F gezahlten Kaufpreis abziehen darf.

Grundsätzlich sind alle Aufwendungen, die in ursächlichem Zusammenhang mit dem Bereicherungsvorgang stehen gem. § 818 III BGB abziehbar. Dazu zählen auch die Kosten des Erwerbs.

Anmerkung: Beruht der Herauszugebende Mehrerlös nicht auf einem reinen Verkaufserlös, sondern auch auf einer Wert erhöhenden Weiterverarbeitung, so können nach Ansicht des BGH die Aufwendungen für die Weiterverarbeitung abgezogen werden, § 818 III BGB.

Dies kann für die Gegenleistung an Dritte im Rahmen des § 816 I 1 BGB aber nicht gelten. Denn vor der Genehmigung war H dem Anspruch aus § 985 BGB ausgesetzt. Hiergegen hätte er sich auch nicht mit dem gezahlten Kaufpreis verteidigen können. Da § 816 I 1 BGB ein Rechtsfortwirkungsanspruch zu § 985 BGB ist, kann hier nichts anderes gelten.

5. Ergebnis

E hat einen Anspruch gegen H auf Herausgabe des erlösten Kaufpreises gem. § 816 I 1 BGB.

IV. Zusammenfassung

Sound: § 816 I 1 BGB geht, wie auch § 687 II BGB, auf Herausgabe des gesamten Erlöses. Dieses Ergebnis entspricht der ganz h.M.

hemmer-Methode: Lernen Sie assoziativ zu denken. Kommt in einer Klausur gutgläubiger Erwerb vor, dann behalten Sie § 816 I BGB im Hinterkopf. Erkennen Sie auch die Zusammenhänge zwischen § 687 II BGB, § 816 I BGB und § 985 BGB. So können Sie in diesem schwierigen Feld durch das Heranziehen der hinter den Normen stehenden Wertungen punkten.

V. Zur Vertiefung

- Hemmer/Wüst, Bereicherungsrecht, Rn. 366 ff. (Anspruch aus § 816 I 1 BGB)

Fall 22: Geschenkt ist geschenkt, zurückholen ist möglich (Durchgriffskondiktion, § 816 I 2 BGB)

Sachverhalt:

E ist Eigentümer eines Grundstücks. Das Grundstück war mit einer Grundschuld zugunsten der Bank B belastet. Diese diente zur Sicherung eines Darlehens des E. Am 25.11.02 wurde die Grundschuld vom Grundbuchamt versehentlich gelöscht. E verstarb am 03.07.03. In seinem wirksamen Testament war seine Ehefrau F als Alleinerbin eingesetzt. Die letztwillige Verfügung enthielt zugunsten der Tochter T ein Vermächtnis, wonach ihr u.a. das Grundstück zukommen sollte. In Erfüllung dieses Vermächtnisses übertrug F der T am 30.08.03 das Grundstück. T wurde am 22.02.04 als Eigentümerin eingetragen.

Hat B einen bereicherungsrechtlichen Anspruch gegen T?

Abwandlung:
Die 17-jährige T verkauft das obige Grundstück an K, der alsbald im Grundbuch als Eigentümer eingetragen wird.

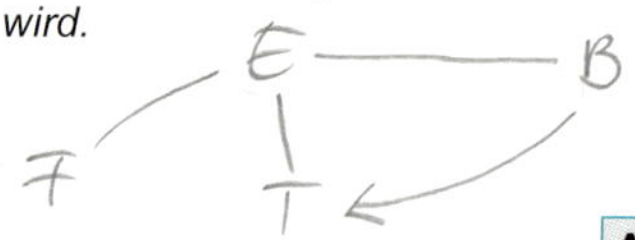

I. Einordnung

§ 816 BGB ist (nur) ein **Spezialfall der Eingriffskondiktion**. Deshalb gilt auch hier im Prinzip der **Grundsatz der Subsidiarität der Eingriffskondiktion gegenüber der Leistungsbeziehung**. Wie bereits dargestellt, gilt dieser Grundsatz aber nicht uneingeschränkt. Erlangt der Bereicherte den Vermögensvorteil nämlich **unentgeltlich**, so ist er nicht unbedingt schutzwürdig. Deshalb kann der Anspruchsgläubiger sich ausnahmsweise direkt an den Bereicherten halten, ungeachtet der Tatsache, dass dieser den Vorteil von einem Dritten geleistet bekommen hat. Man spricht daher von **§ 816 I 2 BGB** als sog. Durchgriffskondiktion.

II. Gliederung

Anspruch der B gegen T auf Wiederbegründung der Grundschuld gem. § 816 I 2 BGB

1. **Verfügung**
2. **Durch Nichtberechtigten**
3. **Dem Berechtigten ggü. wirksam**
4. **Unentgeltlichkeit des Geschäfts**

Abwandlung

Unentgeltlichkeit (-).
Analogie bei rechtsgrundlosem Erwerb nach h.M. (-).

III. Lösung

Anspruch der B gegen T auf Wiederbegründung der Grundschuld gem. § 816 I 2 BGB

B könnte einen Anspruch gem. § 816 I 2 BGB gegen T haben.

1. Verfügung

Zuerst müsste eine **Verfügung** vorliegen. Eine Verfügung ist die **dauerhafte und unmittelbare Begründung, Aufhebung, Änderung oder Belastung eines Rechts durch Rechtsgeschäft**.

Hier hat F grds. nur über das Eigentum verfügt. Allerdings hat T gutgläubig lastenfreies Eigentum erworben, §§ 873, 925, 892 BGB.

Somit liegt in der Eigentumsübertragung auch die Aufhebung der Grundschuld der B. Folglich liegt auch diesbezüglich eine Verfügung der F vor.

Anmerkung: Beachten Sie, dass es hier problematisch ist, ob gutgläubiger Erwerb grds. möglich ist. Gutgläubiger Erwerb setzt immer ein Verkehrsgeschäft voraus. Dies wird z.B. bei der Übertragung an Miterben verneint. Hier ist T aber Vermächtnisnehmerin und keine Erbin. Damit ist T mit der Erbin F aber weder personengleich noch wirtschaftlich verflochten. Somit liegt ein Verkehrsgeschäft vor und gutgläubiger Erwerb ist möglich.

2. Durch Nichtberechtigten

Weiter müsste die Verfügung durch einen **Nichtberechtigten** erfolgt sein. Berechtigt ist, wer entweder **Rechtsinhaber ist oder von diesem zur Verfügung ermächtigt** wurde.

Anmerkung: Hier ist nun § 816 I 2 BGB von § 822 BGB abzugrenzen. Beide Fälle betreffen unentgeltlich vorgenommene Verfügungen. Doch bei § 822 BGB verfügt ein dinglich Berechtigter.

Rechtsinhaber ist hier B. Für eine Ermächtigung der F ist nichts ersichtlich. Deshalb hat F als Nichtberechtigte verfügt.

3. Wirksamkeit gegenüber dem Berechtigten

Die Verfügung müsste **dem Berechtigten gegenüber** wirksam sein.

Hier hat T die Grundschuld gutgläubig wegerworben. Damit ist die Verfügung B gegenüber wirksam.

4. Unentgeltlichkeit

Schließlich müsste die Verfügung **unentgeltlich** erfolgt sein. **Unentgeltlichkeit liegt vor, wenn die Zuwendung unabhängig von einer Gegenleistung geschieht**. Die Unentgeltlichkeit ist **objektiv** zu beurteilen, muss aber auch von den Parteien gewollt sein.

Hier lag eine unentgeltliche Verfügung vor.

5. Ergebnis

Deshalb besteht ein Anspruch der B gegen T gem. § 816 I 2 BGB. Ohne den gutgläubigen Erwerb hätte T nur belastetes Eigentum erworben. Der Herausgabeanspruch richtet sich folglich auf Wiederbegründung der Grundschuld.

IV. Lösung Abwandlung

Die dingliche Einigung scheitert nach h.M. nicht an der Minderjährigkeit der T (§§ 2, 106 BGB), da ein rechtlich neutrales Geschäft vorliegt (arg. § 165 BGB). K kann deshalb gutgläubig und lastenfrei Eigentum erwerben.

Die kaufvertragliche Verpflichtung ist aber gem. § 107 BGB unwirksam. Damit hat T wirksam rechtsgrundlos verfügt.

Strittig ist, ob § 816 I 2 BGB auf rechtsgrundlose Verfügungen analog angewendet wird. Immerhin bejaht der BGH bei § 988 BGB die Gleichstellung von Unentgeltlichkeit und Rechtsgrundlosigkeit.

Für die Analogie spricht, dass **faktisch keine Gegenleistung** geschuldet wird. Insofern ist die Interessenlage ähnlich.

Allerdings ist die innere Haltung der Parteien eine andere. So liegt **zu keiner Zeit eine freigiebige Absicht** vor. Zudem droht auch bei rechtsgrundloser Leistung der **Verlust von Einreden**.

Deshalb liegt eine vergleichbare Interessenlage nicht vor. Eine Analogie ist folglich abzulehnen.

Ein Anspruch gem. § 816 I 2 BGB scheidet somit aus.

V. Zusammenfassung

Sound: Der gutgläubige Erwerb ist im Bereicherungsrecht wenig schutzwürdig. Kommt Unentgeltlichkeit hinzu, ist sogar ein Durchgriff möglich.

hemmer-Methode: Die Problematik um die Gleichstellung von Unentgeltlichkeit und Rechtsgrundlosigkeit ist ein Klassiker. Beachten Sie aber, dass er unterschiedlich entschieden wird. Bei § 988 BGB bejaht die wohl h.M. die Analogie, bei § 816 I 2 BGB wird sie ganz überwiegend abgelehnt.

VI. Zur Vertiefung

- Hemmer/Wüst, Bereicherungsrecht, Rn. 389 ff. (Anspruch aus § 816 I 2 BGB)
- Hemmer/Wüst, Sachenrecht III, Rn. 79 ff. (Gutgläubiger Erwerb eines Grundstücks)

Fall 23: Globalzession vs. verlängerter EV (Drittempfangskondiktion, § 816 II BGB)

Sachverhalt:

K hat ein neues Geschäft eröffnet. Er erhält von der Bank B einen Kredit, zu dessen Sicherung sich diese alle Forderungen aus künftigen Geschäftsbeziehungen im voraus abtreten lässt. Einige Wochen später bekommt K Ware von V geliefert. Im Kaufvertrag ist ein Eigentumsvorbehalt vereinbart. Weiter ist dort vereinbart, dass bei Weitereräußerung dieser Waren die Forderung gegen den jeweiligen Kunden „aus dieser Warenlieferung" im Voraus an V abgetreten werde. Dem K wird eine Ermächtigung erteilt, die Forderungen in eigenem Namen einzuziehen, solange er seine Verpflichtungen gegenüber V erfüllt. K hat u.a. in Höhe von 1000 € an D geliefert. Als K in finanzielle Schwierigkeiten gerät, zeigt B dem D an, dass er an sie zahlen soll. Dies tut D auch. Als V davon erfährt, fordert er von B die 1.000 € heraus.

Besteht ein Anspruch gem. § 816 II BGB?

I. Einordnung

Die Drittempfangskondiktion des **§ 816 II BGB** hat zwei wichtige Anwendungsfälle: die **Kollision von Globalzession und verlängertem Eigentumsvorbehalt** und das Factoring (dazu sogleich).

Unter verlängertem Eigentumsvorbehalt versteht man den Kauf einer Ware unter Eigentumsvorbehalt. Weiter wird der Käufer ermächtigt, die Ware im ordnungsgemäßen Geschäftsverkehr weiterzuveräußern. Im Gegenzug tritt er im Voraus die Forderung aus dieser Weiterveräußerung an den Verkäufer ab und wird von diesem ermächtigt, die Forderung in eigenem Namen einzuziehen. Folglich besteht der verlängerte EV aus einer Paketlösung von vier Vereinbarungen.

II. Gliederung

Anspruch des V gegen B auf Herausgabe der 1000 € gem. § 816 II BGB

1. **Leistung an einen Nichtberechtigten**
   (+) grds, Prioritätsprinzip, aber Vertragsbruchtheorie.
2. **Wirksamkeit gegenüber dem Berechtigten**
   (+), §§ 407, 408 BGB analog.

III. Lösung

Anspruch des V gegen B auf Herausgabe der 1000 € gem. § 816 II BGB

V könnte gegen B einen Anspruch auf Herausgabe der 1000 € gem. § 816 II BGB haben. Das wäre der Fall, wenn D an einen Nichtberechtigten geleistet hätte und diese Leistung gegenüber V als Berechtigtem wirksam wäre.

1. Leistung an einen Nichtberechtigten

B könnte hier **Nichtberechtigte** gewesen sein. **Nichtberechtigter ist derjenige, dem die Forderung nicht zusteht und der auch nicht zu ihrer Einziehung ermächtigt ist.**

Anmerkung: Beachten Sie, dass die Abtretungen nicht schon daran scheitern, dass sie vor Forderungsentstehung erfolgt sind. Vorausabtretungen sind grds. möglich, solange die Forderung bestimmbar ist.

Problematisch ist vorliegend, dass die Forderung K gegen D zweimal abgetreten wurde, nämlich zunächst an die B, dann an V.

Treffen zwei Abtretungen der gleichen Forderung zusammen, dann gilt grundsätzlich das **Prioritätsprinzip**. Die zuerst vorgenommene Abtretung ist wirksam, die zweite geht ins Leere.

Anmerkung: Beachten Sie, dass es einen gutgläubigen Forderungserwerb grds. nicht gibt.

Hier könnte jedoch im Ergebnis doch nur eine Abtretung vorliegen, nämlich dann, wenn eine Abtretung unwirksam ist.

Zwar gilt auch bei Zusammentreffen von verlängertem Eigentumsvorbehalt und Globalzession grds. das Prioritätsprinzip, aber eine Globalzession muss immer anhand von **§ 138 I BGB** überprüft werden. Es besteht nämlich die große Gefahr der Übersicherung.

Nach der h.M. ist eine **Globalzession dann wegen § 138 I BGB nichtig, wenn sie den Abtretenden zu permanentem Vertragsbruch verleitet („Vertragsbruchtheorie")**. Der Vertragsbruch liegt im Vortäuschen des Erfolgs der zweiten Abtretung. Der Kauf unter EV ist aber heutzutage der Normalfall. Wenn eine Bank dennoch eine Globalzession verlangt, ist dies grds. sittenwidrig.

Anmerkung: Die Bank kann sich nur dadurch vor § 138 I BGB schützen, dass sie dingliche Freigabeklauseln in die Globalzession aufnimmt, in denen Forderungen aus verlängertem EV ausdrücklich von der Globalzession ausgenommen werden.

Hier wird K zum permanenten Vertragsbruch verleitet, deshalb ist die Globalzession nach § 138 I BGB nichtig.

Fraglich ist, ob auch die Abtretung von dieser Nichtigkeit erfasst wird. Grds. gilt das **Abstraktionsprinzip**, so dass nur die schuldrechtliche Verpflichtung zur Abtretung nichtig ist. Das **dingliche Rechtsgeschäft der Abtretung ist grds. sittlich neutral** und bleibt deshalb wirksam. Eine Ausnahme gilt nur dann, **wenn die Sittenwidrigkeit gerade durch den Vollzug des dinglichen Geschäfts ihren Ausdruck findet**.

Dann ist auch dieses nichtig. So liegt es aber hier: der Vertragsbruch liegt ja gerade nicht nur in der Vereinbarung, sondern auch gerade im Vollzug der Globalzession.

Folglich ist die Abtretung K an B gem. § 138 I BGB nichtig. Die Forderung stand B deshalb nicht zu. Somit hat D an einen Nichtberechtigten geleistet.

2. Wirksamkeit gegenüber dem Berechtigten

Schließlich müsste die Leistung **gegenüber dem Berechtigten wirksam** sein.

Nach dem oben gesagten ist Berechtigter hier V.

Anmerkung: Die Wirksamkeit der Leistung kann sich aus Gesetz (insb. §§ 406 ff. BGB) oder aufgrund nachträglicher Genehmigung ergeben.

Hier könnte sich die Wirksamkeit aus § 408 BGB ergeben. In direkter Anwendung passt die Norm aber nicht, da nicht an einen Zweitzessionar, sondern an einen „Ersatzzessionar" geleistet wird.

Da aber keine dementsprechende Regelung besteht und die Interessenlage aus Sicht des Leistenden nahezu identisch ist, wird von der h.M. hier **§ 408 BGB analog** angewendet. Die Leistung des D ist somit dem V gegenüber wirksam.

Anmerkung: Vertretbar ist auch, dass im Herausgabeverlangen eine konkludente Genehmigung der Leistung gem. § 185 BGB liegt.

3. Ergebnis

Ein Anspruch des V gegen B auf Herausgabe der 1000 € gem. § 816 II BGB besteht somit.

IV. Zusammenfassung

Sound: Die Nichtigkeit gem. § 138 I BGB wegen Vertragsbruchsverleitung erfasst auch die dingliche Abtretung. Somit liegt Nichtberechtigung vor. Die Wirksamkeit der Leistung ergibt sich analog § 408 BGB oder nach § 185 BGB.

hemmer-Methode: Verdeutlichen Sie hier das Regel-Ausnahme-Prinzip und bauen Sie so ihre Prüfung auf! So zeigen Sie Verständnis für diese anspruchsvolle Problematik. Beachten Sie aber insbesondere das Abstraktionsprinzip. Fehler diesbezüglich wiegen besonders schwer.

V. Zur Vertiefung

- Hemmer/Wüst, Bereicherungsrecht, Rn. 397 ff. (Anspruch aus § 816 II BGB)
- Hemmer/Wüst, Kreditsicherungsrecht, Rn. 121 ff. (Globalzession)
- Hemmer/Wüst, Sachenrecht II, Rn. 146 ff.
  (Formen des erweiterten Eigentumsvorbehalts)

Fall 24: Factoring (Drittempfangskondiktion, § 816 II BGB)

Sachverhalt:

K hat (nach dem Misserfolg in Fall 23) erneut ein Geschäft eröffnet. Diesmal schließt er mit der Bank C einen Factoringvertrag zur Finanzierung. Einige Wochen später bekommt K Ware von V unter verlängertem Eigentumsvorbehalt geliefert. K liefert wiederum in Höhe von 1000 € an D. Als K in finanzielle Schwierigkeiten gerät, zeigt C dem D an, dass er an sie zahlen soll. Dies tut D auch. Als V davon erfährt, fordert er von C die 1000 € heraus.

Besteht ein Anspruch gem. § 816 II BGB?

I. Einordnung

Der zweite wichtige Fall des **§ 816 II BGB** ist das **Factoring**. Dabei tritt ein Unternehmer sämtliche Forderungen gegen seine Kunden mittels Globalzession an den sog. Factor (in der Regel eine Bank) ab. Er erhält dafür den Wert der Forderungen abzüglich einer Provision. Der Factor übernimmt weitere Dienstleistungen für den Unternehmer, wie z.B. Buchhaltung und Mahnwesen.

Es gibt zwei Arten des Factoring: Beim **echten Factoring** trägt der Factor das Risiko der Einziehbarkeit der Forderungen (sog. Delkredererisiko). Rechtlich handelt es sich um einen **Forderungskauf** (§ 453 BGB). Der Unternehmer ist verpflichtet, dem Factor die Forderung zu verschaffen, haftet aber nicht für die Bonität (Durchsetzbarkeit). Beim **unechten Factoring** haftet der Unternehmer dagegen auch für die Bonität der Forderung. Rechtlich handelt es sich deshalb um einen **atypischen Darlehensvertrag**. Die Forderungen werden sowohl zur Sicherheit als auch erfüllungshalber abgetreten. Der Factor muss sich aber zunächst aus den abgetretenen Forderungen befriedigen.

II. Gliederung

Anspruch des V gegen C auf Herausgabe der 1000 € gem. § 816 II BGB

1. **Rechtslage beim echten Factoring**
   Nach h.M. keine Anwendung der Vertragsbruchtheorie.
2. **Rechtslage beim unechten Factoring**
   Da hier Kreditsicherung im Vordergrund Vertragsbruchtheorie anwendbar.

III. Lösung

Anspruch des V gegen C auf Herausgabe der 1000 € gem. § 816 II BGB

V könnte gegen C Ansprüche gem. § 816 II BGB haben. Dabei ist zu unterscheiden, ob zwischen K und C echtes oder unechtes Factoring vereinbart wurde.

1. Rechtslage beim echten Factoring

Die Forderung K gegen D wurde vorliegend wieder zweimal abgetreten, nämlich zunächst an die C, dann an V.

Treffen zwei Abtretungen der gleichen Forderung zusammen, dann gilt grundsätzlich das Prioritätsprinzip.

Fraglich ist, ob auch hier bedenken gegen die Globalzession (§ 138 I BGB) wegen Verleitung zum Vertragsbruch geltend gemacht werden könnten, so dass das Prioritätsprinzip ausnahmsweise nicht gilt.

Beim echten Factoring liegt aber ein Forderungskauf vor. Die Situation ist für K nicht anders, als wenn er von D den Kaufpreis auf Grund der ihm im Rahmen des verlängerten EV erteilten Einziehungsermächtigung bar einzieht.

Der Unternehmer erhält durch den Forderungsverkauf an den Factor (C) entsprechend der Einziehungsermächtigung den Forderungsbetrag und kann daher sofort an den Vorbehaltsverkäufer (V) zahlen. Er begeht deshalb keinen Vertragsbruch.

Eine Globalzession, der ein echter Factoringvertrag zugrunde liegt, ist deshalb nicht nach § 138 I BGB nichtig.

Somit bleibt es beim Prioritätsgrundsatz. Ein Anspruch gem. § 816 II BGB scheidet aus.

2. Rechtslage beim unechten Factoring

Beim unechten Factoring handelt es sich um einen atypischen Darlehensvertrag. Die kreditsichernde Funktion steht im Vordergrund. Deshalb ist nach h.M. die Vertragsbruchtheorie anzuwenden.

Der Unterschied zum echten Factoring liegt vor allem darin, dass der Unternehmer mit einer Rückforderung belastet werden kann (Bonitätshaftung!). Deshalb werden die Interessen des Vorbehaltsverkäufers hier erheblich mehr beeinträchtigt.

Der Fall ist deshalb wie bei der Kollision von Globalzession und verlängerten EV zu lösen.

Ein Anspruch gem. § 816 II BGB besteht.

IV. Zusammenfassung

Sound: Echtes Factoring ist ein Forderungskauf, unechtes Factoring ein atypisches Darlehen! Deshalb gilt nur beim zweiten die Vertragsbruchtheorie, denn sie wurde zum Schutz von Kreditsicherungsnehmern entwickelt..

V. Zur Vertiefung

- Hemmer/Wüst, Bereicherungsrecht, Rn. 397 ff. (Anspruch aus § 816 II BGB)
- Hemmer/Wüst, Schuldrecht III, Rn. 158 ff. (Factoring)

Fall 25: Auch Nichts begründet einen Anspruch (Durchgriffskondiktion, § 822 BGB)

Sachverhalt:

M hatte aus Altersgründen ihren Sohn S und dessen Freund F beauftragt, ihr Wertpapierdepot zu verwalten. Zu diesem Zweck räumte sie S und F Kontovollmacht ein. Außerdem übertrugen S und F den gesamten Wertpapierbestand absprachegemäß auf ein Treuhanddepot der von ihnen hierzu gegründeten S & F AG, deren alleiniger Vorstand S und deren einziger Aktionär und Generalbevollmächtigter F war. Im Zuge dieser Tätigkeit wurden absprachewidrig Großteile der Wertpapiere verkauft und die Verkaufserlöse teils auf das Konto der M, teils auf das allgemeine Geschäftskonto der AG geleitet. F seinerseits überwies Teile der eingehenden Summen ohne Wissen des S schenkweise an seine Lebensgefährtin L weiter, die ebenfalls nichts von den Machenschaften des F wusste. Als M nach einiger Zeit merkte, dass ihr gesamtes Wertpapierdepot aufgezehrt war, wandte sie sich zunächst an F, der jedoch mittlerweile vermögenslos war.

Hat M Ansprüche gegen L?

I. Einordnung

§ 822 BGB stellt einen weiteren Fall der **Durchgriffskondiktion** dar. Kennzeichnend für diesen Anspruch ist seine Funktion als Aushilfshaftung und damit verbunden eine strikte Subsidiarität.

Es ist nicht unstrittig, ob § 822 BGB ein Fall der Leistungskondiktion oder eine Eingriffskondiktion ist. Zwar liegen auch Leistungsbeziehungen zwischen den Beteiligten vor, von einer Leistungskondiktion sollte man aber nur reden, wenn *ausschließlich* Leistungsbeziehungen zwischen den Parteien vorliegen. Da aber Gläubiger und Zweitbereicherter in aller Regel keine Leistungsbeziehung verbindet, handelt es sich bei § 822 BGB um eine **Eingriffskondiktion**.

II. Gliederung

1. Anspruch des M gegen L gem. § 816 I 2 BGB

a) Verfügung

b) Durch einen Nichtberechtigten

2. Anspruch des M gegen L gem. § 822 BGB

a) rechtsgrundloser Vorerwerb des Zuwendenden

b) Unentgeltliche Zuwendung an einen Dritten

c) Wegfall des Bereicherungsanspruchs gegen den Zuwendenden
(-), faktischer Wegfall nicht ausreichend.

III. Lösung

M könnte bereicherungsrechtliche Ansprüche gem. § 816 I 2 BGB oder § 822 BGB (Durchgriffskondiktionen) gegen L haben.

Anmerkung: Dingliche oder deliktische Ansprüche gegen L scheiden aus, da sie nichts von den Machenschaften des F wusste.

1. Anspruch gem. § 816 I 2 BGB

M könnte möglicherweise ein Anspruch gem. § 816 I 2 BGB gegen L zustehen.

a) Verfügung

Dazu müsste zunächst eine **Verfügung** vorliegen. Eine Verfügung ist **jedes Rechtsgeschäft, durch das unmittelbar und dauerhaft ein Recht begründet, aufgehoben, belastet oder geändert wird**.

Eine Verfügung läge unstreitig bei einer Barauszahlung der Beträge an L vor, da in einem solchen Fall Eigentum und Besitz am Geld auf L übergehen würden. Das Eigentum als Rechtsposition wäre daher durch übereinstimmende Einwirkung der Parteien übertragen worden.

Nichts anderes kann gelten, wenn das Geld nicht in natura, sondern über den Umweg der Überweisung übergeben wird.

Eine Verfügung ist deshalb zu bejahen.

Anmerkung: Erlangt wird in einem solchen Fall nicht Eigentum und Besitz, sondern ein Anspruch auf Gutschrift und Auszahlung, §§ 676f, 676g BGB.

b) Durch einen Nichtberechtigten

Diese Verfügung müsste weiter **durch einen Nichtberechtigten** bewirkt worden sein.

Fraglich ist, ob die absprachewidrige Überführung der Verkaufserlöse vom Treuhanddepot auf das allgemeine Geschäftskonto durch einen Nichtberechtigten erfolgt ist. Als Treuhänder hat die S & F AG aber die volle dingliche Berechtigung und dazu gehört auch die Dispositionsbefugnis über die Verkaufserlöse.

Bei der Verfügung zu Gunsten der L war die S & F AG, vertreten durch F als Generalbevollmächtigten somit berechtigt, da diese Auszahlungen gerade von ihrem eigenen allgemeinen Geschäftskonto aus getätigt wurden.

Eine Verfügung eines Nichtberechtigten liegt deshalb nicht vor.

c) Ein Anspruch gem. § 816 I 2 BGB scheidet aus.

2. Anspruch gem. § 822 BGB

M könnte sich evtl. auf die **Aushilfshaftung des § 822 BGB** berufen.

Dies wäre der Fall wenn die S & F AG als Zuwendende die Verkaufserlöse dinglich wirksam, aber rechtsgrundlos erworben hätte, diese unentgeltlich an L zugewendet hätte und ein Bereicherungsanspruch gegen den Zuwendenden nicht bestehen würde.

a) Rechtsgrundloser Vorerwerb des Zuwendenden

Zuerst müsste die S & F AG als Zuwendende **das Erlangte** (die Verkaufserlöse) **wirksam erworben** haben.

Wie bereits oben dargestellt, war die S & F AG dinglich berechtigt.

Anmerkung: Das Erlangte im Sinne des § 822 BGB ist nicht nur der ursprünglich kondizierbare Gegenstand, sondern auch dasjenige, was der Empfänger gem. § 818 I, II BGB hätte herausgeben oder ersetzen müssen.

Da die Überführung der Verkaufserlöse auf das allgemeine Geschäftskonto absprachewidrig erfolgte, liegt auch **kein Rechtsgrund** gegenüber M vor.

b) Unentgeltliche Zuwendung an einen Dritten

Weiter müsste die S & F AG das Erlangte **unentgeltlich an L zugewendet** haben.

Zunächst müsste eine Zuwendung vorliegen. Hierzu ist ein rechtsgeschäftlicher Erwerb nötig. Gesetzlicher Erwerb, z.B. Ersitzung, Fund etc. genügt nicht. Hier liegt aber ein rechtsgeschäftlicher Erwerb und damit eine Zuwendung vor.

Die Zuwendung müsste unentgeltlich erfolgt sein. Dies ist bei einer Schenkung und einem Vermächtnis jedenfalls der Fall.

Hier liegt eine Schenkung vor, so dass die Zuwendung unentgeltlich erfolgt ist.

Anmerkung: Strittig ist, wie eine gemischte Schenkung zu behandeln ist. Nach wohl h.M. ist in diesem Fall der Vertrag aufzugliedern und § 822 BGB auf den unentgeltlichen Teil anwendbar. Beachten Sie, dass auch hier der rechtsgrundlose Erwerb nicht dem unentgeltlichen gleichgestellt wird.

c) Wegfall des Bereicherungsanspruchs gegen den Zuwendenden

Schließlich müsste **der gegen den Zuwendenden grds. bestehende Bereicherungsanspruch weggefallen** sein. Hier kommt die **Subsidiarität des § 822 BGB** zum Ausdruck.

aa) Zunächst müsste überhaupt ein Bereicherungsanspruch von M gegen die S & F AG bestehen.

Es könnte ein Anspruch aus § 812 I 1 1.Alt. BGB bestehen. Dies wäre der Fall, wenn im Verhältnis M/S & F AG eine Leistungsbeziehung vorliegt. Eine Leistung setzt aber immer auch einen Leistungswillen voraus. Dieser ist bei vorsätzlicher Überschreitung des Treuhandvertrags gerade zu Lasten der M aber zu verneinen.

Möglicherweise besteht aber ein Anspruch gem. § 812 I 1 2.Alt. BGB. Das Überführen der Verkaufserlöse auf das allgemeine Geschäftskonto stellt einen Eingriff in die Güterzuordnung auf Kosten der M dar.

Anmerkung: Hier kann grds. jeder Bereicherungsanspruch relevant werden, es muss sich nicht um eine Leistungskondiktion handeln. Selbst § 822 BGB selbst kommt (im Vierpersonenverhältnis) in Betracht!

bb) Dieser Bereicherungsanspruch müsste weggefallen sein.

Grds. müsste hier Wertersatz gem. § 818 II BGB geleistet werden.

Allerdings könnte die S & F AG hier durch die Zuwendung entreichert sein, § 818 III BGB. Grds. ist die S & F AG durch die schenkweise Weggabe des Erlöses entreichert.

Anmerkung: Beachten Sie, dass die Entreicherung gerade durch die Zuwendung eingetreten sein muss.

Auf Entreicherung kann sich aber derjenige nicht berufen, der verschärft haftet, §§ 819 I, 818 IV BGB. Hier ist dem F jedenfalls Kenntnis im Sinne des § 819 I BGB zu unterstellen, da er eine vorsätzliche Straftat (Untreue, § 266 I StGB) begeht. Diese Kenntnis wird der S & F AG gem. § 166 I BGB zugerechnet. Somit haftet sie verschärft und kann sich nicht auf Entreicherung berufen. Ein Anspruch gegen die S & F AG besteht deshalb weiter und ist nicht weggefallen.

cc) Fraglich ist schließlich, ob es ausreichend ist, wenn der Anspruch **zwar rechtlich besteht, aber faktisch weggefallen** ist. Mittlerweile sind sowohl die S & F AG, als auch F vermögenslos. Nach dem Wortlaut und wegen dem Ausnahmecharakter der Norm als Durchgriffskondiktion ist aber nur ein rechtlicher Wegfall des Bereicherungsanspruchs genügend. Mangelnde Durchsetzbarkeit eines Anspruchs ist grds. Risiko (auch des redlichen und schutzwürdigen) Anspruchstellers.

3. Ergebnis

Es besteht kein Anspruch der M gegen L.

IV. Zusammenfassung

Sound: § 822 BGB ist nur eine Aushilfshaftung, d.h. es soll gerade kein Gesamtschuldverhältnis entstehen. Deshalb darf nach dem klaren Wortlaut der Norm kein Anspruch gegen den Zuwendenden bestehen. Wer allerdings verschärft haftet, kann sich nicht auf Entreicherung berufen. Folglich besteht ein Anspruch weiter!

hemmer-Methode: § 822 BGB eignet sich hervorragend für Schachtelprüfungen und ist deshalb immer für eine Klausur gut. Zeigen Sie, dass Sie den Ausnahmecharakter der Norm kennen und verstanden haben. Dann bekommen Sie auch das Problem mit dem Unterschied zwischen rechtlichem und faktischem Bestehen des Anspruchs gut in den Griff.

V. Zur Vertiefung

- Hemmer/Wüst, Bereicherungsrecht, Rn. 411 ff. (Anspruch aus § 822 BGB)
- **BGH Life and Law 2004, 435 ff.:** Ist die Verpflichtung des Beschenkten zur Herausgabe des Geschenks ausgeschlossen, weil er damit eine Sache erworben und diese seinerseits unentgeltlich einem Dritten zugewendet hat, so haftet der Dritte gem. § 822 BGB nicht auf Herausgabe der ihm zugewendeten Sache, sondern auf Wertersatz. Er kann sich jedoch durch Herausgabe der Sache befreien.

Kapitel VII: Bereicherungsrechtliche Drittbeziehungen

Fall 26: Anweisungsfälle (Grundfall)

Sachverhalt:

A weist die Bank B an, eine Überweisung an den C vorzunehmen, mit der A eine Kaufpreisschuld von 100 € tilgen will. Als A später wirksam den Kaufvertrag mit C wegen Irrtums angefochten hat, verlangt er von B die Rückgängigmachung seiner bereits erfolgten Kontobelastung. B, bei der auch C ein Girokonto hat, verlangt den Betrag direkt von C zurück.

Wie ist die bereicherungsrechtliche Rechtslage?

I. Einordnung

Mehrpersonenverhältnisse im Bereicherungsrecht sind bei sehr vielen Studenten extrem unbeliebt, da sie als sehr schwierig gelten. Der Fall soll zunächst die **Grundfragen** und die **Terminologie** erläutern, um so die Lösung der examenstypischen Problemfälle vorzubereiten.

Grundfall aller Mehrpersonenverhältnisse sind die sog. **Anweisungsfälle** oder –lagen. Hier veranlasst ein Schuldner („Anweisender") tatsächlich oder vermeintlich eine andere Person („Angewiesener") an einen tatsächlichen oder vermeintlichen Gläubiger („Anweisungsempfänger") eine Zuwendung zu erbringen. Unter Anweisungen in diesem Sinne sind gerade nicht Anweisungen i.S.d. §§ 783 ff. BGB zu verstehen. Häufigster Fall ist der Überweisungsvertrag (§§ 676a – 676c BGB), denkbar ist aber auch ein Scheck (Art. 4 ScheckG).

Folgende **Rechtbeziehungen** sind dabei zu unterscheiden:

1. Das *Valutaverhältnis* zwischen Anweisendem (hier: A) und Anweisungsempfänger (hier C) ist in der Regel ein Verpflichtungsvertrag (z.B. Kaufvertrag).

2. Das *Deckungsverhältnis* zwischen Anweisendem und Angewiesenem (in aller Regel die Bank; hier B), das regelmäßig in einem Überweisungsvertrag besteht.

3. Das *Zuwendungsverhältnis* zwischen Angewiesenem und Anweisungsempfänger.

Anmerkung: Anweisungsfälle sind (gedanklich) abzugrenzen von Fällen, in denen es an einem selbständigen Leistungsmittler (z.B. der Bank) fehlt, weil ein unselbständiger Mittler (z.B. Vertreter, Bote) handelt und von Fällen, bei denen eine Leistungskette vorliegt (z.B. Verkauf einer noch zu beschaffenden Sache). In beiden Fällen besteht nur ein Zweipersonenverhältnis.

In der Klausur ist für die Lösung von Mehrpersonenfällen eine *gedankliche Vorprüfung in drei Schritten* sinnvoll:

1. Herausarbeiten der Leistungsbeziehungen anhand des Leistungsbegriffs.
2. Überprüfung der Rechtsgrundlagen für die Beziehungen.
3. Ggf. Korrektur des Ergebnisses aus Wertungsgründen.

II. Gliederung

1. Anspruch der B gegen C auf Rück26überweisung von 100 € gem. § 812 I 1 1.Alt. BGB

a) Etwas erlangt (+)

b) Durch Leistung
(-), kein eigener Leistungszweck des Angewiesenen gegenüber dem Anweisungsempfänger.

2. Anspruch der B gegen C auf Rückühberweisung von 100 € gem. § 812 I 1 2.Alt. BGB

(-), da Nichtleistungskondiktion wegen vorrangiger Leistungsbeziehungen im Valuta- und Deckungsverhältnis subsidiär.

III. Lösung

1. Anspruch der B gegen C auf Rücküberweisung von 100 € gem. § 812 I 1 1.Alt. BGB

B könnte direkt einen Anspruch gegen C auf Rückerstattung des überwiesenen Betrags gem. § 812 I 1 1.Alt. BGB haben.

a) Etwas erlangt

C hat einen Anspruch aus der Gutschrift auf Auszahlung (§§ 676f, 676g BGB) erlangt.

b) Durch Leistung der B

C müsste dies auch durch Leistung der B erlangt haben. Im Zuwendungsverhältnis zwischen B und C müsste also eine Leistungsbeziehung vorliegen.

Leistung ist die bewusste und zweckgerichtete Mehrung fremden Vermögens.

Anmerkung: Die Leistung unterscheidet sich von der Zuwendung durch ihre Zweckrichtung. Dieser Zweck wird in aller Regel in der Erfüllung einer Verbindlichkeit bestehen. Den Leistungszweck bestimmt einseitig der Leistende (vgl. § 366 BGB), sofern nicht die Parteien eine Tilgungs*vereinbarung* getroffen haben. Erst diese **Tilgungsbestimmung** macht aus der bloßen Zuwendung eine Leistung.

Strittig ist allerdings, ob diese Zweckbestimmung aus der Sicht des Leistenden oder des Leistungsempfängers bestimmt werden muss. Nach e.A. ist auf die Sicht des Leistenden abzustellen. Dies ergebe sich aus dem Gedanken des § 267 BGB.

Nach h.M. ist analog §§ 133, 157 BGB allein die Erkennbarkeit der Person des Leistenden aus der Sicht der Leistungsempfängers maßgeblich. Es ist danach zu fragen, wen ein verständiger Beurteiler aus der Sicht des Leistungsempfängers anhand von objektiven Kriterien als Leistenden betrachtet hätte.

Im **Zuwendungsverhältnis** verfolgt der Angewiesene B mit der Zuwendung (z.B. der Gutschrift, Übereignung der Sache) **dem Anweisungsempfänger C gegenüber keinen eigenen Leistungszweck, denn ihm schuldet er ja gar nichts**. Vielmehr möchte B durch die Zuwendung an C ihre **Verpflichtung aus dem Deckungsverhältnis mit dem Anweisenden A erfüllen** und so zum Erlöschen bringen. Dies ist ihr nach **§ 362 I, II BGB i.V.m. § 185 BGB** möglich, obwohl sie nicht an den eigentlichen Gläubiger (A) leistet. Somit liegt eine Leistungsbeziehung zwischen B und C nicht vor, es handelt sich um eine **bloße Zuwendung**.

Anmerkung: Sie müssen also nicht nur prüfen, *was* der Zuwendende tut, sondern auch und vor allem, *warum* er es tut!

c) Zwischenergebnis

Da im Zuwendungsverhältnis keine Leistungsbeziehung vorliegt, scheidet eine Direktkondiktion von B gegen C gem. § 812 I 1 1.Alt. BGB aus.

2. Anspruch der B gegen C auf Rücküberweisung von 100 € gem. § 812 I 1 2.Alt. BGB

Folglich könnte ein Anspruch der B gegen C gem. § 812 I 1 2.Alt. BGB bestehen.

Um das Einwendungs- und Insolvenzrisiko zwischen den Beteiligten gerecht zu verteilen, ist die Nichtleistungskondiktion gegenüber der Leistungskondiktion grds. subsidiär, wenn Leistungsbeziehungen über denselben Leistungsgegenstand bestehen.

a) Das Valutaverhältnis

Im Valutaverhältnis zwischen dem Anweisenden A und dem Anweisungsempfänger C könnte eine Leistungsbeziehung vorliegen.

Zwischen A und C bestand zunächst ein Kaufvertrag. Hieraus war A zur Zahlung des Kaufpreises verpflichtet (§ 433 II BGB). **Der Anweisende will durch die Anweisung die Erfüllung seiner Verbindlichkeit gegenüber dem Anweisungsempfänger erreichen**. Diese Leistung erbringt er zwar nicht in eigener Person, wohl aber mittelbar über den Angewiesenen. Dieser wird deshalb auch als **Leistungsmittler** bezeichnet.

Anmerkung: Bemerken Sie die Doppelstellung des Angewiesenen: er ist einerseits Leistender im Deckungsverhältnis und andererseits Leistungsmittler im Valutaverhältnis.

Deshalb verfolgt A als Anweisender einen eigenen Zweck gegenüber dem Anweisungsempfänger C. Dies ist auch objektiv erkennbar. Somit besteht eine Leistungsbeziehung zwischen A und C.

b) Das Deckungsverhältnis

Fraglich ist, ob auch im Deckungsverhältnis eine Leistungsbeziehung vorliegt. Zwischen B als Angewiesenem und A als Anweisenden besteht als Deckungsverhältnis ein Überweisungsvertrag (§§ 676a – 676c BGB). **Diesen Vertrag will B durch die Überweisung erfüllen** (s.o.).

Anmerkung: Gegenstand der Leistung des Angewiesenen ist nach h.M. nicht etwa lediglich die Befreiung von der Verbindlichkeit gegenüber dem Anweisungsempfänger, sondern der geschuldete Gegenstand selbst.

Deshalb verfolgt sie einen eigenen Zweck gegenüber A, der auch objektiv erkennbar ist. Folglich liegt auch hier eine Leistungsbeziehung vor.

Anmerkung: Dass hier im Fall auch ein Rechtsverhältnis zwischen B und C besteht (ein Girovertrag) muss bereicherungsrechtlich außer acht bleiben. Es kann keine Rolle spielen, ob C ein Konto bei B oder einer anderen Bank hat oder ob er sich das Geld in bar auszahlen lässt.

c) Zwischenergebnis

Da über denselben Leistungsgegenstand eine Leistungsbeziehung vorliegt, ist die direkte Nichtleistungskondiktion von B gegen C wegen Subsidiarität ausgeschlossen. Vielmehr ist eine Rückabwicklung übers Eck innerhalb der Leistungsbeziehungen nötig.

Anmerkung: Ein Durchgriff des Angewiesenen ist somit nur nach § 822 BGB möglich. Der BGH hatte längere Zeit offen gelassen, ob dafür alleine die Unentgeltlichkeit des Valutaverhältnisses ausreichen soll, oder ob zusätzlich der Anspruch des Anweisenden gegen den Anweisungsempfänger aus Rechtsgründen (insb. § 818 III BGB) ausgeschlossen sein muss. Jetzt hat der BGH die Notwendigkeit beider Voraussetzungen ausdrücklich bejaht. Dass dies überzeugt, ergibt ein Vergleich mit der sog. „Leistungskette". Hier ist § 822 BGB jedenfalls nur einschlägig, wenn alle seine Voraussetzungen vorliegen, da kein echtes Mehrpersonenverhältnis vorliegt. Das aber plötzlich ein Tatbestandsmerkmal wegfallen soll, nur weil die Ware vom Hersteller direkt zum Käufer geliefert wird (also eine Anweisungslage besteht), ist nicht erklärlich.

3. Endergebnis

Eine Direktkondiktion von B gegen C scheidet aus. Vielmehr muss innerhalb der Leistungsbeziehungen A von C und B von A kondizieren.

IV. Zusammenfassung

Sound: In aller Regel liegen im Valuta- und Deckungsverhältnis Leistungsbeziehungen vor, die durch Leistungskondiktion rückabzuwickeln sind. Im Zuwendungsverhältnis liegt grds. keine Leistungsbeziehung vor, eine Direktkondiktion als Nichtleistungskondiktion scheitert aber regelmäßig an deren Subsidiarität. Somit kommt es zur Rückabwicklung übers Eck.

hemmer-Methode: Die Rückabwicklung übers Eck ist kein Merksatz, den Sie auswendig lernen müssen. Vielmehr folgt dieser Grundsatz logisch aus zwei wesentlichen Grundsätzen des Bereicherungsrechts: dem modernen Leistungsbegriff und dem Grundsatz der Subsidiarität der Nichtleistungskondiktion gegenüber der Leistungsbeziehung.

V. Zur Vertiefung

- Hemmer/Wüst, Bereicherungsrecht, Rn. 158 ff. (Anweisungsfälle)
- Hemmer/Wüst, Bereicherungsrecht, Rn. 148 ff. (Maßgeblicher Horizont)
- Ettlich, Der Bereicherungsausgleich im Mehrpersonenverhältnis, Life&Law 1999, 759 ff., 825 ff., Life&Law 2000, 69 ff., 128 ff.

Fall 27: Anweisungsfälle (Fehlen einer [zurechenbaren] Weisung: Ausnahmen über den Leistungsbegriff)

Sachverhalt:

K übergab V, dem K aus Kaufvertrag einen Betrag in dieser Höhe schuldete, einen Scheck über 35.000 €. Dieser Scheck trug an der für die Unterschrift des Ausstellers vorgesehenen Stelle lediglich den Firmenstempel des K, nicht aber dessen Unterschrift. V legte den Scheck gleichwohl der B-Bank vor, die ihn versehentlich einlöste und 35.000 € an V ausbezahlte. Die B-Bank verlangt von V Rückzahlung.

Anspruch der B-Bank?

Abwandlung 1:
V erfährt von P, dem Prokuristen des K, dass dieser mit dem Service der B-Bank unzufrieden war und deshalb alle „Geschäftsbeziehungen mit dieser Bank sofort und ohne weiteres beendet" habe. Erst danach geht auf dem Konto des V eine Überweisung des K ein, ausgeführt von der B-Bank, ein.

Abwandlung 2:
Die B-Bank überweist statt 35.000 € nunmehr 350.000 € auf das Konto des V, der sich über dieses „Geschenk" erfreut zeigt.

I. Einordnung

In **Anweisungsfällen** erfolgt die Rückabwicklung grds. übers Eck. Dies folgt aus dem modernen Leistungsbegriff und dem Grundsatz der Subsidiarität der Nichtleistungskondiktion. Ein Durchgriff des Angewiesenen direkt gegen den Anweisungsempfänger ist grds. nur nach § 822 BGB möglich.

Allerdings gibt es keine Regel ohne **Ausnahme**: liegt nach dem **Leistungsbegriff** gar keine Leistung vor, so ist eine Direktkondiktion möglich. Dies ist eigentlich gar keine „richtige" Ausnahme, sondern nur das Ergebnis konsequenter Subsumtion.

Die Annahme einer Leistung (und damit den Ausschluss der Direktkondiktion!) rechtfertigen aber nur zwei kumulativ vorliegende Voraussetzungen: Erstens muss sich die **Zuwendung aus dem Empfängerhorizont als Leistung des Anweisenden darstellen** und zweitens muss **der Anweisende die Zuwendung (zurechenbar) veranlasst** haben.

Liegen diese beiden Voraussetzungen vor, ist der durch den Ausschluss der Direktkondiktion gegebene „Vertrauensschutz" des Zuwendungsempfängers (= Anweisungsempfänger) gerechtfertigt.

II. Gliederung

Grundfall

Ansprüche der B-Bank auf Rückerstattung des ausgezahlten Geldes

1. **Anspruch gem. § 812 I 1 1.Alt. BGB** (-), keine Leistung der angewiesenen B-Bank an den Anweisungsempfänger V.
2. **Anspruch gem. § 812 I 1 2.Alt. BGB** grds. Subsidiarität, hier aber keine vorrangigen Leistungsbeziehungen, da Leistungsempfänger das Nichtvorliegen einer wirksamen Anweisung kennt.

Abwandlung 1

Keine Subsidiarität, da Empfänger die Kündigung des Überweisungsvertrags kannte.

Abwandlung 2:

Keine Subsidiarität, da Empfänger die Fehlerhaftigkeit der Überweisung erkannte.

III. Lösung Grundfall

Ansprüche der B-Bank auf Rückerstattung des ausbezahlten Geldes

Die B-Bank könnte bereicherungsrechtliche Ansprüche gegen V auf Rückerstattung des ausgezahlten Geldes haben.

1. Anspruch gem. § 812 I 1 1.Alt. BGB

Die B-Bank könnte einen Anspruch gem. § 812 I 1 1.Alt. BGB haben. Dies wäre der Fall, wenn V etwas durch Leistung der B-Bank rechtsgrundlos erlangt hat.

a) Erlangt hat V Eigentum und Besitz an dem ihm ausgezahlten Geld.

b) Fraglich ist aber, ob eine Leistung der B-Bank an V im Zuwendungsverhältnis vorliegt. **Leistung ist die bewusste und zweckgerichtete Mehrung fremden Vermögens**. Zwar wurde hier von der B-Bank bewusst das Vermögen des V gemehrt, dies müsste aber auch zweckgerichtet erfolgt sein.

Die angewiesene B-Bank verfolgte mit der Auszahlung allein den Zweck, **die eigene Verbindlichkeit aus dem Überweisungsvertrag mit K als dem Deckungsverhältnis gegenüber dem Anweisenden K zu erfüllen (§ 362 I, II BGB i.V.m. § 185 BGB)**.

Im Zuwendungsverhältnis zwischen ihr als Angewiesenem und V als Anweisungsempfänger verfolgt sie dagegen keinen eigenen Leistungszweck gegenüber V.

Anmerkung: Wiederholen Sie noch einmal: grds. liegen im Valuta- und Deckungsverhältnis Leistungsbeziehungen vor, im Zuwendungsverhältnis dagegen nicht.

c) Eine Leistungskondiktion der B-Bank scheidet deshalb aus.

2. Anspruch gem. § 812 I 1 2.Alt. BGB

Möglicherweise besteht aber ein Anspruch aus Nichtleistungskondiktion gem. § 812 I 1 2.Alt. BGB.

a) Die Nichtleistungskondiktion ist aber grds. gegenüber Leistungsbeziehungen, die sich auf denselben Leistungsgegenstand (hier: Eigentum und Besitz am Geld) beziehen, subsidiär. Dies gebietet die gerechte Verteilung des Einwendungs- und Insolvenzrisikos zwischen den Beteiligten.

b) Zu prüfen ist deshalb, ob vorrangige Leistungsbeziehungen bestehen.

Die Auszahlung des Geldes stellt analog §§ 133, 157 BGB aus Sicht eines objektiven Empfängers in der Rolle des V grds. eine Leistung des K dar, der damit die Verbindlichkeit aus dem Valutaverhältnis, also die kaufvertragliche Verpflichtung gem. § 433 II BGB, erfüllen will.

Dies kann aber dann nicht gelten, wenn erkennbar gar keine Leistung vorliegt. Hier hat K dem V einen nur gestempelten, nicht aber einen ordnungsgemäß unterschriebenen Scheck (Art. 1 Nr. 6, Art. 2 I ScheckG) übergeben. Die Anweisung des K an die B-Bank ist somit nichtig und folglich lag objektiv gar keine Leistung des K vor.

Da V diesen Fehler erkennen musste, ist er insoweit nicht schutzwürdig. Dagegen ist K grds. schutzwürdig, da er die Zahlung nicht veranlasst hat (**Veranlassungsprinzip**).

c) Somit bestehen keine vorrangigen Leistungsbeziehungen. Eine Nichtleistungskondiktion der B-Bank gegen V ist deshalb möglich.

3. Ergebnis

Die B-Bank kann das ausgezahlte Geld direkt von V gem. § 812 I 1 2.Alt. BGB zurückerstattet verlangen.

IV. Lösung Abwandlung 1

Nichts anderes kann gelten, wenn der Empfänger die zuvor erfolgte Kündigung des Überweisungsvertrags und somit den Mangel des Deckungsverhältnisses kennt. Aus objektiver Sicht in der Rolle des Empfängers kann dann keine Leistung des Anweisenden vorliegen.

V. Lösung Abwandlung 2

Genauso verhält es sich, wenn der Empfänger die versehentliche Zuvielüberweisung erkennt. Dann ist objektiv erkennbar, dass keine zurechenbare, vom Anweisenden veranlasste Leistung vorliegt.

VI. Zusammenfassung

Sound: Eine Direktkondiktion scheidet grds. aus. Liegt aber gar keine Leistung vor, da es an einer zurechenbaren Anweisung fehlt oder der Anweisende die Anweisung nicht veranlasst hat und erkennt dies der Empfänger, ist der Durchgriff möglich, da der Empfänger insoweit nicht schutzwürdig ist, der Anweisende aber schon (Veranlassungsprinzip).

Es ist egal, wo der Fehler liegt, sei es im Valuta-, Deckungs- oder Zuwendungsverhältnis. Kennt der Empfänger ihn, liegt grds. keine Leistung vor. Es gibt zahlreiche weitere Fallgruppen, in denen ein Durchgriff aus diesem Grund anerkannt wird: Überweisung an den (erkennbar) falschen Adressaten, irrtümliche Einlösung eines gesperrten Schecks etc.

hemmer-Methode: Wer ein gutes Examen machen möchte, lernt nicht auswendig. Alle hier dargestellten Fallgruppen sind durch konsequente Anwendung des Leistungsbegriffs lösbar. Wer nur Einzelfälle lernt, verliert den Blick fürs Ganze und wer nur Ausnahmen lernt, vergisst leicht die Regel. Lernen Sie deshalb sorgfältig und systematisch die Grundlagen, dann können Sie auch den examenstypischen Ausnahmefall lösen (ohne ihn zu kennen).

VII. Zur Vertiefung

- Hemmer/Wüst, Bereicherungsrecht, Rn. 180 ff. (Ausnahmen vom Leistungsbegriff her).

Fall 28: Anweisungsfälle (Ausnahmen aus Wertungsgründen)

Sachverhalt:

K vermittelt als Finanzmakler günstige Darlehen zwischen Kommunen. Dabei gelang es ihm, unbemerkt Geld auf die Seite zu schaffen. Um diese Lücken zu vertuschen, ging er wie folgt vor: K hatte dem Landkreis L die Stadt P wahrheitswidrig als potentielle Darlehensnehmerin genannt, worauf L der P 3,5 Mio. € überwies. Wenig später kündigte K dem L die Rückzahlung des Darlehens inklusive Zinsen an. Der Gemeinde G teilte K mit, genau diese Summe sei unter Angabe der Verwendungszwecks „Ablösung Stadt P" auf ein Konto des L zu überweisen. G überwies und meinte damit einen mit der Stadt P geschlossenen Darlehensvertrag zu erfüllen. L glaubte, ein an P geleistetes Darlehen zurück zu erhalten. P wiederum wusste gar nichts von alledem.

Kann G von L die 3,5 Mio. € herausverlangen?

I. Einordnung

Hier liegt wiederum ein **Anweisungsfall** vor. Wie der Sachverhalt zeigt, ist auch eine Konstellation ohne die Beteiligung einer Bank denkbar, was die Festlegung des „Dreiecksverhältnisses" erschwert. In der Klausur geht es nicht ohne Skizze. Sie kommen dann zu folgendem Ergebnis: Anweisender ist P, Angewiesener G und Anweisungsempfänger L.

In Anweisungsfällen gilt grds. der Grundsatz der Subsidiarität der Nichtleistungskondiktion. Es gibt allerdings auch **Ausnahmen aus Wertungsgründen** von diesem Grundsatz.

Mögliche **Wertungsgesichtspunkte** sind:

1. Minderjährigenschutz.
2. Rechtsgedanke des § 822 BGB.
3. Kumulation von Risiken.
4. Gerechte Verteilung des Liquiditätsrisikos.
5. Wertungen der §§ 932 II, 935 BGB.
6. Leistungsnähe.
7. Veranlassungsprinzip.

II. Gliederung

1. Anspruch der G gegen L auf Rücküberweisung von 3,5 Mio. € gem. § 812 I 1 1.Alt. BGB

a) **Etwas erlangt**
(+), Auszahlungsanspruch.

b) **Durch Leistung**
(-), kein eigener Leistungszweck der angewiesenen G gegenüber dem Anweisungsempfänger L.

2. Anspruch der G gegen L auf Rücküberweisung, § 812 I 1 2.Alt. BGB

Scheinanweisung rechtfertigt keine vorrangige Leistungsbeziehung, da die Wertung des Veranlassungsprinzips überwiegt; deshalb Anspruch (+).

III. Lösung

1. Anspruch der G gegen L auf Rücküberweisung von 3,5 Mio. € gem. § 812 I 1 1.Alt. BGB

G könnte einen Anspruch gem. § 812 I 1 1.Alt. BGB haben. Dies wäre der Fall, wenn L etwas durch Leistung der G rechtsgrundlos erlangt hat.

a) Erlangt hat L einen Anspruch aus der Gutschrift auf Auszahlung der 3,5 Mio. € (§§ 676f, 676g BGB).

b) Bei der von G zugewendeten Überweisung müsste es sich aber um eine Leistung der G gehandelt haben.

Leistung ist die bewusste und zweckgerichtete Mehrung fremden Vermögens. Problematisch ist hier, ob die angewiesene G einen eigenen Leistungszweck gegenüber dem Aneisungsempfänger L verfolgt.

Nach h.M. verfolgt der Angewiesene (G) keinen eigenen Leistungszweck gegenüber dem Anweisungsempfänger (L). Vielmehr möchte er i.d.R. nur seine gegenüber dem Anweisenden (P) bestehende Verpflichtung aus dem Deckungsverhältnis erfüllen (§§ 362 I, II BGB i.V.m. § 185 BGB).

c) Eine Leistungskondiktion der G gegen L scheidet deshalb aus.

2. Anspruch der G gegen L auf Rücküberweisung gem. § 812 I 1 2.Alt. BGB

Möglicherweise besteht aber ein Anspruch aus Nichtleistungskondiktion gem. § 812 I 1 2.Alt. BGB.

a) Dazu müsste L ohne rechtlichen Grund etwas in sonstiger Weise erlangt haben. L hat einen Auszahlungsanspruch erlangt (s.o.). Dies geschah auch „in sonstiger Weise“, also nicht durch Leistung.

b) Allerdings dürften keine vorrangigen Leistungsbeziehungen bestehen. Ansonsten wären Kondiktionen alleine in diesen Beziehungen möglich (Grundsatz der Subsidiarität der Nichtleistungskondiktion).

Fraglich ist daher, ob der vermeintlich Anweisende P an den Anweisungsempfänger L geleistet hat. Aus Sicht eines obj. Empfängers in der Rolle des L (§§ 133, 157 BGB analog) ist dies der Fall. Nach seiner Ansicht hat P die G angewiesen an ihn zu zahlen, um damit die Darlehensschuld zu tilgen.

Somit lägen eigentlich vorrangige Leistungsbeziehungen vor, eine direkte Nichtleistungskondiktion der G gegen L müsste ausscheiden.

c) Korrektur des Ergebnisses aus Wertungsgründen

Problematisch ist jedoch, dass P keinerlei Veranlassung zu der Zahlung G an L gegeben hat. Es wäre deshalb unbillig, sie an der bereicherungsrechtlichen Rückabwicklung zu beteiligen (**Veranlassungsprinzip**).

Ohne eine gültige Anweisung kann die Zahlung nicht als Leistung des Anweisenden betrachtet werden. Letztlich ist es ein allgemeiner Grundsatz der Rechtsscheinslehre, dass der gutgläubige Partner nur dann geschützt wird, wenn der andere Teil einen Rechtsschein in zurechenbarer Weise gesetzt hat. Hierin findet auch die Lehre vom objektiven Empfängerhorizont ihre Grenzen.

Ebenso gebietet der **Vertrauensschutz** kein anderes Ergebnis. Hier sind alle Beteiligten gleich schutzwürdig.

Anmerkung: Wertungen, die an dieser Stelle auch noch eine Rolle spielen können, sind der Minderjährigenschutz bzw. der Schutz Geschäftsunfähiger und die Unentgeltlichkeit im Valutaverhältnis (Rechtsgedanke der §§ 816 I 2, 822 BGB). Alle diese Fälle darzustellen, ist aber nicht möglich. Vertiefen Sie deshalb die Problematik im Skript Bereicherungsrecht.

3. Ergebnis

Eine Direktkondiktion der G gegen L gem. § 812 I 1 2.Alt. BGB ist deshalb möglich.

IV. Zusammenfassung

Sound: Eine Direktkondiktion ist möglich, wenn der Anweisende gar keine Veranlassung zur Zuwendung gegeben hat. Es wäre unbillig, ihn in Anspruch zu nehmen.

hemmer-Methode: Hier zeigt sich, dass das Bereicherungsrecht besonders unter dem Gebot von Treu und Glauben steht. Das Veranlassungsprinzip ist eine wichtige Ausprägung allgemeiner Rechtsgrundsätze. Lernen Sie, die dahinter stehenden Wertungen zu verstehen, dann bekommen Sie auch die schwierigen Wertungsargumente gut in den Griff und bringen Sie in der Klausur an der richtigen Stelle.

V. Zur Vertiefung

- Hemmer/Wüst, Bereicherungsrecht, Rn. 184 ff. (Ausnahmen aus Wertungsgründen).

Fall 29: Anweisungsfälle mit Doppelmangel

Sachverhalt:

A weist seine Bank B an, eine Zahlung an den C zu erbringen, um einen Kaufvertrag zu erfüllen. Sowohl der Kaufvertrag, als auch der Überweisungsvertrag sind nichtig.

Welche Ansprüche kann B stellen?

I. Einordnung

Ein besonderes Problemfeld im schon schwierigen Bereich der **Anweisungsfälle** bilden die Konstellationen des **Doppelmangels**. Hierher gehören die Schlagworte **Kondiktion der Kondiktion** und **Kumulation von Risiken**.

II. Gliederung

1. Anspruch der B gegen C auf Rücküberweisung gem. § 812 I 1 1.Alt. BGB

⇨ (-), kein eigener Leistungszweck der angewiesenen B gegenüber dem Anweisungsempfänger C.

2. Anspruch der B gegen C auf Rücküberweisung gem. § 812 I 1 2.Alt. BGB

⇨ (-), Grundsatz der Subsidiarität der Nichtleistungskondiktion.

3. Anspruch der B gegen A gem. § 812 I 1 1.Alt. BGB

⇨ Nach e.A. Wertersatz gem. § 818 II BGB, nach h.M. Anspruch auf Abtretung des Anspruchs von A gegen C.

III. Lösung

1. Anspruch der B gegen C auf Rücküberweisung gem. § 812 I 1 1.Alt. BGB

B könnte einen Anspruch nach § 812 I 1 1.Alt. BGB gegen C haben.

Jedoch liegt nach ganz h.M. **im Zuwendungsverhältnis zwischen der angewiesenen B und dem Anweisungsempfänger C keine Leistungsbeziehung** vor, sondern nur ein Zuwendungsverhältnis. Denn einen eigenen Leistungszweck verfolgt der Angewiesene nur gegenüber dem Anweisenden. Ihm gegenüber will er seine Verbindlichkeit aus dem Deckungsverhältnis erfüllen.

Eine Leistungskondiktion der B gegen C scheidet deshalb aus.

2. Anspruch der B gegen C auf Rücküberweisung gem. § 812 I 1 2.Alt. BGB

B könnte aber einen Anspruch gegen C aus Nichtleistungskondiktion haben.

Ein solcher wäre aber von vorneherein ausgeschlossen, wenn der Grundsatz der Subsidiarität der Nichtleistungskondiktion eingreift. Dies wäre der Fall, wenn bzgl. desselben Leistungsgegenstandes Leistungsbeziehungen vorliegen würden.

Nach h.M. liegen im Valuta- und im Deckungsverhältnis jeweils Leistungsbeziehungen vor. Um das Einwendungs- und Insolvenzrisiko gerecht zu verteilen, ist deshalb jeweils in den Leistungsbeziehungen rückabzuwickeln.

Folglich bleibt es auch hier beim Grundsatz der Rückabwicklung übers Eck, eine Nichtleistungskondiktion gegen C ist deshalb ebenfalls ausgeschlossen.

3. Anspruch der B gegen A gem. § 812 I 1 1.Alt. BGB

B könnte schließlich einen Anspruch gem. § 812 I 1 1.Alt. BGB gegen A haben.

Dies wäre der Fall, wenn A durch Leistung der B ohne Rechtsgrund etwas erlangt hätte.

a) A müsste zunächst etwas erlangt haben. Hier hat A seinerseits einen bereicherungsrechtlichen Anspruch gem. § 812 I 1 1.Alt. BGB gegen C erlangt, denn C hat rechtsgrundlos durch Leistung des A einen Anspruch aus der Gutschrift auf Auszahlung erlangt. Die Leistung des A erfolgt durch die B als Leistungsmittler.

b) Dies geschah auch durch Leistung der B, denn die Zuwendung der B als Angewiesene an C als Anweisungsempfänger stellt eine Leistung der B gegenüber dem Anweisenden A dar. Sie erfüllt damit die Verbindlichkeit aus dem Überweisungsvertrag.

c) Da der Überweisungsvertrag nichtig ist, erfolgt die Leistung auch rechtsgrundlos.

d) Strittig ist aber, was B von A verlangen kann.

Nach h.M. schuldet A nur **Abtretung seines Anspruches gegen C gem. § 398 ff. BGB**. Es kommt dann zu einer **Kondiktion der Kondiktion**.

Die h.M. ist aber nicht unbestritten. Denn durch sie werden zwei der drei zentralen Wertungen des Bereicherungsrechts außer Kraft gesetzt. So muss sich B auf einmal gegen Einwendungen wehren, die aus einem ganz anderen Rechtsverhältnis stammen. Denn wenn B gegen C aus der abgetretenen Kondiktion vorgeht, ist sie nach **§ 404 BGB** auch den Einwendungen des C gegen A ausgesetzt. Weiter trägt B nun auch das **Risiko der Insolvenz** bei C.

Es kommt folglich **bei B zu einer Anhäufung (Kumulation) der Risiken**, die eigentlich auf alle Beteiligten gerecht verteilt waren bzw. sein sollten.

Nach a.A. schuldet A deshalb **Geld als Wertersatz gem. § 818 II BGB**. Es sei nicht gerechtfertigt B alle Risiken aufzuerlegen, da A zur Leistung der B an C angewiesen habe und sie somit veranlasst hat. Folglich müsse A mehr Risiken tragen als B.

Da diese Frage noch nicht abschließend von der höchstrichterlichen Rechtsprechung geklärt ist, ist der dogmatisch sauberen Lösung zu folgen: demnach ist nur der erlangte Bereicherungsanspruch abzutreten.

4. Ergebnis

Eine Direktkondiktion von B gegen C scheidet aus. B kann nur von A Abtretung seines bereicherungsrechtlichen Anspruchs gem. § 812 I 1 1.Alt. BGB verlangen.

IV. Zusammenfassung

Sound: Erlangtes Etwas kann auch ein Bereicherungsanspruch sein. Dann kommt es zur Kondiktion der Kondiktion. Sie müssen aber erkennen, dass dann die grundsätzlichen Wertungen des Bereicherungsrechts in Frage gestellt sind.

hemmer-Methode: In einem solchen Fall heißt es Farbe bekennen. Natürlich will der Korrektor die Soundwörter Kondiktion der Kondiktion und Kumulation der Risiken hören. Aber selbstverständlich müssen Sie auch erklären können, was sich dahinter versteckt. Ob Sie sich dann der h.M. anschließen oder der beachtlichen anderen Ansicht, ist für das Klausurergebnis egal.

V. Zur Vertiefung

- Hemmer/Wüst, Bereicherungsrecht, Rn. 192 ff. (Sonderproblem Doppelmangel).

Fall 30: Tilgung fremder Schulden (§ 267 BGB)

Sachverhalt:

Der Onkel O zahlt die Mietschulden seines Neffen N beim Vermieter V. N hatte aber, was O nicht wusste, in den Semesterferien gearbeitet und die Schulden bereits gezahlt.

Kann O kondizieren und von wem?

I. Einordnung

Ein stark umstrittenes Problemfeld im Bereich der bereicherungsrechtlichen Drittbeziehungen ist die **Zahlung auf eine fremde (nicht bestehende) Schuld**.

Anmerkung: Zahlt ein Dritter auf eine fremde, bestehende Schuld, ergeben sich regelmäßig keine Probleme: entweder geht die Forderung kraft Gesetzes auf den Zahlenden über (z.B. § 268 III BGB) oder die Schuld erlischt und der Zahlende kann vom Schuldner Regress verlangen (z.B. §§ 662, 670 BGB; §§ 677, 683 S.1, 670 BGB; §§ 677, 684, 818 BGB).

II. Gliederung

1. Anspruch des O gegen V auf Erstattung des gezahlten Mietzinses gem. § 812 I 1 1.Alt. BGB

a) Erlangtes Etwas
Eigentum und Besitz am Geld bzw. Anspruch aus der Gutschrift auf Auszahlung.

b) Leistung des O an V
str., nach e.A. (+) wegen § 267 BGB, nach a.A. (-) da § 267 BGB kein ausreichender Zweck.

2. Anspruch des O gegen N auf Abtretung des eigenen Bereicherungsanspruchs gegen V gem. § 812 I 1 1.Alt. BGB

Erlangtes Etwas: evtl. Bereicherungsanspruch des N gegen V. Dieser scheidet aber aus Wertungsgründen aus, da N die Zahlung des O nicht veranlasst hat.

3. Anspruch des O gegen V auf Rückerstattung des gezahlten Mietzinses gem. § 812 I 1 2.Alt. BGB

Direktkondiktion als Nichtleistungskondiktion ist aus Wertungsgründen ausnahmsweise möglich.

III. Lösung

1. Anspruch des O gegen V auf Erstattung des gezahlten Mietzinses gem. § 812 I 1 1.Alt. BGB

O könnte gegen V einen Anspruch aus Leistungskondiktion gem. § 812 I 1 1.Alt. BGB haben. Dies wäre der Fall, wenn V etwas durch Leistung des O ohne Rechtsgrund erlangt hätte.

a) Erlangtes Etwas

Erlangt wurden Eigentum und Besitz am Geld bzw. im Falle einer Überweisung ein Anspruch aus der Gutschrift auf Auszahlung (§§ 676f, 676g BGB).

b) Durch Leistung des O an V

Fraglich erscheint, ob dies durch Leistung des O an V erlangt wurde. Leistung ist die bewusste und zweckgerichtete Mehrung fremden Vermögens.

aa) Nach e.A. liegt hier anders als bei den sog. Anweisungsfällen eine Leistung des O an V auch im Zuwendungsverhältnis vor. O leiste nämlich dem V gegenüber zu dem Zweck, eine Schuld des N zu tilgen.

Somit leiste er als Dritter aus eigenem Antrieb und bestimmte gem. § 267 BGB den Leistungszweck selbst. Deshalb sei O nicht nur Leistungsmittler des N, sondern selbst Leistender.

Anmerkung: Eine vermittelnde Ansicht schränkt ein. Nur wenn die Voraussetzungen der berechtigten GoA nicht vorliegen, sei O Leistender im Verhältnis zu V. Ansonsten kann er von N gem. §§ 677, 683, 670 BGB Regress verlangen und einer Kondiktion gegen V bedarf es nicht.
Folgen Sie einer dieser Ansichten, kommen Sie zu einer Leistungskondiktion des O gegen V. Die Prüfung wäre dann hier beendet. Dies könnte u.U. klausurtaktisch wenig sinnvoll sein.

bb) Nach a.A. verfolgt O einen Leistungszweck nur gegenüber N. Die Bezahlung beinhaltet dann zwei Leistungen zugleich: die eine soll der Erfüllung des zwischen N und V bestehenden Kausalverhältnisses (Mietvertrag) dienen. Insofern ist O Leistungsmittler des N. Die andere ist auf Herbeiführung eines Schenkungsvertrages zwischen O und N gerichtet. Ein eigener Leistungszweck gegenüber V wird aber nicht verfolgt.

cc) Für diese Ansicht spricht, dass nur jemand dann Leistender ist, wenn der Zweck der Leistung auf ein Leistungsverhältnis gerichtet ist an dem er beteiligt ist und dessen Erfüllung aus der Sicht eines objektiven Empfängers analog §§ 133, 157 BGB bezweckt wird.

Anmerkung: Verfolgt der zahlende Dritte einen weiteren Zweck, z.B. die Erlangung eines Ablöserechts nach §§ 268, 1142 BGB, so liegt nach allen Ansichten eine Leistung auch im Verhältnis O/V vor.

Diese Voraussetzungen fehlen aber im Verhältnis zu V, so dass ein Anspruch aus Leistungskondiktion ausscheidet.

2. Anspruch des O gegen N auf Abtretung des eigenen Bereicherungsanspruchs gegen V aus § 812 I 1 1.Alt. BGB

Möglicherweise steht dem O ein Anspruch gegen N aus § 812 I 1 1.Alt. BGB zu. Dies wäre wiederum der Fall, wenn N etwas durch Leistung des O ohne Rechtsgrund erlangt hätte.

a) Erlangtes Etwas

Zuerst müsste N etwas erlangt haben.

aa) Hier könnte N einen Bereicherungsanspruch gegen V gem. § 812 I 1 1.Alt. BGB erlangt haben.

(1) V hat Eigentum und Besitz oder aber einen Anspruch aus der Gutschrift auf Auszahlung erlangt (s.o.).

(2) Es bestand dafür auch kein Rechtgrund, da die Mietzinsforderung bereits nach § 362 I BGB erloschen war.

(3) Hier wird O als Leistungsmittler des N tätig, so dass auch analog §§ 133, 157 BGB eine Leistung des N vorliegt.

Anders wäre dies aber, wenn V erkannt hätte, dass N bereits gezahlt hat. Dann könnte er die Zahlung des O nicht mehr als Leistung des N verstehen. Dies kann aber offen bleiben, wenn der Anspruch an anderen Gründen scheitert.

bb) Ein Anspruch des N gegen V besteht somit grds. Fraglich ist jedoch, welche Rechtsfolge eintritt.

(1) Nach h.M. erfolgt die Herausgabe eines Kondiktionsanspruchs durch Abtretung gem. §§ 398 ff. BGB (Kondiktion der Kondiktion).

(2) Nach a.A. ist Wertersatz gem. § 818 II BGB zu leisten, um eine Kumulation der Risiken zu vermeiden.

cc) Letztlich kann dieser Streit hier offen bleiben, da ein Anspruch N gegen V aus Wertungsgründen ausscheidet.

Dies ergibt sich aus dem **Veranlassungsprinzip**. Dieses wurde hauptsächlich hinsichtlich der Anweisungsfälle entwickelt.

Da diese jedoch durchaus **Modellcharakter** haben, ist diese Prinzip auch auf Fallgestaltungen wie die vorliegende übertragbar.

Es gilt grds., dass derjenige, der nichts zurechenbar veranlasst hat, auch nicht in die bereicherungsrechtliche Abwicklung hineingezogen werden soll (**Veranlassungsprinzip**).

So liegt es aber hier. O hat gezahlt, ohne von N dazu in irgendeiner Form veranlasst worden zu sein. Deshalb ist N aus der Abwicklung herauszuhalten.

b) Zwischenergebnis

Ein Anspruch des N gegen V scheidet aus Wertungsgründen aus. Somit hat N auch nichts durch Leistung des O erlangt und ein Anspruch des O gegen N ist nicht gegeben.

3. Anspruch des O gegen V auf Erstattung des gezahlten Mietzinses gem. § 812 I 1 2.Alt. BGB

Schließlich könnte dem O ein Anspruch gegen V gem. § 812 I 1 2.Alt. BGB aus Nichtleistungskondiktion zustehen.

Die Nichtleistungskondiktion ist gegenüber bestehenden Leistungsbeziehungen zwar grds. subsidiär, doch sind Ausnahmen von diesem Grundsatz möglich.

So liegt es hier: aus Wertungs- und Billigkeitsgründen, insb. wegen des Veranlassungsprinzips, ist eine Direktkondiktion zwischen O und V ausnahmsweise zulässig.

4. Ergebnis

Somit besteht ein Anspruch des O direkt gegen V auf Rückerstattung des gezahlten Mietzinses gem. § 812 I 1 2.Alt. BGB.

IV. Zusammenfassung

Sound: Wer auf eine fremde vermeintliche Schuld leistet, verfolgt trotzdem keinen eigenen Leistungszweck gegenüber dem Zuwendungsempfänger.

hemmer-Methode: In einem Fall wie diesem sind viele Lösungen vertretbar, „die Musterlösung" gibt es nicht. Argumentieren Sie sauber, zeigen Sie die Unterschiede zwischen Dogmatik und Wertung und kommen Sie so zu einem vertretbaren Ergebnis.

V. Zur Vertiefung

- Hemmer/Wüst, Bereicherungsrecht, Rn. 202 ff. (Tilgung fremder Schulden).

Fall 31: Echte und unechte Verträge zugunsten Dritter

Sachverhalt:

Der künftige Käufer K schloss mit dem Bauträger B einen Kaufanwärtervertrag. Dabei wurde B durch C vertreten. Dieser nahm in zwei von drei Vertragsausfertigungen die Klausel auf, an eine Firma F seien 3% Maklergebühren zu zahlen. Tatsächlich existierte F nicht, hinter ihr stand alleine C, der zusätzlich in die eigene Tasche verdienen wollte. K focht die Maklervereinbarung nach § 123 BGB an und verlangt von C das Geld zurück.

Zu Recht?

I. Einordnung

Beim **unechten Vertrag zugunsten Dritter** verpflichtet sich der Schuldner (= Versprechende) gegenüber dem Gläubiger (Versprechensempfänger), die geschuldete Leistung an einen Dritten zu erbringen. Der Dritte erlangt aber keinen eigenen Anspruch auf die Leistung.

Leistungsbeziehungen liegen hier grds. zwischen Versprechendem und Versprechensempfänger (Deckungsverhältnis) vor, da der Versprechende die entsprechende Verbindlichkeit erfüllen will. Entsprechendes gilt für das Verhältnis zwischen Versprechensempfänger und Drittem (Valutaverhältnis), da der Versprechensempfänger diese Verpflichtung erfüllen will. Kein Leistungs-, sondern nur ein Zuwendungsverhältnis liegt dagegen zwischen Versprechendem und Dritten vor.

Beim **echten Vertrag zugunsten Dritter** (§ 328 I BGB) geht der Schuldner eine doppelte Verpflichtung ein: Sowohl Versprechensempfänger als auch Dritter haben eigene Ansprüche gegen den Versprechenden.

Folglich liegen in allen drei Beziehungen Leistungsbeziehungen vor, da jeweils die Erfüllung der entsprechenden Verbindlichkeit bezweckt wird.

Typische Fälle solcher echten Verträge zugunsten Dritter sind Versorgungsverträge, z.B. begünstigende Lebensversicherungen und Ähnliches.

II. Gliederung

Anspruch des K gegen C auf Rücküberweisung der Maklergebühren gem. § 812 I 2 1.Alt. BGB

1. **Erlangtes Etwas**
   Anspruch aus der Gutschrift auf Auszahlung.
2. **Durch Leistung**
   nach wohl h.M. echter VZD, Leistung deshalb (+).
3. **Späterer Wegfall des Rechtsgrundes**
   Anfechtung.
4. **Ausschluss der Direktkondiktion**
   Grds. Rückabwicklung über Eck. Die Besserstellung durch echten VZD geht aber ins Leere, wenn das Verhältnis Versprechender/Dritter dominiert.

III. Lösung

Anspruch des K gegen C auf Rücküberweisung der Maklergebühren gem. § 812 I 2 1.Alt. BGB

K könnte gegen C einen Anspruch auf Rücküberweisung der Maklergebühren gem. § 812 I 2 1.Alt. BGB haben.

1. Erlangtes Etwas

Hier hat C einen Anspruch aus der Gutschrift auf Auszahlung erlangt, §§ 676f, 676g BGB.

2. Durch Leistung

Dies müsste durch Leistung des K geschehen sein. Leistung ist die bewusste und zweckgerichtete Mehrung fremden Vermögens.

Fraglich ist, ob K mit seiner Zahlung einen eigenen Leistungszweck gegenüber C verfolgt.

Dies wäre der Fall, wenn es sich bei der Maklervereinbarung um einen **echten Vertrag zugunsten Dritter gem. § 328 I BGB** handeln würde.

Nach wohl h.M. hat C vorliegend B auch hinsichtlich der Maklervereinbarung vertreten. Diese Vereinbarung stellt daher ein Versprechen des K an B dar. K als Versprechender verpflichtet sich gegenüber B als Versprechensempfänger an F (= C) als Drittbegünstigten 3% Maklergebühren zu zahlen.

Anmerkung: Nach (beachtlicher) a.A. liegt gerade keine Vertretung des C hinsichtlich der Maklervereinbarung vor. Dies ergebe sich daraus, dass die entsprechende Klausel nicht in der für B bestimmten Ausfertigung enthalten war. Somit hat allein F mit K den Vertrag geschlossen. Eine Kondiktion gem. § 812 I 2 1.Alt. BGB ist bei dieser Auslegung des Sachverhalts unproblematisch gegeben.

Somit liegt hier ein echter Vertrag zugunsten der F vor. Folglich verfolgt der K auch einen eigenen Leistungszweck gegenüber C. Er will nämlich seine Verpflichtung C gegenüber erfüllen.

3. Späterer Wegfall des Rechtsgrund

Da K die Vereinbarung wirksam angefochten hat, ist der Rechtsgrund der Leistung später weggefallen.

4. Ausschluss der Direktkondiktion

Allerdings könnte die Direktkondiktion des Versprechenden gegen den Drittbegünstigten beim echten Vertrag zugunsten Dritter ausgeschlossen sein.

Dies ist im Regelfall auch aus Wertungsgründen geboten. Es liegt zwar eine Leistungsbeziehung zwischen diesen beiden vor, allerdings **bezweckt der echte Vertrag zugunsten Dritter durch Gewährung eines eigenen Anspruchs eine Besserstellung des Drittbegünstigten**. Erst durch diesen Anspruch entsteht aber die Leistungsbeziehung. Ließe man eine Direktkondiktion zu, würde das den Drittbegünstigten massiv benachteiligen. Möglicherweise drohte dann ein **Verlust von Einwendungen** aus dem Verhältnis zum Versprechensempfänger. Grundsätzlich bleibt es also beim Grundsatz der Rückabwicklung übers Eck.

Allerdings kann dies nicht ohne Ausnahme gelten. **Nach h.M. ist eine direkte Kondiktion dann möglich, wenn der Dritte „in enger Verbindung zu dem mit der Leistung verfolgten Zweck steht"**, d.h. wenn das Rechtsverhältnis zwischen Versprechendem und Versprechensempfänger ausnahmsweise dem Verhältnis Versprechendem/Dritten völlig untergeordnet ist. Dann greifen die gerade geäußerten Bedenken nicht, denn ihr Schutz geht ins Leere.

So liegt es aber hier. Durch die Nichtaufnahme der Klausel in die Ausfertigung des Vertrags für B liegt schon äußerlich erkennbar eine Abgrenzung zum Kaufanwärtervertrag vor. Die hauptsächliche Bedeutung erlangt die Klausel nur im Verhältnis K/C.

Folglich ist eine Direktkondiktion von K gegen C gem. § 812 I 2 1.Alt. BGB möglich. K kann das gezahlte Geld zurückverlangen.

Anmerkung: Beachten Sie, dass sich beim unechten Vertrag zugunsten Dritter diese Probleme nicht stellen: hierbei liegt zwischen Versprechendem und Drittbegünstigtem gerade keine Leistungsbeziehung vor, da dann kein Anspruch des Dritten besteht und somit keine Verbindlichkeit gegenüber dem Dritten erfüllt werden soll.

Es ist deshalb nach den allgemeinen Regeln übers Eck rückabzuwickeln. Eine Direktkondiktion wird aber ausnahmsweise zugelassen, wenn das Valutaverhältnis unentgeltlich ist (Rechtsgedanke des § 822 BGB). Dies gilt auch beim echten Vertrag zugunsten Dritter.

5. Ergebnis

Es besteht somit ein Anspruch des K gegen C auf Rücküberweisung der Maklergebühren gem. § 812 I 2 1.Alt. BGB.

IV. Zusammenfassung

Sound: Obwohl Leistungsbeziehungen in allen drei Verhältnissen vorliegen, findet eine Direktkondiktion gegen den Dritten beim echten VZD nur in Ausnahmefällen statt. Grundsätzlich ist, wie beim unechten VZD übers Eck abzuwickeln.

hemmer-Methode: Der echte Vertrag zugunsten Dritter will den Dritten besser stellen. Erkennen Sie diese Wertung, dann lösen Sie auch einen solchen Fall. Denn die Besserstellung schließt wertungsmäßig eine Direktkondiktion aus.

V. Zur Vertiefung

- Hemmer/Wüst, Bereicherungsrecht, Rn. 215 ff. (Unechter Vertrag zugunsten Dritter)
- Hemmer/Wüst, Bereicherungsrecht, Rn. 221 ff. (Echter Vertrag zugunsten Dritter)

Fall 32: Forderungszession

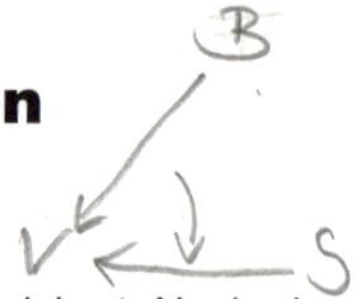

Sachverhalt:

B war bei der Versicherung V gegen Feuer versichert. Nach einem Brand verlangt er die Auszahlung der Versicherungssumme. V verweigert die Auszahlung, da B den Brand selbst gelegt habe. B tritt seine Forderung sicherungshalber an S ab. Schließlich zahlt V an S, weil die Brandstiftung nicht zu beweisen sei. Später wird B wegen Brandstiftung (strafrechtlich) verurteilt. V verlangt von S die Zahlung zurück.

Zu Recht? Auf § 61 VVG (abgedruckt in Schönfelder Nr. 62) wird hingewiesen.

Abwandlung:
B ist erst 17 Jahre alt, war aber mit Einwilligung seiner Eltern gegen Feuer bei V versichert, da die Eltern ihm ein Hausgrundstück geschenkt hatten. Ohne Verschulden des B brennt das Haus nieder. Um renovieren zu können, tritt B die Forderung ohne Wissen seiner Eltern an S zur Sicherung eines Kredits ab. Noch vor Auszahlung des Darlehens zahlt V an S. Als die Eltern davon erfahren, berufen sie sich auf die Unwirksamkeit der Abtretung. Daraufhin will V den Betrag von S zurück.

I. Einordnung

Die Beteiligten einer **Zession** (Abtretung) nennt man Zessionar (neuer Gläubiger der Forderung) und Zedent (Abtretender, alter Gläubiger der Forderung).

In Fällen der Forderungszession sind in bereicherungsrechtlicher Hinsicht zwei Konstellationen zu unterscheiden.

1. **Die abgetretene Forderung ist nicht entstanden.**
2. **Die Forderung besteht zwar, aber die Zession ist unwirksam.**

II. Gliederung

1. Anspruch der V gegen S auf Rücküberweisung der Versicherungssumme gem. § 812 I 2 1.Alt. BGB

a) **Erlangtes Etwas**
Anspruch aus der Gutschrift auf Auszahlung.

b) **Durch Leistung**
Nach dem modernen Leistungsbegriff nur Leistung gegenüber dem S als neuen Gläubiger.

c) **Ohne Rechtsgrund**
Forderung nicht entstanden.

d) **Korrektur aus Wertungsgründen**
Gerechte Verteilung des Liquiditätsrisikos gebietet Direktkondiktion.

2. Anspruch der V gegen B auf Erstattung der Versicherungssumme gem. § 812 I 1 2.Alt. BGB

⇨ Nach h.L. Abwicklung im ursprünglichen Vertragsverhältnis.

Abwandlung

Anspruch der V gegen S auf Rücküberweisung der Versicherungssumme gem. § 812 I 1 1.Alt. BGB

III. Lösung

1. Anspruch der V gegen S auf Rücküberweisung der Versicherungssumme gem. § 812 I 1 1.Alt. BGB

V könnte einen Anspruch gegen S auf Rücküberweisung der Versicherungssumme gem. § 812 I 1 1.Alt. BGB haben. Dies wäre der Fall, wenn S etwas durch Leistung der V ohne Rechtsgrund erlangt hätte.

a) Etwas erlangt

S hat einen Anspruch aus der Gutschrift auf Auszahlung erlangt.

b) Durch Leistung der V

Fraglich ist, ob S dies durch Leistung der V erlangt hat. Leistung ist die bewusste und zweckgerichtete Mehrung fremden Vermögens.

Nach der Abtretung hat der Schuldner (hier V) keine Verpflichtung mehr gegenüber dem Zedenten (hier B). Er ist nur noch einer Verbindlichkeit gegenüber dem Zessionar (hier S) ausgesetzt.

Wegen der sicherungshalber erfolgten Abtretung der Forderung von B an S, liegt deshalb eine Verbindlichkeit nur noch im Verhältnis V/S vor.

Folglich verfolgt der Schuldner einen Leistungszweck nur noch gegenüber dem Zessionar. Nur ihm gegenüber will er die Forderung erfüllen. Deshalb liegt hier, aber auch nur hier, eine Leistungsbeziehung vor.

Somit leistet V dem S zum Zweck der Erfüllung der Verbindlichkeit. Eine Leistung der V liegt deshalb vor.

c) Ohne Rechtsgrund

Weiter müsste die Leistung ohne Rechtsgrund erfolgt sein. Rechtsgrund könnte die Forderung des B gegen V aus dem Versicherungsvertrag sein.

Diese Forderung ist jedoch wegen § 61 VVG nicht entstanden, da B den Versicherungsfall vorsätzlich herbeigeführt hat.

Anmerkung: Beachten Sie, dass Sie nicht die Abtretung als Rechtsgrund heranziehen dürfen, denn diese ist nur die dingliche Verfügung über die Forderung.

Die Leistung der V erfolgte deshalb rechtsgrundlos.

Somit bestünde grds. ein Anspruch der V gegen S gem. § 812 I 1 1.Alt. BGB.

d) Korrektur aus Wertungsgründen

Fraglich ist aber, ob dieses Ergebnis nicht aus Wertungsgründen korrigiert werden muss.

Nach h.L. erfolgt die **Rückabwicklung im Falle der Abtretung einer nicht existenten Forderung im ursprünglichen Vertragsverhältnis**. Hier müsste sich V also an B halten.

Dies folgt daraus, dass das **Liquiditätsrisiko gerecht verteilt** werden muss. Durch die Zession darf sich weder die Stellung des Schuldners verschlechtern, noch verbessern.

In einem Fall wie diesem müsste der Schein-Schuldner sich an den Schein-Zessionar halten und trüge somit das Insolvenz- und Liquiditätsrisiko einer Person, die er sich nicht als Vertragspartner ausgesucht hat.

Anmerkung: Der BGH stellt zudem darauf ab, dass hier eine bloße Sicherungszession vorlag und deshalb eine Rückübertragung der Forderung auf den ursprünglichen Vertragspartner geplant war. Dies vermag das Ergebnis der h.L. im Einzelfall zu bestätigen. Die h.L. ist darüber hinaus aber auch in allen anderen Fällen, in denen eine Sicherungszession nicht vorliegt, überzeugend. Mittlerweile hat auch der BGH ganz allgemein entschieden, dass eine Abwicklung im Verhältnis zum Vertragspartner stattzufinden hat. Selbst wenn der Schuldner auf den vermeintlich neuen Gläubiger zugreifen möchte (weil dieser etwa tatsächlich liquider ist als der Vertragspartner), ist ihm dieser Weg versperrt (BGH Life and Law 2005, 427 ff.).

Eine Kondiktion der V gegen S ist deshalb aus Wertungsgründen ausgeschlossen. Im Falle der Abtretung einer nicht existenten Forderung ist grds. im ursprünglichen Vertragsverhältnis abzuwickeln.

2. Anspruch der V gegen B auf Erstattung der Versicherungssumme gem. § 812 I 1 2.Alt. BGB

Nach dem oben gesagten besteht ein Anspruch der V gegen B direkt gem. § 812 I 1 2.Alt. BGB.

Es handelt sich um einen Fall der direkten Nichtleistungskondiktion, für die der Grundsatz der Subsidiarität aus Wertungsgründen nicht gilt.

Anmerkung: Rufen Sie sich noch einmal die stets zu bedenkenden Wertungskriterien ins Gedächtnis:

1. Minderjährigenschutz.
2. Rechtsgedanke des § 822 BGB.
3. Kumulation von Risiken.
4. Gerechte Verteilung des Liquiditätsrisikos.
5. Wertungen der §§ 932 II, 935 BGB.
6. Leistungsnähe.
7. Veranlassungsprinzip.

IV. Lösung Abwandlung

Anspruch der V gegen S auf Rücküberweisung der Versicherungssumme gem. § 812 I 1 1.Alt. BGB

V könnte wiederum einen Anspruch gegen S gem. § 812 I 1 1.Alt. BGB haben.

1. Erlangt hat S einen Anspruch aus der Gutschrift auf Auszahlung.

2. Fraglich ist aber, ob auch hier eine Leistung der V gegenüber S vorliegt. Anders als im Grundfall besteht hier die abgetretene Forderung nämlich.

Allerdings könnte die Abtretung unwirksam sein. B ist gem. §§ 2, 106 BGB noch minderjährig und bedarf deshalb für rechtlich nachteilige Geschäfte der Zustimmung seiner Eltern, § 107 BGB. Durch die Abtretung verliert B mit der Forderungsinhaberschaft eine günstige Rechtsposition. Somit ist die Abtretung für ihn rechtlich nachteilig.

Eine Genehmigung der Eltern wurde konkludent verweigert. Somit ist die Abtretung unwirksam.

Dennoch gilt auch im Fall der unwirksamen Abtretung nichts anderes als im Grundfall. Der Schuldner will allein gegenüber dem (vermeintlichen) Gläubiger erfüllen. Somit liegt auch nur hier eine Leistungsbeziehung vor.

Eine Leistung von V an S ist deshalb zu bejahen.

3. Weiter müsste die Leistung ohne Rechtsgrund erfolgt sein. Da die Abtretung unwirksam war, bestand jedenfalls kein Rechtsgrund im Verhältnis V/S.

Anmerkung: Beachten Sie an dieser Stelle § 409 I BGB. Zeigt der Zedent dem Schuldner die Abtretung an, ist eine Rückabwicklung zwischen Schuldner und altem Gläubiger ausgeschlossen. § 409 BGB bildet dann einen „faktischen Rechtsgrund". Die Rückabwicklung über § 812 I 1 1.Alt. BGB ist ausgeschlossen. Abgewickelt werden muss vielmehr zwischen Zessionar und Zedent gem. § 816 II BGB. Die Abtretungsanzeige muss aber auch wirksam sein. Als rechtsgeschäftsähnliche Handlung sind die Regeln über Willenserklärungen entsprechend anwendbar. Im Fall hieße dass, dass B nicht wirksam die Abtretung anzeigen konnte.

Ein Rechtsgrund liegt nicht vor. Ein Anspruch der V gegen S aus § 812 I 1 1.Alt. BGB besteht deshalb grundsätzlich.

4. Korrektur aus Wertungsgründen

Fraglich ist schließlich, ob dieses Ergebnis aus Wertungsgründen zu korrigieren ist.

In Betracht käme zunächst die **gerechte Verteilung des Liquiditätsrisikos** (vgl. oben).

Andererseits könnte es der **Minderjährigenschutz** gebieten, den minderjährigen Schein-Zedenten aus der Abwicklung herauszuhalten.

Letztlich existiert also ein Spannungsverhältnis zwischen den §§ 106 ff. BGB und dem Schuldnerschutz. Dieses Spannungsverhältnis wird wohl im Regelfall zugunsten des Minderjährigen zu entscheiden sein.

Anmerkung: Hier können Sie mit einer entsprechenden Begründung natürlich auch gegenteiliger Auffassung sein. Es kommt entscheidend darauf an, das Spannungsverhältnis überhaupt zu erkennen.

Folglich bleibt es beim ursprünglich aus dem Leistungsbegriff entwickelten Ergebnis. Es besteht ein Anspruch der V direkt gegen B aus § 812 I 1 2.Alt. BGB.

V. Zusammenfassung

Sound: Bei der Forderungszession liegt eine Leistungsbeziehung grds. nur zwischen Schuldner und Zessionar vor. Nur hier wird die Erfüllung einer Verbindlichkeit bezweckt. Ausnahmen werden gemacht, wenn Wertungsgründe eine Kondiktion gegen den Zedenten erforderlich machen.

hemmer-Methode: Mehr als das Erkennen dieses Spannungsverhältnisses kann in der Klausur niemand ernsthaft von Ihnen verlangen. Führen Sie aus, welchen grundsätzlichen Wertungen hier zu bedenken sind und entscheiden Sie sich dann mit einem schlagkräftigen Argument. Bedenken Sie, dass Sie hier i.d.R. am Ende der Klausur sind und es auf das Ergebnis deshalb nicht entscheidend ankommt.

VI. Zur Vertiefung

- Hemmer/Wüst, Bereicherungsrecht, Rn. 230 ff. (Forderungszession).
- BGH Life and Law 2005, 427 ff.

Kapitel VIII: Besondere Formen der Nichtleistungskondiktion

Fall 33: Der Villenfall (Verwendungskondiktion)

Sachverhalt:

V vermietet privatschriftlich an M ein Gebäude für 10 Jahre. Der Vertrag sah vor, dass M das Hausgrundstück spätestens nach Ablauf der Mietzeit kaufen konnte. M sollte das Haus sanieren und deshalb dafür später einen um ca. 15% unter dem tatsächlichen Marktwert liegenden Kaufpreis zahlen. Tatsächlich nimmt M umfangreiche wertsteigernde Investitionen vor und möchte diese beim Auszug ersetzt haben.

Wie ist die Rechtslage?

I. Einordnung

Die **Verwendungskondiktion** ist eine **Form der Nichtleistungskondiktion**, bei der die Bereicherung des Bereicherungsschuldners auf einer eigenen Handlung des Bereicherungsgläubigers beruht. Es geht hierbei um den Ersatz von Aufwendungen, die jemand aus eigenen Mittel auf Sachen des Bereicherungsschuldners gemacht hat und dadurch dessen Vermögen rechtsgrundlos vermehrt hat.

Anmerkung: Nimmt ein Dritter die Handlung (= Eingriff) vor, so handelt es sich um die Nichtleistungskondiktion als Eingriffskondiktion.

Der Anwendungsbereich der Verwendungskondiktion ist sehr begrenzt, da viele **Sonderregelungen vorrangig** sind: zuerst sind vertragliche Sonderregeln, GoA, entschuldigter Überbau (§§ 912 I, 95 I 2 BGB analog), Verarbeitung, Eigentümer-Besitzer-Verhältnis (und Erbschaftsanspruch) und die Leistungskondiktion zu prüfen.

Anmerkung: Beim entschuldigten Überbau und bei der Verarbeitung erlangt der Verwender Eigentum an der Verwendung.

Es liegt dann eigentlich schon keine „echte" Verwendung mehr vor, da das Vermögensopfer nicht für eine fremde Sache erbracht wurde.

II. Gliederung

1. Anspruch auf Aufwendungsersatz gem. § 539 I BGB

⇨ (-) Vertrag wegen §§ 311b I 1, 125 S.1, 139 BGB unwirksam.

2. Anspruch auf Aufwendungsersatz gem. §§ 677, 683 S.1, 670 BGB

⇨ (-), entweder kein FGW (h.L.) oder kein Interesse des Vermieters (BGH).

3. Anspruch auf Verwendungsersatz gem. §§ 1001 S.1, 996 BGB

a) **Vorliegen eines EBV (+)**

b) **Vorliegen von Verwendungen**
Nach Ansicht des BGH wegen engem Verwendungsbegriff (-).

4. Anspruch auf Verwendungsersatz gem. §§ 951 I 1,812 I 1 2.Alt., 818 II BGB

a) **Anwendbarkeit neben dem EBV**
BGH (-), da durch EBV gesperrt; h.L. (+).

b) **Voraussetzungen der Verwendungskondiktion (+)**

III. Lösung

1. Anspruch des M gegen V auf Aufwendungsersatz gem. § 539 I BGB

M könnte möglicherweise Ersatz der Aufwendungen nach § 539 I BGB verlangen. Dabei handelt es sich jedoch um einen vertraglichen Anspruch der einen wirksamen Mietvertrag voraussetzt. Die Vereinbarung eines Ankaufrechts in Verbindung mit einem langfristigen Mietvertragsangebot bedarf nach h.M. aber der notariellen Beurkundung nach § 311b I BGB. Deshalb ist der Mietvertrag wegen des vereinbarten Ankaufrechts formunwirksam nach § 311b I 1, 125 S.1, 139 BGB. Der Anspruch scheidet deshalb aus.

Anmerkung: Vertragliche Ansprüche sind stets zuerst zu prüfen, denn sie sind vorrangig. Die durch Vertrag geschaffene spezielle Regelung verdrängt in ihrem Anwendungsbereich alle anderen Anspruchsgrundlagen. Insbesondere §§ 539 I, 552 BGB sind als abschließend zu betrachten.

2. Anspruch des M auf Aufwendungsersatz gem. §§ 677, 683 S.1, 670 BGB

M könnte aber einen Anspruch auf Aufwendungsersatz aus GoA haben. Hier fehlt es aber bereits am nach § 677 BGB erforderlichen Fremdgeschäftsführungswillen, da M die Aufwendungen zur Verbesserung der eigenen Wohnsituation und im Hinblick auf sein Ankaufsrecht vornimmt. Beim unerkannt nichtigen Vertrag sind die §§ 677, 683 S.1, 670 BGB deshalb durch § 687 I BGB ausgeschlossen.

Anmerkung: Nach Ansicht des BGH scheitert der Anspruch zwar nicht am fehlenden FGW, wohl aber daran, dass die Geschäftsführung nicht dem Willen des Geschäftsherrn entspricht.

3. Anspruch des M auf Verwendungsersatz gem. § 1001 S.1, 996 BGB

M könnte weiterhin einen Anspruch auf Verwendungsersatz gem. §§ 1001 S.1, 996 BGB haben.

Dies wäre der Fall, wenn im Zeitpunkt der Verwendung ein Eigentümer-Besitzer-Verhältnis (EBV) vorgelegen hätte und M tatsächlich Verwendungen auf das Haus gemacht hätte.

a) Vorliegen eines EBV

Zuerst müsste ein EBV vorliegen. Ein solches liegt vor, wenn V Eigentümer des Hauses ist und M Besitzer ohne ein Recht zum Besitz, §§ 985, 986 I BGB.

Tatsächlich war V Eigentümer und M Besitzer des Hauses. Ein Recht zum Besitz konnte sich für den M nur aus dem Mietvertrag ergeben, dieser war aber formnichtig (s.o.). Somit lag ein EBV vor.

b) Verwendung i.S.d. §§ 994 ff. BGB

Fraglich ist aber, ob M Verwendungen i.S.d. §§ 994 ff. BGB vorgenommen hat. Nach Ansicht der Rspr. sind Verwendungen alle sachbezogenen Aufwendungen, sofern sie die Sache nicht grundlegend verändern (enger Verwendungsbegriff).

Anmerkung: Verwendungen werden (insb. im Rahmen der §§ 994 ff. BGB) in notwendige, nützliche und luxuriöse Verwendungen unterschieden. Notwendig ist die Verwendung, die zum Erhalt der Sache erforderlich ist. Nützliche Verwendungen sind Verwendungen, die (ohne erforderlich zu sein), den Wert der Sache nachhaltig steigern. Luxusverwendungen sind alle Verwendungen, die nicht unter die ersten beiden Fälle subsumiert werden können. Sie werden auch nicht nach §§ 994 ff. BGB ersetzt. Welche Verwendungsart vorliegt, beurteilt sich im Rahmen der §§ 994 ff. BGB aus der Sicht des Besitzers. Dies ergibt sich aus einem Umkehrschluss zu § 994 II BGB, bei dem ausnahmsweise der Wille und das Interesse des Eigentümers maßgeblich ist.

Hier wurde das Haus durch die umfangreichen Renovierungsarbeiten grundlegend verändert, so dass eine Verwendung nicht vorliegt.

Ein Anspruch gem. §§ 1001 S.1, 996 BGB scheidet demnach aus.

4. Anspruch des M auf Verwendungsersatz gem. §§ 951 I 1, 812 I 1 2.Alt., 818 II BGB

Schließlich könnte M einen Anspruch auf Verwendungsersatz gem. §§ 951 I 1, 812 I 1 2.Alt. BGB haben. Hierbei handelt es sich um einen Fall der Verwendungskondiktion.

Anmerkung: Beachten Sie schon an dieser Stelle, dass von den Rechtsfolgen her nun ein ganz anderes Ergebnis eintreten wird. Während bei §§ 994 ff. BGB der Betrag der Verwendungen ersetzt wird, ohne Rücksicht auf die bewirkte Wertsteigerung, wird durch die Verwendungskondiktion nur der Wert der Wertsteigerung, ohne Rücksicht auf den Betrag der Verwendungen, ersetzt.

a) Anwendbarkeit neben dem EBV

Fraglich ist zunächst, ob § 951 I 1 BGB neben dem EBV überhaupt anwendbar ist.

Anmerkung: Die Sperrwirkung des EBV ist ein schwieriges, aber sehr klausurrelevantes Problem. Immer, wenn Sie das Vorliegen eines EBV bejahen, müssen Sie bei konkurrierenden Ansprüchen (zumindest gedanklich) deren Anwendbarkeit prüfen.

aa) Nach Auffassung des BGH schließen die §§ 994 ff. BGB die Anwendbarkeit aller Vorschriften, die auf dem gleichen Sachverhalt beruhen aus **(Theorie der absoluten Sperrwirkung)**. Dies gilt für Verwendungen, wie auch für Aufwendungen ohne Verwendungscharakter. Neben GoA und den §§ 812 ff. BGB ist deshalb auch § 951 BGB ausgeschlossen.

Grundsätzlich bleibt folglich in manchen Fällen nur das Wegnahmerecht des § 997 BGB oder in Ausnahmefällen ein „Quasi-Verwendungsersatz" nach § 242 BGB.

Dies gebietet die Wertung der §§ 994 ff. BGB, denn die uneingeschränkte Zulassung des § 951 BGB würden die dort enthaltenen abgestuften und ausgewogenen Regelungen praktisch ausschalten. Zudem könnte so unter Umständen sogar ein bösgläubiger Besitzer Ersatz seiner Verwendungen erlangen.

bb) Nach h.L. besteht dagegen ein Anspruch auf Ersatz solcher Aufwendungen, die wegen des engen Verwendungsbegriffes nicht unter die §§ 994 ff. BGB fallen. Die Sperrwirkung des EBV setzte voraus, dass die Verwendungen überhaupt in dessen Anwendungsbereich fallen. Eine Sperrwirkung auch für tatbestandlich nicht erfasste Verwendungen ist nicht ohne weiteres anzunehmen. Zudem werde der besitzende Verwender, bei dem ein EBV vorliegt, wesentlich schlechter gestellt, als der nicht besitzende, ohne dass dafür ein einleuchtender Grund bestünde. Der Schutz des Eigentümers kann schließlich besser über die Grundsätze der aufgedrängten Bereicherung erfolgen.

cc) Der überzeugenden h.L. ist zu folgen. Dafür spricht insbesondere auch § 951 II 1 BGB: danach sollen die Vorschriften über den Verwendungsersatz unberührt bleiben. Dies meint offenbar alle Vorschriften, so dass der Anspruch neben allen Vorschriften anwendbar sein muss. § 951 I 1 BGB ist deshalb grds. anwendbar.

b) Voraussetzungen der Verwendungskondiktion

M könnte nur Ersatz seiner Verwendungen verlangen, wenn die Voraussetzungen des § 951 I 1 BGB und die des § 812 I 1 2.Alt. BGB gegeben sind.

Anmerkung: Es ist zwar grds. denkbar, dass die Verwendungen eine Leistung darstellen. Dementsprechend wären sie nur über die Leistungskondiktion zu ersetzen. Oft wird es aber an der *bewussten* Mehrung fremden Vermögens fehlen.

aa) Die Voraussetzungen des § 951 I 1 BGB liegen vor, da V gem. §§ 946, 93 f. BGB Eigentum an den zur Renovierung verwendeten Sachen erlangt hat.

bb) Darüber hinaus müssten auch die Voraussetzungen des § 812 I 1 2.Alt. BGB vorliegen, da § 951 I 1 BGB nur eine Rechtsgrundverweisung enthält.

(1) Zuerst müsste V **etwas erlangt** haben. Hier hat V Eigentum und Besitz an den eingebauten Sachen erlangt.

(2) Weiter müsste eine **Verwendung** i.S.d. § 812 I 1 2.Alt. BGB vorliegen. Eine Verwendung ist eine sachbezogene Aufwendung, also ein sachbezogenes freiwilliges Vermögensopfer.

Anmerkung: Anders als bei der Leistung genügt das Bewusstsein des Verwenders, dass er überhaupt ein Vermögensopfer erbringt. Das Bewusstsein fremdes Vermögen zu mehren, braucht er aber nicht.

Hier liegen Verwendungen im Sinne des §§ 951 I 1, 812 I 1 2.Alt. BGB vor. Hierfür ist nämlich nach h.L. nicht der enge Verwendungsbegriff, den der BGH im Rahmen der §§ 994 ff. BGB anwendet, maßgeblich.

(3) Zudem müsste die Bereicherung **auf Kosten des Bereicherungsgläubigers** eingetreten sein. Dies ist hier der Fall, da M die Verwendungen selbst getätigt hat.

(4) Schließlich müsste der **Rechtsgrund** der Verwendungsvornahme fehlen. Auch dies ist hier der Fall. Denn Rechtsgrund könnte allenfalls die vertragliche Vereinbarung zwischen M und V sein, die aber nichtig ist (s.o.).

Anmerkung: Dass die §§ 946 ff. BGB keinen Rechtsgrund darstellen, ergibt sich gerade aus § 951 BGB. Diese Norm zeigt, dass kein endgültiger Rechtsübergang gewollt ist.

c) Zwischenergebnis

Die Voraussetzungen der §§ 951 I 1, 812 I 1 2.Alt. BGB liegen vor. Deshalb kann M Wertersatz für seine Verwendungen nach § 818 II BGB verlangen.

5. Ergebnis

M kann von V Ersatz seiner Verwendungen nach §§ 951 I 1, 812 I 1 2.Alt., 818 II BGB verlangen.

Anmerkung: Es gibt selbstverständlich auch Fälle der Verwendungskondiktion außerhalb von § 951 I 1 BGB. Dies kann etwa bei Arbeit der Fall sein, sofern sie nicht geleistet wurde. Auch z.B. §§ 687 II 2, 994 II und § 684 S.1 (die ins Bereicherungsrecht verweisen), sind Formen der Verwendungskondiktion.

IV. Zusammenfassung

Sound: Die Sperrwirkung des EBV erfasst solche Verwendungen nicht, die wegen des engen Verwendungsbegriffes nicht unter die §§ 994 ff. BGB fallen. Eine Verwendungskondiktion ist deshalb möglich.

hemmer-Methode: Ein schwieriger Fall. Auch wenn Sie die Meinung des BGH für „besser" halten, sollten Sie aus klausurtaktischen Gründen der h.L. folgen. Denn nur so können Sie die bereicherungsrechtliche Folgeproblematik (die unter Umständen der Schwerpunkt des Falles ist) erörtern.

V. Zur Vertiefung

- Hemmer/Wüst, Bereicherungsrecht, Rn. 45 ff.
  (Verhältnis §§ 951, 812 ff. zu §§ 994 ff. BGB)
- Hemmer/Wüst, Bereicherungsrecht, Rn. 342 ff. (Verwendungskondiktion)

Fall 34: Die Rückgriffskondiktion

Sachverhalt:

Nachbar N will unbedingt das Grundstück des G erwerben. Dieser weigert sich jedoch, es zu verkaufen. N weiß, dass G noch Schulden i.H.v. 50.000 € beim Handwerker H hat. N zahlt diese Schulden in der Absicht, dass begehrte Grundstück zur Zwangsvollstreckung zu bringen und es so zu erwerben.

Hat N gegen G einen Anspruch i.H.v. 50.000 €?

I. Einordnung

Die **Rückgriffskondiktion** als **Unterfall der Nichtleistungskondiktion** betrifft den Fall, dass jemand eine Leistung erbringt und der Leistungserbringer von einer weiteren Person, die von der Leistung irgendwie begünstigt wird (aber nicht mit dem Leistungsempfänger identisch ist), Ersatz (Regress) verlangt.

Anmerkung: An Rückgriffsverhältnissen sind ausnahmslos drei Personen beteiligt. Die eine (Leistender) hat eine Leistung erbracht, zu der ein Dritter rechtlich stärker verpflichtet gewesen wäre. Deshalb verlangt der Leistende vom Dritten (!), nicht vom Leistungsempfänger Ersatz.

Die Rückgriffskondiktion ist gegenüber allen anderen Regressarten **subsidiär**. Deshalb ist zunächst an eine mögliche Legalzession (cessio legis; § 774 I BGB; § 426 II BGB; § 268 III BGB etc.) zu denken, bzw. die Pflicht zur rechtsgeschäftlichen Übertragung nach §§ 255, 285 BGB zu prüfen, es könnte zudem ein vorrangiger eigener Anspruch bestehen (z.B. § 426 I BGB; § 670 BGB; §§ 677, 683, 670 BGB) oder auch eine Leistungskondiktion gegeben sein.

Für die Rückgriffskondiktion bleiben deshalb hauptsächlich zwei **Anwendungsfälle**: die angemaßte Eigengeschäftsführung (§ 687 II BGB) und die unberechtigte GoA, bei der der Geschäftsführer den entgegenstehenden Willen des Geschäftsherrn kennt.

Hier stellt sich dann häufig das Folgeproblem des **aufgedrängten Rückgriffs**.

II. Gliederung

1. Anspruch des N gegen G auf Aufwendungsersatz gem. §§ 677, 683, 670 BGB

(-), da Kenntnis vom entgegenstehenden Willen des G.

2. Anspruch des N gegen G auf Aufwendungsersatz gem. §§ 684 S.1, 818 II BGB

(-), da FGW fehlt.

3. Anspruch des N gegen G auf Erstattung der 50.000 € gem. § 812 I 2 2.Alt. BGB

(-), da keine Zwecksetzung des N.

4. Anspruch des N gegen G auf Regress gem. § 812 I 1 2.Alt. BGB (+)

Aber wegen aufgedrängtem Rückgriff §§ 404 ff. BGB analog.

III. Lösung

1. Anspruch des N gegen G auf Aufwendungsersatz gem. §§ 677, 683 S.1, 670 BGB

N könnte einen Anspruch auf Aufwendungsersatz aus berechtigter GoA haben.

Mit der Zahlung an H hat N ein objektiv fremdes Geschäft geführt.

Grundsätzlich wird bei objektiv fremden Geschäften der Fremdgeschäftsführungswille vermutet. Diese Vermutung ist allerdings widerleglich.

Hier handelt N ausschließlich im eigenen Interesse. Man könnte deshalb mit guten Gründen den FGW verneinen.

Jedenfalls scheitert eine berechtigte GoA am entgegenstehenden Willen des G.

Ein Anspruch gem. §§ 677, 683 S.1 670 BGB scheidet deshalb aus.

2. Anspruch des N gegen G auf Aufwendungsersatz gem. §§ 684 S.1, 818 II BGB

N könnte aber einen Aufwendungsersatzanspruch aus unberechtigter GoA haben. Es wäre dann Wertersatz für die Befreiung von der Verbindlichkeit zu leisten (§ 818 II BGB), da § 684 S.1 BGB nach h.M. eine Rechtsfolgenverweisung darstellt.

Allerdings müsste auch hierfür N ein fremdes Geschäft mit FGW geführt haben. Da er aber ausschließlich im Eigeninteresse gehandelt hat, fehlt es am FGW. Ein Anspruch scheidet somit auch hier aus.

3. Anspruch des N gegen G auf Erstattung der 50.000 € gem. § 812 I 2 2.Alt. BGB

Weiter könnte N ein Anspruch aus Zweckverfehlungskondiktion zustehen.

N könnte geleistet haben, um eine berechtigte GoA gegenüber G entstehen zu lassen. Dieser Zweck wäre hier fehlgeschlagen.

Zwar wird diese Ansicht vertreten und sie kann bei Zahlungen auf fremde Schulden vertretbar sein, hier aber war der Wille des N keinen Moment auf die Entstehung einer GoA gerichtet.

Anmerkung: Anders der Fall, dass auf eine vermeintlich eigene Schuld gezahlt wird. Hier kommt regelmäßig nur die Leistungskondiktion gegen den Empfänger der Leistung (nicht gegen den Dritten) in Betracht.

Folglich besteht kein Anspruch.

4. Anspruch gem. § 812 I 1 2.Alt. BGB (Rückgriffskondiktion)

Schließlich könnte N einen Anspruch aus Rückgriffskondiktion gegen G haben. Dies wäre der Fall, wenn N auf eine tatsächlich bestehende Schuld des G geleistet hat und G somit rechtsgrundlos und auf Kosten des N von einer Verbindlichkeit befreit wurde.

a) Da andere Regressmöglichkeiten ausscheiden (s.o.), ist die Rückgriffskondiktion grds. anwendbar. Ihre grds. **Subsidiarität** steht nicht entgegen.

b) Hier hat G die Befreiung von einer Verbindlichkeit erlangt, da die **Schuld** gegenüber H **tatsächlich bestanden** hat.

Anmerkung: Es muss sich erstens um eine fremde und zweitens um eine tatsächlich bestehende Schuld handeln. Denn sonst erlangt *der Dritte* nicht die Befreiung von einer Verbindlichkeit.

c) Dies geschah auch **auf Kosten des N**, denn dieser hat an H geleistet.

d) Schließlich lag auch **kein Rechtsgrund** vor. Daran würde auch die Annahme einer unberechtigten GoA nichts ändern, denn diese ist nach allgemeiner Meinung kein Rechtsgrund i.S.d. §§ 812 ff. BGB.

Ein Anspruch gem. § 812 I 1 2.Alt. BGB besteht somit.

e) Aufgedrängter Rückgriff

Jedoch wurde der Rückgriff dem G aufgedrängt. Fraglich ist, wie dies zu werten ist.

Zu bedenken ist, dass der Schuldner grds. keinen Anspruch auf einen bestimmten Gläubiger hat. Die Forderung könnte z.B. jederzeit abgetreten werden.

Bei der Abtretung wird der Schuldner aber über die §§ 404 ff. BGB geschützt. So kann er insbesondere seine Einwendungen auch dem neuen Gläubiger gegenüber geltend machen.

In Fällen des aufgedrängten Rückgriffs sind deshalb die **§§ 404 ff. BGB analog** anzuwenden, da die Zahlung des N faktisch die Wirkung einer Abtretung entfaltet.

5. Ergebnis

Ein Anspruch des N gegen G besteht gem. § 812 I 1 2.Alt. G kann jedoch analog §§ 404 ff. BGB dem N die Einwendungen entgegenhalten, die er gegen H hatte.

IV. Zusammenfassung

Sound: Scheitern alle Rückgriffsansprüche und erlangt der Schuldner tatsächlich die Befreiung von einer Verbindlichkeit, ist ausnahmsweise ein Rückgriff direkt über das Bereicherungsrecht möglich.

hemmer-Methode: Wie Sie sehen, hat die Rückgriffskondiktion tatbestandlich wenige Probleme. Die eigentliche Leistung besteht darin, diesen „Exoten" in der Klausur überhaupt zu entdecken.

V. Zur Vertiefung

- Hemmer/Wüst, Bereicherungsrecht, Rn. 349 ff. (Rückgriffskondiktion)
- Hemmer/Wüst, Rückgriffsansprüche, Rn. 491 ff. (Rückgriffskondiktion)

Kapitel IX: Der Umfang des Bereicherungsanspruchs

Fall 35: Einführungsfall

Sachverhalt:

G kauft von S ein Grundstück zum Kaufpreis von 3,5 Mio. €. Der Kaufvertrag ist jedoch aufgrund eines Beurkundungsfehlers gem. §§ 311b I 1, 125 S.1 BGB formnichtig. S tilgte mit dem Kaufpreis ein Darlehen. G verlangt Rückabwicklung des Vertrags nach Bereicherungsrecht.

Was kann G von S nach den §§ 818 ff. BGB verlangen?

I. Einordnung

Die Frage nach dem **Umfang des Bereicherungsanspruchs** ist nicht etwa bei jedem einzelnen Tatbestand, sondern grds. allgemein in den **§§ 818 – 820 BGB** geregelt. Besonderheiten sind aber bei § 816 I BGB zu beachten.

Anmerkung: Eine ähnliche Systematik kennen Sie aus dem Schadensersatzrecht. Der Schadensumfang wird dort auch losgelöst von der Anspruchsgrundlage, nämlich in den §§ 249 ff. BGB, geregelt.

Findet sich im Gesetz eine Rechtsfolgenverweisung in das Bereicherungsrecht, sind daher nur die §§ 818 ff. BGB zu prüfen.

II. Gliederung

1. **Anspruch des G gegen S auf Rückzahlung des Kaufpreises gem. §§ 812 I 1 1.Alt., 818 I BGB**

   a) Voraussetzungen des § 812 I 1 1.Alt. BGB (+).

   b) Herausgabe des erlangten Bereicherungsgegenstandes.

2. **Anspruch des G gegen S auf Herausgabe der ersparten Darlehenszinsen als gezogene Nutzungen, §§ 812 I 1 1.Alt., 818 I BGB analog**

III. Lösung

1. Anspruch des G gegen S auf Rückzahlung des Kaufpreises gem. §§ 812 I 1 1.Alt., 818 I BGB

G könnte zunächst gegen S einen Anspruch auf Rückzahlung des Kaufpreises in Höhe von 3,5 Mio. € gem. §§ 812 I 1 1.Alt., 818 I BGB haben.

a) Voraussetzungen der condictio indebiti (§ 812 I 1 1.Alt. BGB)

S müsste durch Leistung des G etwas ohne Rechtsgrund erlangt haben.

Hier hat S Eigentum und Besitz am als Kaufpreis gezahlten Geld erlangt.

Dies geschah auch durch Leistung des G, da dieser bewusst und zweckgerichtet (zur Erfüllung der kaufvertraglichen Verbindlichkeit) das Vermögen des S durch Zahlung der 3,5 Mio. € gemehrt hat.

Schließlich erfolgte die Leistung rechtgrundlos, da der Kaufvertrag formnichtig (§§ 311b I 1, 125 S.1 BGB) war.

Folglich liegen die Voraussetzungen des § 812 I 1 1.Alt. BGB vor.

b) Rechtsfolge: Herausgabe des durch die Leistung Erlangten, § 818 I BGB

Liegen die tatbestandlichen Voraussetzungen eines bereicherungsrechtlichen Anspruchs vor (gleichgültig, ob Leistungs- oder Nichtleistungskondiktion), ergeben sich die Rechtsfolgen grds. aus § 818 BGB.

Danach ist primär das **herauszugeben, was erlangt wurde**, mit anderen Worten der (i.d.R. oben geprüfte) **Bereicherungsgegenstand**.

Anmerkung: Ist das Eigentum erlangt, so ist dieses zurück zu übereignen, wurde Besitz erlangt, ist die Sache herauszugeben; eine Forderung ist durch Abtretung zurückzugewähren etc. Geben Sie bereits in der Formulierung der Anspruchsgrundlage zu erkennen, wie das verloren gegangene Recht zurückübertragen wird: z.B. „Ein Anspruch auf Rückübereignung könnte sich aus § 812 ... BGB ergeben".

Ein Sonderproblem stellt sich allerdings beim Doppelmangel: erlangt wird hier streng genommen ein Bereicherungsanspruch. Dennoch will eine Ansicht dem Bereicherungsschuldner nicht nur zu dessen Abtretung, sondern zu Wertersatz gem. § 818 II BGB verpflichten, um eine Kumulation von Risiken zu vermeiden.

Hier hat S durch Leistung des G Eigentum und Besitz am als Kaufpreis gezahlten Geld erlangt. Deshalb ist S gem. § 818 I BGB zur Herausgabe und Rückübereignung verpflichtet.

Anmerkung: Dasselbe gilt grds. auch bei der Nichtleistungskondiktion. Herauszugeben ist das durch den Eingriff erlangte. Allerdings ist die Herausgabe in natura in aller Regel nicht möglich, so dass nach § 818 II BGB Wertersatz in Geld zu leisten ist. Geschuldet wird dabei nach h.M. nur der objektive Wert (anders aber die h.M. bei § 816 I BGB).

2. Anspruch des G gegen S auf Wertersatz der ersparten Darlehenszinsen als gezogene Nutzungen des Kaufpreises, §§ 812 I 1 1.Alt., 818 I BGB analog

Fraglich ist, ob G darüber hinaus auch noch **Wertersatz** für die ersparten Darlehenszinsen als **gezogene Nutzungen** des Kaufpreises verlangen kann.

Zwar sind diese nicht durch Leistung des G erlangt worden, **§ 818 I BGB erweitert die Herausgabepflicht aber auch auf Nutzungen und Surrogate des Erlangten**.

Anmerkung: § 818 I BGB führt zur Abschöpfung der gesamten Bereicherung. Dies kann auch (anders als § 818 II BGB) den erzielten Gewinn umfassen. Abgeschöpft wird aber nur das, was tatsächlich erlangt wurde, nicht aber etwa Schäden. Es ist auch unerheblich, ob der Gläubiger selbst die Nutzungen erlangt hätte.

Die ersparten Darlehenszinsen müssten Nutzungen des Erlangten sein. Der Begriff der Nutzung ergibt sich aus § 100 BGB. Nutzungen sind demnach Früchte (§ 99 BGB) und Gebrauchsvorteile.

Gebrauchsvorteile sind unstreitig die Zinserträge, die dem Bereicherungsschuldner aus einer kapitalvermehrenden Anlage zugeflossen sind. Strittig ist, ob dies auch für ersparte Zinsen gilt.

Nach e.A. können ersparte Zinsen nicht den Nutzungen gleichgestellt werden, weil diese nicht aus dem *Gebrauch*, sondern aus dem *Verbrauch* der Sache resultieren.

Nach Ansicht des BGH hat der Bereicherungsschuldner, der Kapital zur Tilgung eigener Schulden nutzt, auch die ersparten Schuldzinsen als Gebrauchsvorteil herauszugeben, § 818 I BGB analog. Wirtschaftlich kann es keinen Unterschied machen, ob der Schuldner sein Vermögen durch gewinnbringende Anlage oder durch Schuldentilgung mehrt. Da das Bereicherungsrecht grds. die gesamte Bereicherung abschöpfen will, fallen somit auch die ersparten Zinsen darunter.

Anmerkung: Unter Surrogat i.S.d. § 818 I BGB versteht die h.M. nur das, was in bestimmungsgemäßer Ausübung des Rechts erlangt wurde, nicht etwa (wie bei § 285 BGB) die rechtsgeschäftlichen Surrogate. Liegt ein solches Surrogat vor, ist nur dieses herauszugeben, es ist kein Wertersatz zu leisten. § 818 I BGB ist vorrangig vor § 818 II BGB.

3. Ergebnis

G kann von S Rückzahlung des Kaufpreises und Herausgabe der ersparten Darlehenszinsen verlangen, §§ 812 I 1 1.Alt., 818 I BGB (analog).

IV. Zusammenfassung

Sound: Herauszugeben ist gem. § 818 I BGB grds. das Erlangte. Dieses ist in aller Regel mit dem Bereicherungsgegenstand identisch. Darüber hinaus sind auch Nutzungen (insb. Gebrauchsvorteile) und Surrogate herauszugeben.

hemmer-Methode: § 818 I BGB ist der „examensuntypische" (weil unproblematische) Grundfall. Viele Probleme stellen sich erst bei § 818 II, III BGB. Sie können jedoch die Ausnahmen von der Regel nicht verstehen, wenn sie die Regel nicht kennen.

V. Zur Vertiefung

- Hemmer/Wüst, Bereicherungsrecht, Rn. 457 ff. (Primärer Herausgabegegenstand)
- Hemmer/Wüst, Bereicherungsrecht, Rn. 464 ff.
  (Erweiterung der Herausgabepflicht über § 818 I BGB)

Fall 36: Der minderjährige Schwarzfahrer II (Wertersatz gemäß § 818 II BGB)

Sachverhalt:

Der minderjährige M fährt ohne gültigen Fahrausweis ohne Zustimmung seiner Eltern Straßenbahn. Als er von einem Kontrolleur erwischt wird, verlangt die Straßenbahnbetreibergesellschaft S von M den Fahrpreis.

Zu Recht?

I. Einordnung

Gemäß **§ 818 II BGB** ist **Wertersatz** zu leisten, wenn die Herausgabe des Bereicherungsgegenstandes selbst in natura unmöglich ist. Diese Unmöglichkeit kann auf verschiedenen Gründen beruhen:

1. **Objektive Unmöglichkeit**, wenn sich die Unmöglichkeit schon aus der Beschaffenheit der Sache selbst ergibt, z.B. Gebrauchsvorteile.

2. **Unvermögen**, z.B. bei Weiterveräußerung oder bestimmungsgemäßem Verbrauch der Sache.

Nicht hierunter fällt aber die teilweise Unmöglichkeit, da sie grds. nicht die Herausgabe der Sache in natura hindert.

II. Gliederung

Anspruch der S gegen M auf Wertersatz in Höhe des Fahrpreises gem. §§ 812 I 1 1.Alt., 818 I, II BGB

1. **Voraussetzungen der condictio indebiti (+)**
2. **Rf: Herausgabe des Erlangten, § 818 I BGB**
   Bei Gebrauchsvorteil objektiv unmöglich.
3. **Deshalb: Wertersatz, § 818 II BGB**

III. Lösung

Anspruch der S gegen M auf Wertersatz in Höhe des Fahrpreises gem. §§ 812 I 1 1.Alt., 818 I, II BGB

S könnte gegen M einen Anspruch auf Wertersatz gem. §§ 812 I 1 1.Alt., 818 II BGB haben.

1. Voraussetzungen der condictio indebiti (§ 812 I 1 1.Alt. BGB)

Die anspruchsbegründenden Voraussetzungen des § 812 I 1 1.Alt. BGB liegen hier vor.

Anmerkung: Die zahlreichen Probleme, die sich dabei beim minderjährigen Schwarzfahrer stellen, werden an anderer Stelle ausführlich erörtert.

2. Rf: grds. Herausgabe des Erlangten, § 818 I BGB

Folglich müsste M **grundsätzlich das Erlangte in natura herausgeben**, § 818 I BGB.

Hier hat M den Gebrauchsvorteil der Beförderung durch S erlangt. Die Herausgabe eines Gebrauchsvorteils ist jedoch, ähnlich wie z.B. eine erlangte Dienstleistung, **objektiv unmöglich**.

Somit kann der Gebrauchsvorteil nicht in natura herausgegeben werden.

3. Wertersatz gem. § 818 II BGB

Da die Herausgabe des Gebrauchsvorteils dem M objektiv unmöglich ist, ist er gem. § 818 II BGB zum **Wertersatz in Geld** verpflichtet.

Die Höhe des Wertersatzes richtet sich grds. nach dem **objektiven Verkehrswert**, den die Leistung nach ihrer tatsächlichen Beschaffenheit für jedermann hat. Nicht zu ersetzten ist ein ggf. bestehendes besonderes Interesse eines Beteiligten oder (anders als bei § 816 I 1BGB) ein bei der Veräußerung erzielter Gewinn.

Anmerkung: Umstritten ist jedoch, welcher Zeitpunkt bei der Ermittlung dieses objektiven Werts zugrunde zu legen ist. Nach h.M. ist aus Gründen der Rechtssicherheit auf den Zeitpunkt der Entstehung des Bereicherungsanspruchs, nicht auf den Zeitpunkt der Umwandlung des Herausgabe- in einen Wertersatzanspruchs abzustellen.

4. Ergebnis

M schuldet hier deshalb Wertersatz in Höhe des regulären Fahrpreises für einen Minderjährigen, § 818 II BGB.

IV. Zusammenfassung

Sound: Der Wertersatz richtet sich auf den objektiven Verkehrswert und ist nur dann zu leisten, wenn Herausgabe des Bereicherungsgegenstands in natura nicht möglich ist.

hemmer-Methode: Lernen Sie problemorientiert. § 818 II BGB kann in einer Klausur durchaus einmal der Schwerpunkt sein. Lassen Sie solche „Nebensächlichkeiten" nicht außer Acht. Nur wer den vollen intellektuellen Rahmen der Klausur erkennt, erhält auch alle Punkte.

V. Zur Vertiefung

- Hemmer/Wüst, Bereicherungsrecht, Rn. 468 ff. (Wertersatz gem. § 818 II BGB)

Fall 37: Der Öko-Wein (Aufgedrängte Bereicherung)

Sachverhalt:

Winzer W besprüht versehentlich mit dem Hubschrauber den Weinberg seines Nachbarn N mit Insektiziden. N wehrt sich gegen Ansprüche des W mit dem Argument, dies nütze ihm gar nichts, da er ausschließlich ökologischen Weinbau betreibe.

Stehen W dennoch Ansprüche gegen N zu?

W ⟶ N

I. Einordnung

Probleme der **„aufgedrängten Bereicherung“** stellen sich immer dann, wenn etwas abgeschöpft werden soll, dass der Bereicherungsschuldner gar nicht haben wollte.

Die Problematik stellt sich besonders häufig bei der **Verwendungs- und Rückgriffskondiktion**. Bei letzterer ergeben sich aber weitere Besonderheiten.

II. Gliederung

Anspruch des W gegen N auf Wertersatz für die Insektizide gem. §§ 812 I 1 2.Alt., 818 I, II BGB

1. **Nichtleistungskondiktion als Verwendungskondiktion (+)**
2. **Wertersatz des Erlangten, § 818 I, II BGB**
   (+), da Herausgabe objektiv unmöglich.
3. **Aufgedrängte Bereicherung**
   Bei aufgedrängter Bereicherung nach h.M. subjektiver Wertmaßstab. Deshalb kein Anspruch.

III. Lösung

Anspruch des W gegen N auf Wertersatz für die Pestizide gem. §§ 812 I 1 2.Alt., 818 I, II BGB

W könnte gegen N einen Anspruch auf Wertersatz gem. §§ 812 I 1 2.Alt., 818 II BGB haben.

1. Vorliegen einer Verwendungskondiktion (§ 812 I 1 2.Alt. BGB)

W hat hier grds. die tatbestandlichen Voraussetzungen einer Verwendungskondiktion verwirklicht.

Anmerkung: Der Tatbestand der Verwendungskondiktion wird an anderer Stelle des Skripts als besondere Form der Nichtleistungskondiktion besprochen.

2. Rf: Wertersatz, § 818 I, II BGB

W hat somit grds. einen Anspruch auf Wertersatz, da es objektiv unmöglich ist, die Insektizide herauszugeben.

3. Grundsatz der aufgedrängten Bereicherung

Fraglich ist aber, ob es unbeachtlich ist, dass die Verwendungen des W für N völlig nutzlos waren und er sie auch gar nicht haben wollte (**aufgedrängte Bereicherung**).

Anmerkung: Das besondere an diesen Fällen ist, dass der Bereicherungsschuldner etwas vergüten soll, das er gar nicht haben wollte. Bei der Leistungskondiktion schützt davor in aller Regel § 814 BGB. Diese Norm passt hier aber nicht, weil Verwendungen grds. nicht zur Erfüllung von Verbindlichkeiten gemacht werden.

Wie die aufgedrängte Bereicherung dogmatisch zu behandeln ist, ist umstritten.

a) Nach Ansicht des BGH soll **§ 1001 S.2 BGB** entsprechend gelten. Der Bereicherungsanspruch kann durch zur Verfügung stellen der Sache, auf die die Verwendung gemacht wurde, abgewendet werden. Zudem gesteht der BGH dem Eigentümer der Sache einen Anspruch aus § 1004 BGB bzw. § 823 BGB jeweils i.V.m. § 249 I BGB auf Beseitigung der Verwendung zu, den er dem Verwender gem. § 242 BGB entgegenhalten kann. Dabei müssen jedoch alle Voraussetzungen der §§ 823, 1004 BGB, also insb. Rechtswidrigkeit und Verschulden, tatsächlich vorliegen.

b) Nach a.A. kann der Bereicherte einen **Anspruch auf Beseitigung der Verwendung** (etwa aus § 1004 BGB oder § 823 I BGB) **dem Verwendungskondiktionsanspruch einredeweise entgegenhalten**. Dadurch wird der Ersatzanspruch dauernd gehemmt und der Verwender faktisch auf das Wegnahmerecht verwiesen.

c) Nach wohl h.L. ist die Lösung im Bereicherungsrecht selbst zu suchen. Obwohl der Wert des Erlangten i.S.d. § 818 II BGB grundsätzlich objektiv zu bestimmen ist, ist **der Wert in den Fällen der aufgedrängten Bereicherung ausnahmsweise nach dem subjektiven Ertragswert beim Bereicherten zu bemessen**.

Anmerkung: Eine weitere Ansicht gelangt zum gleichen Ergebnis, indem sie § 818 III BGB extensiv anwendet.

d) Der Lösung der Literatur ist zu folgen. Denn die beiden anderen Ansichten gewähren dann keinen ausreichenden Schutz, wenn es am Verschulden oder der Rechtswidrigkeit fehlt. Dies kann aber gerade bei Verwendungsfällen leicht geschehen.

Somit ist die Lösung im Bereicherungsrecht zu suchen und der Wert der Bereicherung ausnahmsweise subjektiv zu bestimmen. Das Vermögen des Bereicherten ist nur insoweit vermehrt, als er sich die Verwendungen zunutze macht.

Hat die Verwendung dagegen so wie hier keinen Wert für den Bereicherten, scheidet ein Wertersatzanspruch aus.

4. Ergebnis

Es besteht kein Anspruch des W auf Wertersatz für die Insektizide, da diese für N nutzlos sind und zu seinen Gunsten die Grundsätze der aufgedrängten Bereicherung eingreifen.

IV. Zusammenfassung

Sound: Der Wert des Erlangten i.S.d. § 818 II BGB ist grds. objektiv zu bestimmen. Liegt aber aufgedrängte Bereicherung vor, so ist ausnahmsweise ein subjektiver Wertmaßstab zu wählen. Dies kann zum völligen Entfallen des Anspruchs führen.

hemmer-Methode: Die aufgedrängte Bereicherung ist im Gesetz nicht geregelt. Dies müssen Sie natürlich deutlich machen! Zeigen Sie die Problematik auf, diskutieren Sie die vertretenen Lösungswege und entscheiden Sie dann mit der h.L.

V. Zur Vertiefung

- Hemmer/Wüst, Bereicherungsrecht, Rn. 471 ff. (Aufgedrängte Bereicherung)

Fall 38: Ein sparsamer Weinliebhaber (Wegfall der Bereicherung, § 818 III BGB)

Sachverhalt:

A erlangt von B rechtsgrundlos fünf Flaschen Wein à 10 €. A ist erfreut, da er sich einerseits selbst gerade 5 Flaschen Wein für eine kleine Feier kaufen wollte, andererseits aber sich nie so „teuren“ Wein leisten würde. A kauft immer nur Wein für 5 € die Flasche. Im Rahmen seiner Feier werden die 5 Flaschen leer getrunken.

Was kann B von A verlangen?

Abwandlung:
A lagert den Wein in seinem Keller ein. Dummerweise waren seine Regale aber gerade alle schon voll belegt, so dass er ein neues Weinregal erwerben muss. Er wendet dafür 30 € auf. Als B die Rechtsgrundlosigkeit erkennt, fordert er A zur Rückgabe des Weines auf. A beruft sich auf seine Ausgaben.

I. Einordnung

Hinter **§ 818 III BGB** steht der Gedanke, dass der Bereicherungsschuldner nach der Rückabwicklung nicht schlechter stehen soll, als ohne das Geschäft. Es soll durch das Bereicherungsrecht nur die noch vorhandene Bereicherung abgeschöpft werden.

§ 818 III BGB gilt für alle Bereicherungsansprüche, auch für § 816 I BGB.

II. Gliederung

Anspruch des B gegen A auf Wertersatz für den Wein gem. §§ 812 I 1 1.Alt., 818 I, II BGB

1. **condictio indebiti (+)**
2. **Wertersatzanspruch grds. (+)**
3. **Wegfall der Bereicherung**
   Hier teilweise Luxusaufwendungen, aber auch ersparte Aufwendungen.

Abwandlung

Anspruch auf Herausgabe und Rückübereignung des Weines, §§ 812 I 1 1.Alt., 818 I BGB

Grds. (+), A kann aber gem. § 818 III BGB seine Aufwendungen entgegenhalten.

III. Lösung Grundfall

Anspruch des B gegen A auf Wertersatz für den verzehrten Wein gem. §§ 812 I 1 1.Alt., 818 I, II BGB

B könnte gegen A einen Anspruch auf Wertersatz haben, §§ 812 I 1 1.Alt., 818 I, II BGB.

1. Voraussetzungen der condictio indebiti (§ 812 I 1 1.Alt. BGB)

Die Voraussetzungen des § 812 I 1 1.Alt. BGB liegen hier vor.

2. Herausgabe bzw. Wertersatz, § 818 I, II BGB

Somit hat B **grundsätzlich** einen Anspruch auf **Herausgabe des Erlangten**, § 818 I BGB. Da die Herausgabe aber **objektiv unmöglich** ist, da der Wein verzehrt wurde, kann B nur **Wertersatz** verlangen, § 818 II BGB.

3. Wegfall der Bereicherung, § 818 III BGB

Fraglich ist aber, ob ein Anspruch des B wegen **Wegfall der Bereicherung** (§ 818 III BGB) entfällt.

Denn durch das Bereicherungsrecht soll nur die noch vorhandene Bereicherung abgeschöpft werden und hier ist das Erlangte nicht mehr vorhanden.

Wegfall der Bereicherung liegt vor, wenn der erlangte Vermögensvorteil (samt Nutzungen oder Surrogaten) **in natura nicht mehr im Vermögen des Bereicherten** vorhanden ist (vgl. § 818 I BGB), **kein Ersatz** für diesen Verlust erlangt wurde (vgl. § 818 II BGB) und auch **keine Aufwendungen erspart** wurden.

Anmerkung: Kurz gesagt: es darf keinerlei Vermögensmehrung, in welcher Form auch immer, mehr vorliegen.

Hier ist das ursprünglich Erlangte tatsächlich nicht mehr vorhanden, da der Wein verzehrt wurde. Auch ein Ersatz wurde nicht erlangt.

Allerdings könnte A sich **Aufwendungen erspart** haben, da er sich selbst auch 5 Flaschen Wein kaufen wollte. Diese Vermögensminderung hat er sich gespart. Somit hat A sich Aufwendungen in Höhe von 5 mal 5 € erspart. Hinsichtlich dieses Vermögensvorteils ist A nicht entreichert.

Problematisch ist aber, dass der von B erlangte Wein 10 € pro Flasche wert war. Allerdings ist zu berücksichtigen, dass A sich selbst nie Wein für 10 € kauft. Der Verzehr dieses Weines war für A deshalb eine einmalige Gelegenheit, die er sich sonst nicht gönnt. Man spricht deshalb von **Luxusaufwendung**. Liegen Luxusaufwendungen vor, greift § 818 III BGB ein. Die Bereicherung ist diesbezüglich weggefallen.

4. Ergebnis

B hat gegen A einen Anspruch auf Wertersatz in Höhe von 25 €. Im Übrigen entfällt ein Anspruch wegen Wegfall der Bereicherung, § 818 III BGB.

IV. Lösung Abwandlung

B könnte gegen A einen Anspruch auf Herausgabe und Rückübereignung des Weines haben, §§ 812 I 1 1.Alt., 818 I BGB.

Fraglich ist aber, ob A in Höhe von 30 € entreichert ist, da er für den Wein extra ein Weinregal erworben hat.

Es ist umstritten, welche Nachteile im Rahmen des § 818 III BGB abzugsfähig sind.

Nach Ansicht der Rspr. sind grds. alle Vermögensnachteile abzugsfähig, die **kausal auf dem rechtsgrundlosen Erwerb beruhen**, sofern Wertungsgründe nicht eine Ausnahme gebieten.

Nach h.L. sind nur solche Aufwendungen abzugsfähig, die der Bereicherungsschuldner **gerade im Vertrauen auf die Beständigkeit seines Erwerbs gemacht** hat.

Die Frage, ob die Verwendungen nützlich oder gar notwendig waren, spielt dagegen nach beiden Ansichten keine Rolle.

Hier kann A nach beiden Ansichten die Kosten des Regals i.H.v. 30 € geltend machen. Die Vermögensnachteile, die abzugsfähig sind, geben dem Bereicherungsschuldner ein **Zurückbehaltungsrecht gem. § 273 BGB**.

Anmerkung: Die Ansichten werden in aller Regel zum selben Ergebnis kommen, so dass Sie sich nicht entscheiden müssen. Die Formel der Rspr. ist aber viel zu weit. Kommt es einmal darauf an, so führen Sie gegen die Rspr. am besten ein krasses Beispiel an und entscheiden sich dann für die Literatur. Etwa so: A hat von B aufgrund unwirksamen Vertrags ein Pferd erworben. Unerwartet tritt das Pferd A, was erhebliche Heilungskosten zur Folge hat. Hier leuchtet eigentlich jedem ein, dass A von B keinesfalls diese Kosten nach Bereicherungsrecht (!) ersetzt verlangen kann, was bei konsequenter Anwendung der Rspr.-Formel aber das Ergebnis wäre.

Im Ergebnis kann B von A Herausgabe und Rückübereignung des Weines Zug-um-Zug gegen Ersatz der Verwendungen des A i.H.v. 30 € verlangen.

V. Zusammenfassung

Sound: Wegfall der Bereicherung liegt vor, wenn die Sache nicht mehr vorhanden ist, keine Ersatz erlangt wurde und keine Aufwendungen erspart wurden. Zudem kann der Schuldner Vermögensnachteile über § 273 BGB geltend machen, die er im Vertrauen auf die Dauerhaftigkeit des Rechtserwerbs erlitten hat.

hemmer-Methode: § 818 III BGB ist häufig ein zentrales Problem in der Klausur. Sie können aber fast alle Fälle zutreffend lösen, wenn Sie die entscheidende Wertung vor Augen haben: abgeschöpft wird nur, was noch vorhanden ist. Daraus erklärt sich auch, dass ersparte Aufwendungen zu ersetzen sind.

VI. Zur Vertiefung

- Hemmer/Wüst, Bereicherungsrecht, Rn. 476 ff. (Wegfall der Bereicherung)

Fall 39: Die Saldotheorie

V —— K ☒

Sachverhalt:

V verkauft dem K unerkannt nichtig einen gebrauchten PKW. Nach Austausch der Leistungen fährt K den Wagen zu Schrott. Dennoch will er den Vertrag, als sich dessen Nichtigkeit herausstellt, nach Bereicherungsrecht rückabwickeln.

Hat K Ansprüche gegen V?

Abwandlung 1:
V täuscht den K arglistig über die Unfallfreiheit des PKW. Ändert sich nun etwas?

Abwandlung 2:
V täuscht den K arglistig über die Unfallfreiheit des PKW. K fährt den Wagen Tage später grob fahrlässig zu Schrott. Wie ist die Rechtslage?

I. Einordnung

Gegenseitige Verträge werden am häufigsten gerade deshalb geschlossen, weil auch eine Verpflichtung der anderen Partei gewollt ist. Die Pflichten aus diesen Verträgen sind somit über das **Synallagma** (Gegenseitigkeitsverhältnis) verknüpft. Bei der Rückabwicklung gegenseitiger Verträge über das Bereicherungsrecht ergeben sich deshalb Besonderheiten. Strittig ist nämlich, ob und gegebenenfalls wie eine erbrachte Gegenleistung bei der Rückabwicklung zu berücksichtigen ist. Dies ist eine faktische Fortwirkung des Synallagmas. Die h.M. löst dieses Problem über die **Saldotheorie**.

II. Gliederung

Anspruch des K gegen V auf Rückzahlung des Kaufpreises gem. §§ 812 I 1 1.Alt., 818 I BGB

1. **condictio indebiti (+)**
2. **Herausgabeanspruch grds. (+)**
   (P): Wegfall der Bereicherung bei K führt zur Anwendung der Saldotheorie. K muss sich seine Entreicherung anrechnen lassen, ein Anspruch entfällt.

Abwandlung 1

Grds. wie oben, aber keine Anwendung der Salotheorie zugunsten eines arglistig Täuschenden. Anspruch deshalb (+).

Abwandlung 2

Wegen Verschulden des K Divergenz zwischen Rücktritts- und Bereicherungsrecht. Deshalb keine Saldotheorie, wenn Wertung des § 346 III Nr. 3 BGB dies gebietet (str.).

III. Lösung

Anspruch des K gegen V auf Rückzahlung des Kaufpreises gem. §§ 812 I 1 1.Alt., 818 I BGB

K könnte einen Anspruch auf Rückzahlung des Kaufpreises gegen V haben.

1. Voraussetzungen der condictio indebiti (§ 812 I 1 1.Alt. BGB)

Laut Sachverhalt wurden die Leistungen jeweils rechtsgrundlos erbracht. Die Voraussetzungen des § 812 I 1 1.Alt. BGB liegen somit vor.

2. Herausgabe des als Kaufpreis gezahlten Geldes, § 818 I BGB

Folglich hat K gegen V grundsätzlich einen Anspruch auf Herausgabe des als Kaufpreis gezahlten Geldes.

Fraglich ist aber, ob hier zu berücksichtigen ist, dass ein gegenseitiger Vertrag vorliegt und dass bei K die Bereicherung weggefallen ist.

a) Zweikondiktionentheorie

Nach e.A. stehen sich **die Bereicherungsansprüche der Vertragspartner unabhängig voneinander** gegenüber. Jeder Bereicherungsanspruch bleibt selbständig und lässt die Gegenleistung bei der Kondiktion der eigenen Leistung unberührt. Nur unter den Voraussetzungen des § 273 BGB oder bei einer gegebenen Aufrechnungslage können sich die Ansprüche beeinflussen.

Anmerkung: Diese Ansicht orientiert sich streng am Gesetzestext. Ihre Konsequenz ist, dass jeder Vertragspartner kondizieren kann, auch wenn sich die Gegenleistung bei ihm verschlechtert hat oder untergegangen ist.

b) Saldotheorie

Nach h.M. **wirkt das Synallagma des gegenseitigen Vertrages auch in die Rückabwicklung hinein**. Statt der isolierten Rückabwicklung soll von vorne herein nur ein **einheitlicher Bereicherungsanspruch** zugunsten desjenigen bestehen, für den sich ein positives Saldo ergibt.

Anmerkung: Aus diesem Gedanken heraus entsteht die Saldotheorie. Sie hat drei wesentliche Aussagen:

1. Gleichartige Bereicherungsansprüche werden automatisch (ohne Aufrechnungserklärung) **miteinander verrechnet** (= saldiert).

2. Fällt bei einer Partei die Bereicherung weg, so wird **der Wert der Entreicherung zum Abzugsposten beim eigenen Bereicherungsanspruch des Entreicherten**.

3. Ungleichartige Bereicherungsansprüche können nur **Zug-um-Zug** rückabgewickelt werden.

Im Grundsatz ist der Saldotheorie zu folgen, denn ansonsten wird bei gegenseitigen Verträgen stets der Geldschuldner benachteiligt. Er trüge nämlich allein das Risiko des Untergangs oder der Verschlechterung der Sache, während er andererseits jedenfalls rückabwickeln müsste.

c) Übertragung auf den konkreten Fall

Hier hat K grds. einen Anspruch auf Rückzahlung des Kaufpreises gegen V, während er dem Anspruch des V eigentlich § 818 III BGB entgegenhalten könnte.

Da es sich aber um einen synallagmatischen Vertrag handelt, ist hier die Saldotheorie anwendbar. Diese führt, wegen Berücksichtigung des vertraglichen Synallagmas auch in der Rückabwicklung, zu einer **faktischen Einschränkung des § 818 III BGB**.

Es besteht nur ein einheitlicher Bereicherungsanspruch zugunsten dessen, für den ein positives Saldo besteht.

Ist eine Vertragspartei (hier K) entreichert, so wird der **Wert der Entreicherung zum Abzugsposten beim eigenen Bereicherungsanspruch**.

Somit muss sich K den (objektiven) Wert des PKW von seinem eigenen Bereicherungsanspruch abziehen lassen. Entsprechen sich objektiver Wert und Kaufpreis (das sei hier unterstellt), so reduziert ich der Anspruch des K auf Null.

4. Ergebnis

Ein Anspruch des K gegen V besteht nicht.

IV. Lösung Abwandlung

Allerdings gilt die Saldotheorie nicht uneingeschränkt. Wenn übergeordnete Wertungen dies verlangen, kann aus Billigkeitsgründen eine abweichende Bewertung erfolgen.

Denn die Saldotheorie ist eigentlich eine Abweichung vom Gesetzeswortlaut, der von zwei unabhängigen Kondiktionen ausgeht.

Steht sie einem gerechten Ergebnis entgegen, ist sie deshalb unanwendbar.

Hier hat V den K arglistig getäuscht. Der arglistig Täuschende ist grds. überhaupt nicht schutzwürdig. Dies findet eine Ausprägung u.a. im Rechtsgedanken des § 819 I BGB.

Es ist deshalb anerkannt, dass die Saldotheorie **nicht zugunsten eines arglistig Täuschenden** angewendet wird.

Folglich muss dann der Wegfall der Bereicherung bei K außer Betracht bleiben. K hat deshalb gegen V einen Anspruch auf Rückerstattung des Kaufpreises und kann dem Anspruch des V § 818 III BGB (Wegfall der Bereicherung) entgegenhalten.

V. Lösung Abwandlung 2

Fraglich ist hier, ob auch die Wertungen des Rücktrittsrechts die Anwendung der Saldotheorie beeinflussen können.

Anmerkung: Dies war vor der Schuldrechtsreform relativ unumstritten. Nach § 351 BGB war der Rücktritt ausgeschlossen, wenn der Untergang der Sache verschuldet war. Dies wurde auch auf die Saldotheorie angewendet. Noch ungeklärt ist, wie sich die Abschaffung des § 351 BGB auswirkt.

Hier ist nun folgendes zu bedenken: K könnte nach §§ 437 Nr. 2, 326 V, 346 ff. BGB ohne Fristsetzung vom Kaufvertrag zurücktreten, da die fehlende Unfallfreiheit ein unbehebbarer Mangel ist. Somit könnte er zwar nach § 346 I BGB den Kaufpreis zurückverlangen, müsste aber gleichzeitig gem. § 346 III Nr. 3 BGB Wertersatz für den zerstörten PKW leisten, da grobe Fahrlässigkeit in aller Regel nicht unter das Haftungsprivileg der eigenüblichen Sorgfalt fällt.

Da die Arglistanfechtung aber nach ganz h.M. nicht durch die Mängelrechte ausgeschlossen ist, könnte K auch nach § 123 BGB anfechten und über Bereicherungsrecht rückabwickeln.

Hier würde nun grds. auch bei grober Fahrlässigkeit die Saldotheorie eingreifen.

Diese ist aber nicht zugunsten des V als Täuschenden anwendbar, so dass eigentlich das Ergebnis wie in Abwandlung 1 zustande kommt: K kann den Kaufpreis herausverlangen, muss aber nichts an V zurückgewähren.

Dieses Ergebnis erscheint bedenklich. Es kann nicht von der Art des gewählten Rückgewährsystems abhängen, ob der Käufer den kompletten Kaufpreis oder nur den um den Wert der untergegangenen Sache gekürzten Anspruch geltend machen kann. Deshalb ist **für die Fälle des § 346 III Nr. 3 BGB die Anwendung der Saldotheorie auch zugunsten des arglistig Täuschenden** angemessen.

Anmerkung: Da diese Frage auch gut zwei Jahre nach der Schuldrechtsreform weitgehend ungeklärt ist, können Sie hier auch das Gegenteil vertreten. Hauptsache ist, dass Sie das Problem erkennen und diskutieren.

Im Ergebnis besteht hier kein Anspruch des K gegen V, da wegen der Wertung des § 346 III Nr. 3 BGB die Saldotheorie Anwendung findet.

VI. Zusammenfassung

Sound: Gleichartige Bereicherungsansprüche werden automatisch verrechnet und der Wert der eigenen Entreicherung wird dabei zum Abzugsposten auf den eigenen Anspruch. Dies gilt jedoch nicht, wenn übergeordnete Wertungen dies fordern. Die Saldotheorie wird deshalb nicht zugunsten des arglistig Täuschenden, zugunsten des die Sache schuldhaft zerstörenden (§ 346 III Nr. 3 BGB) angewendet und auch nicht zulasten Minderjähriger.

hemmer-Methode: Die Saldotheorie und ihre Ausnahmen sind ein absolutes Muss in der Klausur- und Examensvorbereitung. Sie müssen erkennen, dass die Saldotheorie eine Ausnahme vom Gesetzestext darstellt und deshalb zurücktreten muss, wenn andere (gesetzliche) Wertungen dies gebieten.

VII. Zur Vertiefung

- Hemmer/Wüst, Bereicherungsrecht, Rn. 489 ff.
  (Besonderheiten bei gegenseitigen Verträgen)

Fall 40: Die Saldotheorie beim Minderjährigen

Sachverhalt:

Der minderjährige M hat ohne Zustimmung seiner Eltern beim Bäcker B Süßigkeiten gekauft und diese aufgegessen. Als die Eltern dies erfahren, verlangen sie von B den Kaufpreis heraus. Dieser wiederum verlangt Ersatz für die Süßigkeiten.

Wie ist die Rechtslage?

I. Einordnung

Dass die Saldotheorie bestimmten Wertungen weichen muss, wurde schon gezeigt. Hier soll der letzte wichtige Fall und der wohl klausurrelevanteste erörtert werden. Die **Saldotheorie** wird **nicht zulasten Minderjähriger** angewendet.

II. Gliederung

Anspruch des M auf Rückerstattung des Kaufpreises, §§ 812 I 1 1.Alt., 818 I BGB

1. **condictio indebiti**
   (+), da Minderjährige zwar leisten können, der Rechtsgrund aber wegen § 107 BGB fehlt.
2. **Herausgabe des als Kaufpreis gezahlten Geldes, § 818 BGB**
   Wegfall der Bereicherung führt grds. zur Anwendung der Saldotheorie; aber keine Anwendung zulasten Minderjähriger (arg. §§ 106 ff. BGB).

III. Lösung

Anspruch des M auf Rückerstattung des Kaufpreises gem. §§ 812 I 1 1.Alt., 818 I BGB

M könnte gegen B einen Anspruch auf Rückerstattung des Kaufpreises haben.

1. Voraussetzungen des § 812 I 1 1.Alt. BGB

Zunächst müssten die Voraussetzungen der condictio indebiti vorliegen.

Hier hat B Eigentum und Besitz am als Kaufpreis gezahlten Geld erlangt.

Dies geschah auch durch Leistung des M, da dieser bewusst und zweckgerichtet das Vermögen des B gemehrt hat. Die Minderjährigkeit des M ist hier noch nicht entscheidend, da die Zwecksetzung bei der Leistung nach h.M. keine Willenserklärung ist und nur ein natürlicher Leistungswille erforderlich ist. Folglich kann auch ein Minderjähriger leisten.

Schließlich fehlte es auch am Rechtsgrund, da der M sich wegen § 107 BGB nicht ohne Zustimmung seiner Eltern kaufvertraglich verpflichten kann.

Die Voraussetzungen der condictio indebiti liegen deshalb vor.

2. Herausgabe des als Kaufpreis gezahlten Geldes, § 818 BGB

Folglich kann M von B grds. den Kaufpreis herausverlangen.

Fraglich ist aber, ob hier zu berücksichtigen ist, dass M die Süßigkeiten aufgegessen hat und die Bereicherung bei ihm somit weggefallen ist (§ 818 III BGB).

Bei gegenseitigen Verträgen wie z.B. dem Kaufvertrag wendet die h.M. grds. die **Saldotheorie** an, **um dem Synallagma des Vertrages auch bei der Rückabwicklung Rechnung zu tragen**.

Es besteht dann nur ein **einheitlicher Bereicherungsanspruch** zugunsten desjenigen, für den ein positives Saldo besteht.

Ist eine Partei entreichert, wird der **Wert der Entreicherung zum Abzugsposten des eigenen Bereicherungsanspruchs**.

Demnach könnte M hier von B nichts verlangen, da sich sein eigener Bereicherungsanspruch wegen des Verzehrs der Süßigkeiten auf Null reduziert.

Es ist aber anerkannt, dass die Saldotheorie nicht uneingeschränkt gilt. Da sie eine Ausnahme vom Gesetzestext darstellt, ist sie unanwendbar, wenn übergeordnete gesetzliche Wertungen dies verlangen.

Bei Minderjährigen überwiegt die **Wertung der §§ 106 ff. BGB** den Schutz des Vertragspartners. Das faktische Synallagma bei der Rückabwicklung würde den Minderjährigen zum **„Quasi-Vertragspartner“** machen. Denn ob B den Kaufpreis behalten darf weil der Vertrag wirksam ist oder der Bereicherungsanspruch nicht durchgreift, ist ihm in der Regel wohl egal.

Der Schutz der §§ 106 ff. BGB wäre damit beim Verbrauch oder Untergang der Sache umgangen.

Deshalb wird die Saldotheorie grds. nicht zu Lasten des Minderjährigen angewendet.

3. Ergebnis

Folglich kann M von B Rückerstattung des Kaufpreises verlangen, B muss sich § 818 III BGB entgegenhalten lassen und kann keinen Ersatz für die verzehrten Süßigkeiten verlangen.

IV. Zusammenfassung

Sound: Keine Anwendung der Saldotheorie zu Lasten Minderjähriger, um diese nicht zu „Quasi-Vertragspartner“ zu machen!

hemmer-Methode: Gehen Sie in der Klausur vom Grundsatz aus: demnach bestehen eigentlich zwei unabhängige Kondiktionsansprüche. Nennen Sie dann die Gründe für die Saldotheorie (Synallagma, Schutz des Geldschuldners). Zeigen Sie schließlich auf, dass manche Wertungen (Arglist, § 346 III Nr. 3 BGB, §§ 106 ff. BGB) es erforderlich machen, als Ausnahme von der Ausnahme zum Grundsatz zurückzukehren.

V. Zur Vertiefung

- Hemmer/Wüst, Bereicherungsrecht, Rn. 489 ff.
  (Besonderheiten bei gegenseitigen Verträgen)

Fall 41: Voraussetzungen und Rechtsfolgen der verschärften Haftung (§§ 818 IV, 819 f. BGB)

Sachverhalt:

V verkauft an K einen LKW zum Preis von 12.000 €. Der Kaufvertrag ist allerdings unwirksam, die Übereignung wirksam. Der LKW hatte einen objektiven Wert von 10.000 €. K erfährt von der Unwirksamkeit des Kaufvertrages und davon, dass V den LKW doch zurückhaben will. Deshalb stellt K den LKW auf seinem Fabrikgelände ab, um ihn zu V zu fahren. Er lässt aber über Nacht den Schlüssel stecken, so dass der LKW von einem unbekannten Dritten entwendet wird.

Was kann V von K verlangen?

Abwandlung:
Nachdem K erfahren hat, dass V den LKW zurück will, veräußert er ihn an D, wobei er auf Grund seines Verhandlungsgeschicks einen Preis von 13.000 € erzielt.

Was kann V jetzt von K verlangen?

I. Einordnung

Die **verschärfte Haftung** wird in den §§ 818 IV, 819, 820 BGB geregelt. § 818 IV BGB ist dabei der Grundsatz, der in unmittelbarer Anwendung allerdings wenig klausurrelevant ist. Problematisch ist vor allem die pauschale **Verweisung auf die „allgemeinen Vorschriften“**, womit in erster Linie die §§ 291 ff. BGB gemeint sind.

II. Gliederung

Anspruch des V gegen K auf Wertersatz gem. §§ 812 I 1 1.Alt., 818 I, II BGB

1. **Voraussetzungen des § 812 I 1 1.Alt. BGB**
2. **Rf: Herausgabe, § 818 I BGB**
   Aber eigentlich greift § 818 III BGB ein.
3. **Voraussetzungen der verschärfte Haftung, §§ 819 I, 818 IV BGB**

Abwandlung

Anspruch des V auf Herausgabe des erzielten Kaufpreises i.H.v. 13.000 € gem. §§ 812 I 1 1.Alt., 819 I, 818 IV, 285 BGB

III. Lösung Grundfall

Anspruch des V gegen K auf Wertersatz gem. §§ 812 I 1 1.Alt., 818 I, II BGB

V könnte gegen K einen Anspruch auf Wertersatz haben.

1. Voraussetzungen des § 812 I 1 1.Alt. BGB

Die Voraussetzungen des § 812 I 1 1.Alt. BGB liegen hier vor.

2. Rf: Herausgabe, § 818 I BGB

Somit müsste K grds. den LKW herausgaben und rückübereignen, § 818 I BGB.

Möglicherweise ist K aber entreichert, da mit dem Diebstahl des LKW die **Bereicherung weggefallen ist, § 818 III BGB**. Dies ist grds. zu bejahen.

3. Voraussetzungen der verschärfte Haftung, §§ 819 I, 818 IV BGB

Allerdings kann sich derjenige nicht auf den Wegfall der Bereicherung berufen, der verschärft haftet.

Anmerkung: Verschärfte Haftung kann eintreten wegen Rechtshängigkeit (§ 818 IV BGB i.V.m. §§ 253 I, 261 I ZPO), wegen verwerflichem Empfang (§ 819 II BGB), wegen ungewissem Erfolgseintritt (§ 820 BGB) und Kenntnis von der Rechtsgrundlosigkeit des Empfangs (§ 819 I BGB). Die letztgenannte Variante ist mit Abstand am bedeutendsten für Klausur und Examen.

Hier könnte der K wegen **Kenntnis von der Rechtsgrundlosigkeit des Empfangs nach §§ 819 I, 818 IV BGB** verschärft haften.

a) § 819 I BGB erfordert **positive Rechtsfolgenkenntnis**. Das heißt, der Haftende muss nicht nur die zugrunde liegenden Tatsachen, sondern auch die Rechtsfolgen, die daran anknüpfen, kennen. Dafür genügt aber eine sog. **„Parallelwertung in der Laiensphäre“**.

Hier kennt K alle Umstände und erkennt, dass er grds. zur Rückgabe des LKW verpflichtet ist.

b) Die verschärfte Haftung tritt **ab dem Zeitpunkt der Kenntniserlangung** ein. Hier wurde der LKW nach dem maßgeblichen Zeitpunkt entwendet.

c) Folglich liegen die Voraussetzungen des § 819 I BGB vor. Damit haftet K grds. gem. § 818 IV BGB nach den allgemeinen Vorschriften.

Anmerkung: Damit sind zuerst diejenigen Vorschriften des allgemeinen Schuldrechts gemeint, die Rechtshängigkeit voraussetzen, also v.a. §§ 291, 292 BGB mit ihren weiteren Verweisungen.

d) Hier könnte K somit nach §§ 819 I, 818 IV, 292 I, 989 BGB haften. Es sind deshalb die **Voraussetzungen des § 989 BGB** zu prüfen.

K müsste folglich hinsichtlich des Diebstahls, der zum Untergang des Lkw führte, ein **Verschulden i.S.d. § 276 BGB** treffen. Hier hat K die Schlüssel im LKW stecken lassen. Dies ist jedenfalls grob fahrlässig.

e) K haftet also unter den Voraussetzungen der §§ 819 I, 818 IV, 292 I, 989 BGB und somit verschärft. Er kann sich deshalb nicht auf den Wegfall der Bereicherung berufen.

4. Ergebnis

V kann von K Wertersatz gem. §§ 812 I 1 1.Alt., 818 I, II BGB verlangen.

IV. Lösung Abwandlung

Anspruch des V auf Herausgabe des erzielten Kaufpreises i.H.v. 13.000 € gem. §§ 812 I 1 1.Alt., 819 I, 818 IV, 285 BGB

V könnte von K Herausgabe der 13.000 € verlangen.

Grds. ergibt sich die Pflicht des K auf Herausgabe bzw. Wertersatz aus § 818 I, II BGB. Demnach wäre nur der objektive Wert des LKW (10.000 €) zu ersetzen. **Rechtsgeschäftliche Surrogate werden nämlich von § 818 I BGB gerade nicht erfasst**, sondern nur solche, die in bestimmungsgemäßer Ausübung des Bereicherungsgegenstandes erlangt wurden.

Allerdings könnte K verschärft haften und dann **§ 285 BGB anwendbar** sein.

Die Voraussetzungen des § 819 I BGB liegen hier vor (s.o.). Fraglich ist somit nur, ob die §§ 819 I, 818 IV BGB auch auf § 285 BGB verweisen. Dies hätte zur Folge, dass auch das rechtsgeschäftliche Surrogat, mithin die 13.000 € herauszugeben wären.

Nach wohl h.M. ist § 285 BGB hier anwendbar, da es sich um eine allgemeine Vorschrift handle.

Dem steht auch nicht entgegen, dass auch auf § 292 BGB verwiesen wird, denn dieser regelt nur Schadens-, Nutzungs- und Verwendungsersatz. Nichts spricht dafür, dass dadurch § 285 BGB ausgeschlossen sein soll.

Dies kann man auch nicht daraus folgern, dass nach h.M. § 285 BGB auf § 985 BGB keine Anwendung findet.

Vielmehr spricht folgende Überlegung für die Anwendbarkeit: wäre K nicht Eigentümer des LKW geworden, würde er nach § 687 II BGB haften und müsste jedenfalls die 13.000 € herausgeben. Denn er hätte sich mit der Veräußerung ein objektiv fremdes Geschäft angemaßt. Überdies wäre man über § 816 I 1 BGB zum selben Ergebnis gekommen. Vorliegend sind zwar beide Normen nicht anwendbar, da K aber weiß, dass er den LKW nicht behalten darf, ist kein Grund ersichtlich, warum er nicht ebenso scharf haften soll. Das unredliche Verhalten des K hat wie in den nicht einschlägigen Fällen allein das Ziel sich, und nicht dem Gläubiger, Vorteile zu verschaffen.

Schließlich ist es V egal, ob er schon Eigentümer der Sache ist, oder ob er es erst wieder werden sollte. Ihm entgeht jedenfalls die Substanz der Sache.

Somit besteht ein Anspruch des V auf Herausgabe des erzielten Kaufpreises i.H.v. 13.000 € gem. §§ 812 I 1 1.Alt., 819 I, 818 IV, 285 BGB.

Anmerkung: Nach Ansicht des BGH wird auch § 276 BGB mit von der Verweisung umfasst, so dass eine verschuldensunabhängige Haftung für Geldschulden entsteht.

V. Zusammenfassung

Sound: Wer verschärft haftet, kann sich nicht auf den Wegfall der Bereicherung berufen. Die verschärfte Haftung tritt unter den Voraussetzungen der allgemeinen Vorschriften (§§ 291, 292, 285, 276 BGB) ein.

hemmer-Methode: Professoren neigen dazu Studenten in den Anfangssemestern mit den unsäglichen Paragraphenkette §§ 819 I, 818 IV, 292 I, 989 BGB Angst einzujagen. Dies ist, wie Sie nun sehen, völlig unbegründet. Sie müssen vor dieser Verweisungskette weder Angst haben, noch sie auswendig lernen. Vielmehr erschließt Sie sich durch systematisches Lernen fast von selbst.

VI. Zur Vertiefung

- Hemmer/Wüst, Bereicherungsrecht, Rn. 504 ff. (Haftungsverschärfung)

Fall 42: Die verschärfte Haftung beim Minderjährigen

Sachverhalt:

Der minderjährige M hat mit V einen Kaufvertrag über ein Moped geschlossen und auch schon den Kaufpreis bezahlt. Er erkennt die Unwirksamkeit des Kaufvertrages und seine Rückgabeverpflichtung. Noch vor Rückgabe des Mopeds wird dieses durch leichteste Fahrlässigkeit des M zerstört. Die Eltern des M wussten von alledem nichts.

Wie ist die bereicherungsrechtliche Lage?

Abwandlung:
Der 17-jährige M stiehlt das Moped. Ändert sich nun etwas an der verschärften Haftung?

I. Einordnung

Beim **Minderjährigen** sind viele Besonderheiten zu beachten. Im Bereicherungsrecht sind dies insbesondere die Saldotheorie und die Frage der Kenntnis bei der verschärften Haftung.

II. Gliederung

Anspruch des V auf Schadensersatz gem. §§ 812 I 1 1.Alt., 819 I, 818 IV, 292 I, 990 II, 286 I 2, IV, 287 S.2 BGB

1. **Voraussetzungen des § 812 I 1 1.Alt. BGB (+)**
2. **Wegfall der Bereicherung, § 818 III BGB (+)**
3. **Verschärfte Haftung (-)**
   Bei Leistungskondiktion Kenntnis der Eltern analog § 166 I BGB maßgeblich.

Abwandlung

Anspruch des V (s.o.)

Bei Eingriffskondiktion Rechtsgedanke des § 828 III BGB. Verschärfte Haftung deshalb (+).

III. Lösung

Anspruch des V auf Schadensersatz gem. §§ 812 I 1 1.Alt., 819 I, 818 IV, 292 I, 990 II, 286 I 2, IV, 287 S.2 BGB

V könnte gegen M einen Anspruch auf Schadensersatz haben.

1. Voraussetzungen des § 812 I 1 1.Alt. BGB

Die Voraussetzungen des § 812 I 1 1.Alt. BGB liegen unproblematisch vor.

2. Wegfall der Bereicherung, § 818 III BGB

Damit wäre M grds. zur Herausgabe des Mopeds verpflichtet. Durch dessen Untergang könnte aber die **Bereicherung weggefallen** und M somit entreichert sein (§ 818 III BGB). Ein Anspruch des V wäre folglich ausgeschlossen. Grundsätzlich ist dies hier auch der Fall.

3. Verschärfte Haftung, §§ 819 I, 818 IV BGB

M könnte sich jedoch nicht auf den Wegfall der Bereicherung berufen, wenn er verschärft haften würde.

Vielmehr wäre dann sogar eine Zufallshaftung gem. §§ 812 I 1 1.Alt., 819 I, 818 IV, 292 I, 990 II, 286 I 2, IV, 287 S.2 BGB begründet.

Allerdings müsste gem. § 819 I BGB **positive Kenntnis vom Mangel des rechtlichen Grundes** vorliegen. Nur wenn man auf M abstellt, ist dies zu bejahen.

Fraglich ist deshalb, ob auf die Kenntnis des M oder die der Eltern (als gesetzliche Vertreter) des M abzustellen ist.

Nach wohl h.M. ist bei der Leistungskondiktion **auf die Kenntnis der Eltern abzustellen, § 166 I BGB analog**. Der vorrangige Gesichtspunkt des **Minderjährigenschutz** gebietet dies, da die **Leistungskondiktion vertragsähnlichen Charakter** hat.

Somit greift die verschärfte Haftung nicht, da die Eltern keine Kenntnis hatten und M kann sich auf den Wegfall der Bereicherung berufen.

4. Ergebnis

Ein Anspruch des V gegen M besteht nicht.

IV. Lösung Abwandlung

Im Unterschied zum Grundfall sieht sich M hier einer **Eingriffskondiktion** (§ 812 I 1, 2.Alt. BGB) ausgesetzt.

Diese hat nach h.M. eher einen **deliktsähnlichen Charakter**. Deshalb greift man hier bei der Frage nach der maßgeblichen Kenntnis auf die **Rechtsgedanken der §§ 827 ff. BGB** zurück, insb. auf § 828 III BGB. Bei entsprechender Einsichtsfähigkeit des Minderjährigen reicht seine eigene Kenntnis von der Rechtsgrundlosigkeit.

Da M bereits 17 Jahre alt ist, dürfte er die nötige Einsicht haben, dass der Diebstahl eines Mopeds rechtliche Konsequenzen nach sich zieht. Nach §§ 819 I, 818 IV, 848 BGB i.V.m. § 828 III BGB analog haftet er deshalb verschärft.

Ein Anspruch des V ist folglich zu bejahen.

V. Zusammenfassung

Sound: Die Leistungskondiktion ist als vertragsähnlich zu bewerten, deshalb gilt hier ein ähnlicher Minderjährigenschutz wie im vertraglichen Bereich: es ist analog § 166 I BGB auf die Eltern abzustellen. Die Eingriffskondiktion hat eher den Charakter eines Delikts, deshalb ist, wie im Deliktsrecht grundsätzlich der Fall, die Einsichtsfähigkeit des Minderjährigen entscheidend (§ 828 III BGB analog).

hemmer-Methode: Zeigen Sie in der Klausur, dass Sie die Differenzierung der h.M. kennen und die Gründe dafür verstehen. Deliktische Verantwortlichkeit ist etwas anderes als der Schutz vor schuldrechtlichen Verpflichtungen. Deshalb ist auch der Schutz des Minderjährigen entsprechend anders zu gewichten. Eine ähnliche Problematik stellt sich im EBV hinsichtlich Nutzungs- und Schadensersatz.

VI. Zur Vertiefung

- Hemmer/Wüst, Bereicherungsrecht, Rn. 509 ff. (Verschärfte Haftung bei Minderjährigen)

Die Zahlen beziehen sich auf die Nummern der Fälle.

A

B

C

D

E

F

G

Notizen

hemmer/wüst
Verlagsgesellschaft mbH

Verlagsprogramm 2006

Jura mit den Profis

WWW.HEMMER-SHOP.DE

Liebe Juristinnen und Juristen,

Auch beim Lernmaterial gilt:
„Wer den Hafen nicht kennt, für den ist kein Wind günstig" (Seneca).
Häufig entbehren Bücher und Karteikarten der Prüfungsrealität. Bei manchen Produkten stehen ausschließlich kommerzielle Interessen im Vordergrund. Dies ist gefährlich: Leider kann der Student oft nicht erkennen wie gut ein Produkt ist, weil ihm das praktische Wissen für die Anforderungen der Prüfung fehlt.
Denken Sie deshalb daran, je erfahrener die Ersteller von Lernmaterial sind, um so mehr profitieren Sie. Unsere Autoren im Verlag sind alle Repetitoren. Sie wissen, wie der Lernstoff richtig vermittelt wird. Die Prüfungsanforderungen sind uns bekannt.
Unsere Zentrale arbeitet seit **1976** an examenstypischem Lernmaterial und wird dabei von hochqualifizierten Mitarbeitern unterstützt.
So arbeiteten z.B. ehemalige Kursteilnehmer mit den Examensnoten von 16,0; 15,54; 15,50; 15,25; 15,08; 14,79; 14,7; 14,7; 14,4; 14,25; 14,25; 14,08; 14,04 ... als Verantwortliche an unserem Programm mit. Unser Team ist Garant, um oben genannte Fehler zu vermeiden.
Lernmaterial bedarf ständiger Kontrolle auf Prüfungsrelevanz. Wer sonst als derjenige, der sich täglich mit Examensthemen beschäftigt, kann diesem Anforderungsprofil gerecht werden.

Gewinnen Sie, weil

- gutes Lernmaterial Verständnis schafft
- fundiertes Wissen erworben wird
- Sie intelligent lernen
- Sie sich optimal auf die Prüfungsanforderungen vorbereiten
- Jura Spaß macht

und Sie letztlich unerwartete Erfolge haben, die Sie beflügeln werden.

Damit Sie sich Ihre eigene Bibliothek als Nachschlagewerk nach und nach kostengünstig anschaffen können, schlagen wir Ihnen speziell für die jeweiligen Semester Skripten und Karteikarten vor. Bildung soll für jeden bezahlbar bleiben, deshalb der studentenfreundliche Preis.

Viel Spaß und Erfolg beim intelligenten Lernen.

Grundwissen

- Skripten „Grundwissen"
- Die wichtigsten Fälle
- Sonderband - Die 23 wichtigsten Fälle im neuen Schuldrecht
- Musterfälle für die Zwischenprüfung
- Lexikon, die examenstypischen Begriffe

Basiswissen

- Die Basics
- Die Classics

Examenswissen

- Skripten Zivilrecht
- Skripten Strafrecht
- Skripten Öffentliches Recht
- Skripten Schwerpunkt
- Die Musterklausuren für´s Examen

Karteikarten

- Die Shorties
- Die Karteikarten
- Übersichtskarteikarten

Assessor-Skripten/-karteikarten

- Assessor-Skripten
- Assessor-Karteikarten

BWL-Skripten

Intelligentes Lernen/Sonderartikel

- Garantiert erfolgreich lernen
- Coach dich - Psychologischer Ratgeber
- Lebendiges Reden - Psychologischer Ratgeber
- Lernkarteikartenbox
- Der Referendar
- Klausurenblock
- Gesetzesbox
- Wiederholungsmappe
- Jurapolis - das hemmer-Spiel

Life&LAW - die hemmer-Zeitschrift

Alle Preise gültig ab 01/2006

Intelligentes Lernen
schnell & effektiv

HEMMER Skripten - Logisch aufgebaut!

Randbemerkung
Zur schnellen Rekapitulation des Skripts

hemmer-Methode
Zur richtigen Einordnung des Gelernten in der Klausurlösung

Systematische Verweise
Isoliertes Lernen vermeiden! Zusammenhänge verstehen. Unsere Skriptenreihe – der große Fall

Rand-nummern
Für zielgenaues Arbeiten mit Stichwortverzeichnis und Wiederholungsfragen

Freiraum
Viel Platz für eigene Anmerkungen

Schemata
Übersichtliches Lernen

Fußnoten
Vertiefende Literatur und Rechtsprechung

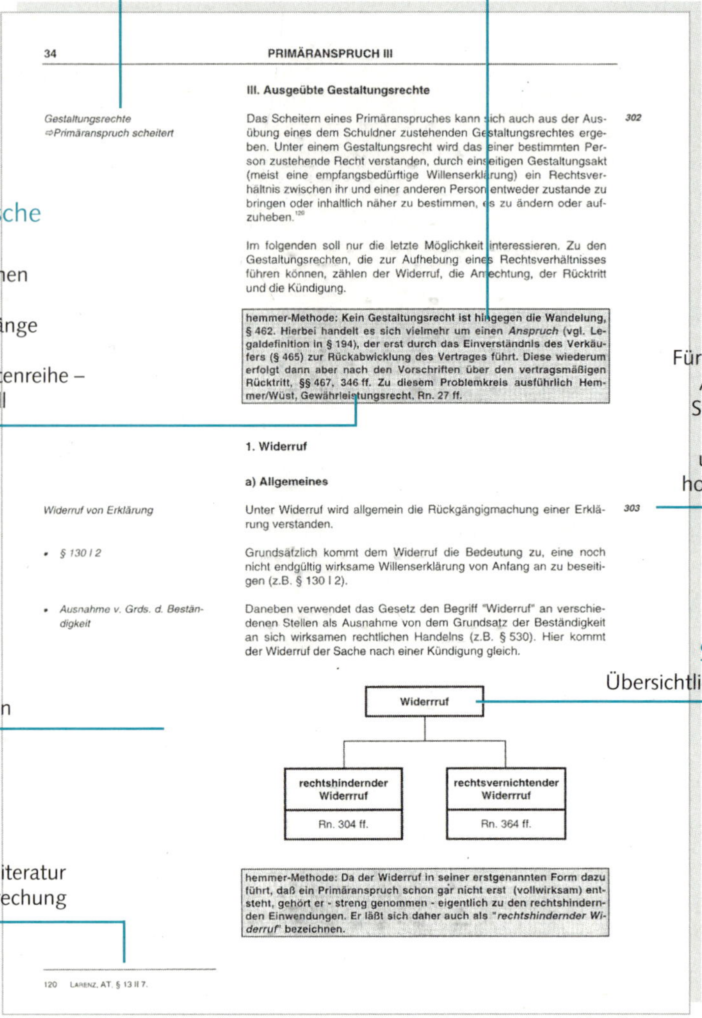

34 PRIMÄRANSPRUCH III

III. Ausgeübte Gestaltungsrechte

Gestaltungsrechte ⇨Primäranspruch scheitert

Das Scheitern eines Primäranspruches kann sich auch aus der Ausübung eines dem Schuldner zustehenden Gestaltungsrechtes ergeben. Unter einem Gestaltungsrecht wird das einer bestimmten Person zustehende Recht verstanden, durch einseitigen Gestaltungsakt (meist eine empfangsbedürftige Willenserklärung) ein Rechtsverhältnis zwischen ihr und einer anderen Person entweder zustande zu bringen oder inhaltlich näher zu bestimmen, es zu ändern oder aufzuheben.[120] 302

Im folgenden soll nur die letzte Möglichkeit interessieren. Zu den Gestaltungsrechten, die zur Aufhebung eines Rechtsverhältnisses führen können, zählen der Widerruf, die Anfechtung, der Rücktritt und die Kündigung.

hemmer-Methode: Kein Gestaltungsrecht ist hingegen die Wandelung, § 462. Hierbei handelt es sich vielmehr um einen *Anspruch* (vgl. Legaldefinition in § 194), der erst durch das Einverständnis des Verkäufers (§ 465) zur Rückabwicklung des Vertrages führt. Diese wiederum erfolgt dann aber nach den Vorschriften über den vertragsmäßigen Rücktritt, §§ 467, 346 ff. Zu diesem Problemkreis ausführlich Hemmer/Wüst, Gewährleistungsrecht, Rn. 27 ff.

1. Widerruf

a) Allgemeines

Widerruf von Erklärung

Unter Widerruf wird allgemein die Rückgängigmachung einer Erklärung verstanden. 303

- *§ 130 I 2*

Grundsätzlich kommt dem Widerruf die Bedeutung zu, eine noch nicht endgültig wirksame Willenserklärung von Anfang an zu beseitigen (z.B. § 130 I 2).

- *Ausnahme v. Grds. d. Beständigkeit*

Daneben verwendet das Gesetz den Begriff "Widerruf" an verschiedenen Stellen als Ausnahme von dem Grundsatz der Beständigkeit an sich wirksamen rechtlichen Handelns (z.B. § 530). Hier kommt der Widerruf der Sache nach einer Kündigung gleich.

Widerruf
- rechtshindernder Widerruf – Rn. 304 ff.
- rechtsvernichtender Widerruf – Rn. 364 ff.

hemmer-Methode: Da der Widerruf in seiner erstgenannten Form dazu führt, daß ein Primäranspruch schon gar nicht erst (vollwirksam) entsteht, gehört er - streng genommen - eigentlich zu den rechtshindernden Einwendungen. Er läßt sich daher auch als "*rechtshindernder Widerruf*" bezeichnen.

120 LARENZ, AT, § 13 II 7.

examenstypisch - anspruchsvoll - umfassend

Grundwissen

Für Ihr Jurastudium ist es nötig, sich schnell mit dem notwendigen Grundwissen einen Überblick zu verschaffen. Was aber ist wichtig und richtig? Bei der Fülle der Ausbildungsliteratur kann einem die Lust auf Jura vergehen. Wir beschränken uns in dieser Ausbildungsphase auf das Wesentliche. Weniger ist mehr.

Skripten Grundwissen

Die Reihe „Grundwissen" stellt die theoretiscche Ergänzung unserer Reihe „die wichtigsten Fälle" dar.

Mit ihr soll das notwendige Hintergrundwissen vermittelt werden, welches für die Bewältigung der Fallsammlungenerforderlich ist. Auf diese Art und Weise ergänzen sich beide Reihen ideal.Hilfreich dabei sind Verweisungen auf die jeweiligen Fälle der Fallsammlungen, so dass man das Erlernte gleich klausurtypisch anwenden kann.Die Darstellung erfolgt bewusst auf sehr einfachem Niveau. Es werden also für die Bewältigung der Ausführungen keine Kenntnisse vorausgesetzt. Ebenso wird bewusst auf Vertiefungshinweise verzichtet. Eine Vertiefung kann erfolgen, wenn die Kenntnisse anhand der Fälle wiederholt wurden. Dazu werden Hinweise in den Fallsammlungen gegeben.

Grundwissen und kleine Fälle sind so das ideale Lernsystem für eine klausur- und damit prüfungstypische Arbeitsweise.

Grundwissen Zivilrecht

vorraussichtlich erhältlich ab April 2006

BGB AT (111.01)	6,90 €
Schuldrecht AT (111.02)	6,90 €
Schuldrecht BT (111.03)	6,90 €
Sachenrecht I (111.04)	6,90 €
Sachenrecht II (111.05)	6,90 €

Grundwissen Strafrecht

vorraussichtlich erhältlich ab Mitte 2006

Strafrecht AT (112.01)	6,90 €
Strafrecht BT I (112.02)	6,90 €
Strafrecht BT II (112.03)	6,90 €

Grundwissen Öffentliches Recht

vorraussichtlich erhältlich ab April 2006

Staatsrecht I (113.01)	6,90 €
Staatsrecht II (113.02)	6,90 €
Verwaltungsrecht (113.03)	6,90 €

Die wichtigsten Fälle

Die vorliegende Fallsammlung ist für Studenten in den ersten Semestern gedacht. Gerade in dieser Phase ist es wichtig, bei der Auswahl der Lernmaterialien den richtigen Weg einzuschlagen.
Die Gefahr zu Beginn des Studiums liegt darin, den Stoff zu abstrakt zu erarbeiten. Ein problemorientiertes Lernen, d.h. ein Lernen am konkreten Fall, führt zum Erfolg. Das gilt für die kleinen Scheine/die Zwischenprüfung genauso wie für das Examen. Wer gelernt hat, sich die Probleme des Falles aus dem Sachverhalt schnell zu erschließen, schreibt die gute Klausur.
Bei der Anwendung dieser Lernmethode sind wir Marktführer. Profitieren Sie von der 30-jährigen Erfahrung des Juristischen Repetitoriums hemmer im Umgang mit Examensklausuren. Diese Erfahrung fließt in sämtliche Skripten des Verlages ein. Das Repetitorium beschäftigt ausschließlich Spitzenjuristen, teilweise Landesbeste ihres Examenstermins. Die so erreichte Qualität in Unterricht und Skripten werden Sie woanders vergeblich suchen. Lernen Sie mit den Profis!
Ihre Aufgabe als Jurist wird es einmal sein, konkrete Fälle zu lösen. Diese Fähigkeit zu erwerben ist das Ziel einer guten juristischen Ausbildung. Nutzen Sie die Chance, diese Fähigkeit bereits zu Beginn Ihres Studiums zu trainieren. Erarbeiten Sie sich das notwendige Handwerkszeug anhand unserer Fälle. Sie werden feststellen:
Wer Jura richtig lernt, dem macht es auch Spaß. Je mehr Sie verstehen, desto mehr Freude werden Sie haben, sich neue Probleme durch eigenständiges Denken zu erarbeiten. Wir bieten Ihnen mit unserer juristischen Kompetenz die notwendige Hilfestellung.
Fallsammlungen gibt es viele. Die Auswahl des richtigen Lernmaterials ist jedoch der entscheidende Aspekt. Vertrauen Sie auf unsere Erfahrungen im Umgang mit Prüfungsklausuren. Unser Beruf ist es, alle klausurrelevanten Inhalte zusammenzutragen und verständlich aufzubereiten. Prüfungsinhalte wiederholen sich. Wir vermitteln Ihnen das, worauf es in der Prüfung ankommt
– verständlich – knapp – präzise.

BGB AT (115.21)	11,80 €
Schuldrecht AT (115.22)	11,80 €
Schuldrecht BT (115.23)	11,80 €
GOA-BereicherungsR (115.24)	11,80 €
Deliktsrecht (115.25)	11,80 €
Verwaltungsrecht (115.26)	11,80 €
Staatsrecht (115.27)	11,80 €
Strafrecht AT (115.28)	11,80 €
Strafrecht BT I (115.29)	11,80 €
Strafrecht BT II (115.30)	11,80 €
Sachenrecht I (115.31)	11,80 €
Sachenrecht II (115.32)	11,80 €
ZPO I (115.33)	11,80 €
ZPO II (115.34)	11,80 €
Handelsrecht (115.35)	11,80 €
Gesellschaftsrecht (115.38)	11,80 €
Erbrecht (115.36)	11,80 €
Familienrecht (115.37)	11,80 €
erhältlich ab 03/2006	
Arbeitsrecht (115.39)	11,80 €

Sonderband
Der Streit- und Meinungsstand im neuen Schuldrecht

Der hemmer/wüst Verlag stellt mit dem vorliegenden Werk die umstrittensten Problemkreise in 23 Fällen des neuen Schuldrechts dar, zeigt den aktuellen Meinungsstand auf und schafft so einen Überblick. Es wird das notwendige Wissen vermittelt.

115.20 *13,80 €*

Musterfälle für die Zwischenprüfung

Exempla docent - an Beispielen lernen. Die Fälle zu den Basics! Nur wer so lernt, weiß was in der Klausur verlangt wird.
Die Fallsammlungen erweitern unsere Basics und stellen die notwendige Fortsetzung für das Schreiben der Klausur dar. Genau das, was Sie für die Scheine brauchen - nämlich exemplarisch dargestellte Falllösungen. Wichtige, immer wiederkehrende Konstellationen werden berücksichtigt.
Profitieren Sie von der seit 1976 bestehenden Klausurerfahrung des Juristischen Repetitoriums hemmer. Über 1000 Klausuren wurden für die Auswahl der Musterklausuren auf ihre „essentials" analysiert

Musterklausur für die Zwischenprüfung Zivilrecht

Ein Muss: Klassiker wie die vorvertragliche Haftung (c.i.c.), die Haftung bei Pflichtverletzungen im Schuldverhältnis (§ 280), Vertrag mit Schutzwirkung, Drittschadensliquidation, Mängelrecht, EBV, Bereicherungs- und Deliktsrecht werden klausurtypisch aufbereitet. Auf „specials" wie Saldotheorie, Verarbeitung, Geldwertvindikation, Vorteilsanrechnung und Nebenbesitz wird eingegangen. So entsteht wichtiges Grundverständnis.

16.31 *13,80 €*

Musterklausur für die Zwischenprüfung Strafrecht

Auch hier wieder prüfungstypische Fälle mit genauen Aufbauhilfen. Die immer wiederkehrenden „essentials" der Strafrechtsrechtsklausur werden in diesem Skript abgedeckt: Von der Abgrenzung von dolus eventualis und bewusster Fahrlässigkeit über die Irrtumslehre bis hin zu Problemen der Täterschaft und Teilnahme, u.v.m. Wer sich die Zeit nimmt, diese Musterfälle sorgfältig durchzuarbeiten, besteht jede Grundlagenklausur.

16.32 *13,80 €*

Musterklausur für die Zwischenprüfung Öffentliches Recht

Dieses Skript enthält die wichtigsten, in der Klausur immer wiederkehrenden Problemkonstellationen für die Bereiche Verfassungs- und Verwaltungsrecht. Im Verfassungsrecht werden die Zulässigkeitsvoraussetzungen von Verfassungsbeschwerden, Organstreitverfahren sowie abstrakter und konkreter Normenkontrolle erörtert. Im Rahmen der Begründetheitsprüfung werden die klausurrelevanten Grundrechte ausführlich erläutert. Gleichzeitig werden auch staatsorganisationsrechtliche Problemfelder aufbereitet. Die Klausuren zum Verwaltungsrecht zeigen die optimale Prüfung von Anfechtungs-, Verpflichtungs- und Fortsetzungsfeststellungsklagen sowie von Widerspruchsverfahren. Standardprobleme wie die Rücknahme oder der Widerruf eines Verwaltungsaktes und die Behandlung von Nebenbestimmungen eines VA sind u.a. Gegenstand der Begründetheitsprüfung.

16.33 *13,80 €*

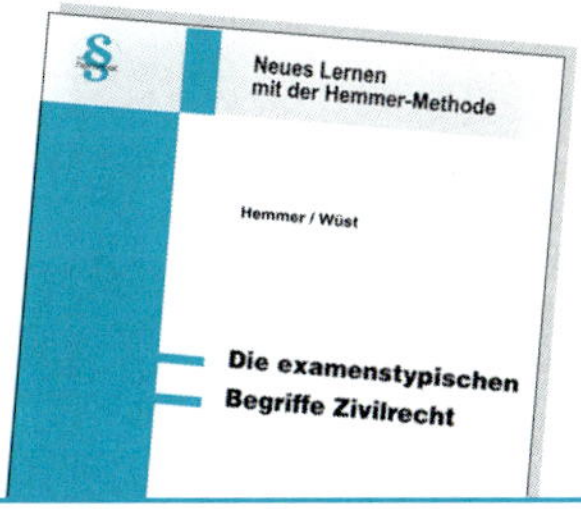

Die examenstypischen Begriffe/ ZivilR.

Das Grundwerk für die eigene Bibliothek. Alle examenstypischen Begriffe in diesem Nachschlagewerk werden anwendungsspezifisch für Klausur und Hausarbeit erklärt. Das gesammelte Examenswissen ist eine optimale schnelle Checkliste. Zusätzlicher Nutzen: Das große Stichwortverzeichnis. Neben der Einbettung des gesuchten Begriffs in den juristischen Kontext finden Sie Verweisungen auf entsprechende Stellen in unserer Skriptenreihe. Begriffe werden transparenter. Sie vertiefen Ihr Wissen. So können Sie sich schnell und auf anspruchsvollem Niveau einen Überblick über die elementaren Rechtsbegriffe verschaffen.

14.01 *13,80 €*

Sie sind Jurastudent in den mittleren Semestern und wollen die großen Scheine unter Dach und Fach bringen. Wenn Sie sich in dieser Phase mit tausend Meinungen beschäftigen, besteht die Gefahr, sich im Detail zu verlieren. Wir empfehlen Ihnen, schon jetzt das Material zu wählen, welches Sie nicht nur durch die Scheine, sondern auch durch das Examen begleitet.

Die „Basics" - Reihe

Die Klassiker der hemmer-Reihe. So schaffen Sie die Universitätsklausuren viel leichter. Die Basics vermitteln Ihnen Grundverständnis auf anspruchsvollem Niveau, sie sind auch für die Examensvorbereitung ideal.
Denn: Wissen wird konsequent unter Anwendungsgesichtspunkten erworben.
Die Basics dienen auch der schnellen Wiederholung vor dem Examen oder der mündlichen Prüfung, wenn Zeit zur Mangelware wird.

Basics-Zivilrecht I

BGB-AT/ Vertragliche Schuldverhältnisse mit dem neuen Schuldrecht

Im Vordergrund steht die Vermittlung der Probleme des Vertragsschlusses, u.a. das Minderjährigenrecht und die Stellvertretung. Neben rechtshindernden (z.B. §§ 134, 138 BGB) und rechtsvernichtenden Einwendungen (z.B. Anfechtung) werden auch die Klassiker der Pflichtverletzung nach § 280 BGB wie Unmöglichkeit (§§ 280 I, III, 283), Verzug (§§ 280 I, II, 286) und Haftung bei Verletzung nicht leistungsbezogener Nebenpflichten i.S.d. § 241 II BGB (früher: pVV bzw. c.i.c. jetzt: § 280 I bzw. § 280 I i.V.m. § 311 II BGB) behandelt. Ausführlich wird auf die wichtige Unterscheidung von Schadensersatz nach § 280 I BGB und Schadensersatz statt der Leistung nach §§ 280 I, III, 281-283 bzw. § 311a II BGB eingegangen. Nach Mängelrecht, Störung der GG und Schadensrecht schließt das Skript mit dem nicht zu unterschätzenden Gebiet des Dritten (z.B. Abgrenzung § 278 / § 831 / § 31; § 166; Vertrag mit Schutzwirkung zugunsten Dritter; DriSchaLi) im Schuldverhältnis ab.

110.0011 *13,80 €*

Basics-Zivilrecht II

Gesetzliche Schuldverhältnisse, Sachenrecht

Das Skript befasst sich mit dem Recht der GoA, dem Bereicherungsrecht und dem Recht der unerlaubten Handlungen als immer wieder klausurrelevante gesetzliche Schuldverhältnisse. Der Einstieg in das Sachenrecht wird mit der Abhandlung des Besitzrechts und dem Erwerb dinglicher Rechte an beweglichen Sachen erleichtert, wobei der Schwerpunkt auf dem rechtsgeschäftlichen Erwerb des Eigentums liegt. Über das für jede Prüfung unerlässliche Gebiet des EBV gibt das Skript einen ausführlichen Überblick.
Eine systematische Aufbereitung des Pfandrechts und des Grundstückrechts führen zum richtigen Verständnis dieser prüfungsrelevanten Gesetzesmaterie.

110.0012 *13,80 €*

Basics-Zivilrecht III

Familienrecht/ Erbrecht

Die typischen Probleme des Familienrechts: Von der Ehe als Klassiker für die Klausur (z.B. § 1357; GbR; Gesamtschuldner; Gesamtgläubiger; §§ 1365; 1369 BGB) zum ehelichen Güterrecht bis hin zur Scheidung.
Gegenstand des Erbrechts sind die gesetzliche und gewillkürte Erbfolge, die möglichen Verfügungen (Testament bzw. Erbvertrag) des Erblassers und was sie zum Inhalt haben (z.B. Erbeinsetzung, Vermächtnis, Auflage), Annahme und Ausschlagung der Erbschaft sowie neben Fragen der Rechtsstellung des Erben (z.B. im Verhältnis zum Erbschaftsbesitzer) auch das Pflichtteilsrecht und der Erbschein.
Fazit: Das Wichtigste in Kürze für den schnellen Überblick.

110.0013 *13,80 €*

Basics-Zivilrecht IV

Zivilprozessrecht (Erkenntnisverfahren und Zwangsvollstreckungsverfahren)

Wegen fehlender Praxis ist in der Regel die ZPO dem Studenten fremd. Von daher wurde hier besonders auf leichte Verständlichkeit Wert gelegt. Der Schwerpunkt im Erkenntnisverfahren liegt neben den immer wiederkehrenden Problemen der Zulässigkeitsvoraussetzungen (z.B. Zuständigkeit, Streitgegenstand) auf den typischen Problemen des Prozesses, wie z.B. Versäumnisurteil, Widerklage und Klagenhäufung. Die Beteiligung Dritter am Rechtsstreit wird im Hinblick auf die Klausur und die examensrelevante Verortung erklärt.
Das Kapitel der Zwangsvollstreckung befasst sich vor allem mit dem Ablauf der Zwangsvollstreckung und den möglichen Rechtsbehelfen von Schuldner, Gläubiger und Dritten.
Dieses Skript gehört daher zur „Pflichtlektüre", um sich einen vernünftigen Überblick zu verschaffen!

110.0014 13,80 €

Basics-Zivilrecht V

Handels- und Gesellschaftsrecht

Im Vordergrund steht: Wie baue ich eine gesellschaftsrechtliche Klausur richtig auf. Häufig geht es um die Haftung der Gesellschaft und der Gesellschafter. Eine systematische Aufbereitung führt durch das Recht der Personengesellschaften, also der GbR und OHG, sowie der KG. Das Recht der Körperschaften, wozu der rechts- und nichtrechtsfähige Verein, die GmbH sowie die AG zählen, wird ebenso im Überblick dargestellt.
Auf dem Gebiet des Handelsrechts als Sonderrecht des Kaufmanns dürfen typische Problemkreise wie Kaufmannseigenschaft, Handelsregister, Wechsel des Unternehmensträgers und das kaufmännische Bestätigungsschreiben nicht fehlen. Abschließend befasst sich das Skript mit den Mängelrechten beim Handelskauf, der auch häufig die Schnittstelle zu BGB-Problemen darstellt.

110.0015 *13,80 €*

Basics-Zivilrecht VI

Arbeitsrecht

Das Arbeitsrecht gehört in den meisten Bundesländern zum Pflichtprogramm in der Examensvorbereitung. Hier tauchen immer wieder die gleichen Fragestellungen auf, die in diesem Skript knapp, präzise und klausurtypisch aufbereitet werden, wie die Zulässigkeit der Kündigungsschutzklage, Kündigungsschutz nach dem KSchG, innerbetrieblicher Schadensausgleich, fehlerhafter Arbeitsvertrag und die Reaktionsmöglichkeiten des Arbeitnehmers auf Änderungskündigungen. Ferner bildet auch das Recht der befristeten Arbeitsverhältnisse nach dem TzBfG einen Schwerpunkt.

110.0016 *13,80 €*

Basics-Strafrecht

Je besser der Einstieg, umso besser später die Klausuren. Weniger ist häufig mehr. Alle klausurwichtigen Probleme und Fragestellungen des materiellen Strafrechts auf einen Blick: Vom StGB-AT bis hin zum StGB-BT finden Sie all das dargestellt, was als Grundlagenwissen im Strafrecht angesehen wird. Außerdem werden die wichtigsten Aufbaufragen zur strafrechtlichen Klausurtechnik - an denen gerade Anfänger häufig scheitern - in einem eigenen Kapitel einfach und leicht nachvollziehbar erläutert.

110.0032 *13,80 €*

Basics-Öffentliches Recht I

Verfassungsrecht/ Staatshaftungsrecht

Materielles und prozessuales Verfassungsrecht bilden zusammen mit wichtigen Problemstellungen des Staatshaftungsrechts die Grundlage für dieses Skript. Öffentlich-rechtliches Wissen wird konsequent unter Anwendungsgesichtspunkten erworben.

110.0035 *13,80 €*

Basics-Öffentliches Recht II

Verwaltungsrecht

Grundfragen des allgemeinen und besonderen Verwaltungsrechts werden im Rahmen der wichtigsten Klagearten der VwGO verständlich und einprägsam dargestellt. Zusammen mit dem Skript Ö-Recht I werden Sie sich in der öffentlich rechtlichen Klausur sicher fühlen.

110.0036 *13,80 €*

Basics-Steuerrecht

Die Basics im Steuerrecht für einen einfachen, aber instruktiven Einstieg in das materielle Einkommensteuer- und Steuerverfahrensrecht. Die notwendigen Bezüge des Einkommensteuerrechts zum Umsatz- und Körperschaftssteuerrecht werden dargestellt sowie auf examens- und klausurtypische Konstellationen hingewiesen. Ein ideales Skript für alle, die sich erstmals mit der Materie befassen und die Grundstrukturen verstehen wollen. Es wird der Versuch unternommen, den Einstieg so verständlich wie möglich zu gestalten. Dazu werden immer wieder kleine Beispiele gebildet, die das Erlernen des abstrakten Stoffs vereinfachen sollen.

110.0004 *13,80 €*

Basics-Europarecht

Neben unserem Hauptskript nun die Basics zum Europarecht. Verständlicher Einstieg oder schnelle Wiederholung der wesentlichen Probleme? Für beides sind die Basics ideal. Wer in die Tiefe gehen möchte, kann dies mit unserem Klassiker, dem Hauptskript Europarecht. In Verbindung mit den Classics Europarecht und der Fallsammlung auf Examensniveau sind Sie somit gerüstet für die Prüfung in Ausbildung und Examen. Vernachlässigen Sie dieses immer wichtiger werdende Prüfungsgebiet nicht!

110.0005 *13,80 €*

Skripten Classics

In den Classics haben wir für Sie die wichtigsten Entscheidungen der Obergerichte, denen Sie während Ihres Studiums immer wieder begegnen, ausgewählt und anschaulich aufbereitet. Bestimmte Entscheidungen müssen bekannt sein. In straffer Form werden der Sachverhalt, die Entscheidungssätze und die Begründung dargestellt. Die hemmer-Methode ordnet die Rechtssprechung für die Klausuren ein. Rechtsprechung wird so verständlich, Seitenfresserei vermieden.
Hiermit bereiten Sie sich auch gezielt auf die mündliche Prüfung vor.

BGH-Classics Zivilrecht

Rechtskultur und Verständnis des Gesetzes werden in weiten Teilen von der Rechtsprechung geprägt. Nicht umsonst spricht man von der Rechtsprechung als der normativen Kraft des Faktischen. Die wegweisenden Entscheidungen müssen Student, Referendar und Anwalt bekannt sein. Auf leicht erfaßbare, knappe, präzise Darstellung wird Wert gelegt. Die hemmer-Methode sichert den für die Klausur und Hausarbeit notwenigen „background" ab.

15.01 *13,80 €*

BGH-Classics Strafrecht

Auch die Entscheidungen im Strafrecht in ihrer konkreten Aufbereitung führen zur richtigen Einordnung der jeweiligen Problematik. Es wird die Interessenslage der Rechtsprechung erklärt. Im Vordergrund steht oft Einzelfallgerechtigkeit. Deswegen vermeidet die Rechtsprechung auch allzu dogmatische Entscheidungen.
Effizient, und damit in den wesentlichen Punkten knapp und präzise, wird die Entscheidung selbst wiedergegeben. So sparen Sie sich Zeit und erleiden nicht den berühmten Informationsinfarkt. Sowohl in der Examensvorbereitung, als auch in Klausur und Hausarbeit dienen die Classics als schnelles Lern- und Nachschlagewerk.

15.02 *13,80 €*

Examenswissen

In der letzten Phase sollten Sie sich mit voller Kraft auf das Examen vorbereiten. Besonders wichtig ist jetzt fundiertes Wissen auf Examensniveau! unser Filetstück: die Hauptskripten. Konfronierten Sie sich frühzeitig mit dem, was Sie im Examen erwartet. Examenswissen unter professioneller Anleitung.

Classics Öffentliches Recht

Das Skript umfasst die Dauerbrenner aus den Bereichen der Rechtsprechung zu den Grundrechten, zum Staatsrecht, Verwaltungsrecht AT und BT sowie zum Europarecht. Neben der inhaltlichen Darstellung der Entscheidung werden mit Hilfe knapper Anmerkungen Besonderheiten und Bezüge zu anderen Problematiken hergestellt und somit die Fähigkeit zur Verknüpfung geschärft.

15.03 *13,80 €*

Classics Europarecht

Anders als im amerikanischen Recht gibt es bei uns kein reines „case-law". Gleichwohl hat die Rechtsprechung für Rechtsentwicklung und -fortbildung eine große Bedeutung. Gerade im Europarecht kommt man ohne festes Basiswissen in der europäischen Rechtsprechung nur selten zum Zuge. Auch für das Pflichtfach ein unbedingtes Muss!

15.04 *13,80 €*

Zivilrecht BGB-AT I-III

Die Aufteilung der Unwirksamkeitsgründe nach den verschiedenen Büchern des BGB (z.B. BGB-AT, Schuldrecht AT usw.) entspricht nicht der Struktur des Examensfalls. Wegen der klassischen Einteilung wird der Begriff BGB-AT/ Schuldrecht AT beibehalten. Unsere Skripten BGB-AT I - III unterscheiden entsprechend der Fallfrage in Klausur und Hausarbeit (Anspruch entstanden? Anspruch untergegangen? Anspruch durchsetzbar?) zwischen wirksamen und unwirksamen Verträgen, zwischen rechtshindernden, rechtsvernichtenden und rechtshemmenden Einwendungen. Damit stellen sich diese Skripten als großer Fall dar und dienen auch als Checkliste für Ihre Prüfung. Schon das Durchlesen der Gliederung schafft Verständnis für den Prüfungsaufbau.

BGB-AT I

Entstehen des Primäranspruchs

Besteht der Vertrag, so kann der Anspruchsteller Erfüllung, z.B. Übereignung, Überlassung der Mietsache etc. verlangen. Dies setzt unter anderem Rechtsfähigkeit der Vertragspartner, eine wirksame Willenserklärung, Zugang und ggf. Bevollmächtigung voraus. Nur wenn ein wirksamer Vertrag vorliegt, entsteht die Leistungspflicht des Schuldners und deren Folgeproblematik wie Rücktritt und Schadensersatz. Konsequent befasst sich das Skript daher auch mit den Problemkreisen der Stellvertretung sowie der Einbeziehung von AGB´en.

0001 *13,80 €*

BGB-AT II

Scheitern des Primäranspruchs

Scheitert der Vertrag von vornherein, so entfallen Erfüllungsansprüche. Die Unwirksamkeitsgründe sind im Gesetz verstreut, wie z.B. § 125, § 134, § 2301. Als konsequentes Rechtsfolgenskriptum sind alle klausurtypischen rechtshindernden Einwendungen zusammengefasst.

0002 *13,80 €*

BGB-AT III

Erlöschen des Primäranspruchs

Der Primäranspruch (bzw. Leistungs- oder Erfüllungsanspruch) kann nachträglich wegfallen, z.B. durch Erfüllung, Aufrechnung, Anfechtung, Unmöglichkeit. Nur wer Unwirksamkeitsgründe im Kontext des gescheiterten Vertrags einordnet, lernt richtig. Die rechtshemmenden Einreden (z.B. Verjährung, § 214 BGB) bewirken, dass der Berechtigte sein Recht nicht (mehr) geltend machen kann.

0003 *13,80 €*

Die klassischen Rechtsfolgeskripten zum Schadensersatz - „klausurtypisch!"

Schadensersatzrecht I

Das Skript erfasst neben Allgemeinem zum Schadensersatzrecht zunächst den selbstständigen Garantievertrag als Primäranspruch auf Schadensersatz. Daneben wird die gesetzliche Garantiehaftung behandelt. Ebenfalls enthalten sind die Sachmängelhaftung im Kauf- und Werk-, Miet- und Reisevertragsrecht sowie die Rechtsmängelhaftung.

0004 *13,80 €*

Schadensersatzrecht II

Umfassende Darstellung des Leistungsstörungsrechts, rechtsfolgenorientierte Darstellung der Sekundäransprüche-Schadensersatzansprüche.

0005 *13,80 €*

Schadensersatzrecht III

Befasst sich schwerpunktmäßig mit dem Anspruchsinhalt, d.h. mit der Frage des Umfangs der Ersatzpflicht, also dem „wie viel" eines dem Grunde nach bereits bestehenden Anspruchs. Drittschadensliquidation, Vorteilsausgleichung und hypothetische Schadensursachen dürfen nicht fehlen.

0006 *13,80 €*

Schuldrecht

Die Reihe Schuldrecht orientiert sich an der Klausurrelevanz des Schuldrechts. In nahezu jeder Klausur ist nach Schadensersatzansprüchen des Gläubigers bei Leistungsstörungen des Schuldners, nach bereicherungsrechtlichen Ansprüchen oder nach der deliktischen Haftung gefragt.
Die Schuldrechtsskripten eignen sich hervorragend sowohl zur erstmaligen Aneignung der Materie als auch zur aufgrund der Schuldrechtsreform notwendigen Neustrukturierung bereits vorhandenen Wissens.

Die Schuldrechtsreform

Das Grundlagenskript zur Schuldrechtsreform. Knapp und präzise wird altes und neues Schuldrecht gegenübergestellt: Ein zeitraubendes Neulernen lässt sich vermeiden, wenn man die systematisch richtige Verortung alt bekannter Probleme im neuen Gesetz verstanden hat.

0050 *14,80 €*

Schuldrecht I

Das allgemeine Leistungsstörungsrecht war schon immer äußerst klausurrelevant. Dies hat sich durch die Schuldrechtsreform in erheblichem Maße verstärkt, zumal das Besondere Schuldrecht nun häufig Rückverweisungen auf die §§ 280 ff. BGB vornimmt (z.B. § 437 BGB). Entsprechend der Gesetzessystematik ist das Skript von der Rechtsfolge her aufgebaut: Welche Art des Schadensersatzes verlangt der Gläubiger? Schwerpunkte bilden das Unmöglichkeitsrecht, der allgemeine Anspruch aus § 280 I BGB (auch vorvertragliche Haftung und Schuldnerverzug), die Ansprüche auf Schadensersatz statt der Leistung, Rücktritt und Störung der Geschäftsgrundlage.

0051 *14,80 €*

Schuldrecht II

Die Klassiker im Examen! Kauf- und Werkvertrag in allen prüfungsrelevanten Varianten. Dies gilt insbesondere beim Kauf, dessen spezielles Gewährleistungsrecht abgeschafft und stattdessen auf die §§ 280 ff. BGB Bezug genommen wurde. Das Skript setzt sich mit den kaufspezifischen Fragestellungen wie Sachmangelbegriff, Nacherfüllung, Rücktritt, Minderung und Schadensersatz, Versendungs- und Verbrauchsgüterkauf auseinander. Ferner wird das - dem Kauf nun weitgehend gleichgeschaltete - Werkvertragsrecht behandelt.

0052 *14,80 €*

Schuldrecht III

Umfassend werden die klausurrelevanten Probleme der Miete, Pacht, Leihe, des neuen Darlehensrechts (samt Verbraucherwiderruf nach §§ 491 ff. BGB), des Leasing- und Factoringrechts abgehandelt. Die äußerst wichtigen Fragestellungen aus dem Bereich Bürgschaft („Wer bürgt, wird erwürgt"), Reise- und Maklervertrag kommen ebenfalls nicht zu kurz.

0053 *14,80 €*

Bereicherungsrecht

Die §§ 812 ff. sind regelmäßig die Folge unwirksamer Verträge. Abgrenzungsprobleme gibt es dabei u.a. zum Wegfall der Geschäftsgrundlage (z.B. Rückabwicklung bei der nichtehelichen Lebensgemeinschaft) und §§ 987 ff. Die hemmer-Methode versteht sich als Gebrauchsanweisung für die erfolgreiche Bewältigung des anspruchsvollen Rechtsgebiets Bereicherungsrecht. Ohne Verständnis für dieses Rechtsgebiet bleibt der Zusammenhang im Zivilrecht im Dunkeln.

0008 *13,80 €*

Verbraucherschutzrecht

Das Verbraucherschutzrecht erlangt im Gesamtgefüge des BGB eine immer stärkere Bedeutung. Kaum ein Bereich, in dem die Besonderheiten des Verbraucherschutzrechtes nicht zu abweichenden Ergebnissen führen, so z.B. bei den §§ 474 ff. BGB, oder bei der Widerrufsproblematik der §§ 355 ff. BGB. Insbesondere die umständliche Verweisungstechnik der §§ 499 ff. BGB stellt den Bearbeiter von Klausuren vor immer neue Herausforderungen. Das Skript liefert eine systematische Einordnung in den Gesamtzusammenhang. Wer den Verbraucher richtig einordnet, schreibt die gute Klausur.

0007 *13,80 €*

Deliktsrecht I

Eine umfassende Einführung in das deliktische Haftungssystem. Da die deliktische Haftung gegenüber jedermann besteht, können die §§ 823 ff BGB. in jede Klausur problemlos eingebaut werden. Neben einer umfassenden Übersicht über die Haftungstatbestände werden sämtliche klausurrelevanten Problemfelder der §§ 823 ff BGB. umfassend behandelt (z.B. Probleme der haftungsbegründenden und -ausfüllenden Kausalität). § 823 I BGB ist als elementarer, strafrechtsähnlicher Grundtatbestand leicht erlernbar. Auch § 823 II und §§ 824 - 826 BGB sollten nicht vernachlässigt werden. Neben § 831 BGB (Vorsicht beim Entlastungsbeweis!), der Haftung für Verrichtungsgehilfen, befasst sich der erste Band auch mit der Mittäterschaft, Teilnahme und Beteiligung gem. § 830 BGB.

0009 *13,80 €*

Deliktsrecht II

Deliktsrecht II vervollständigt das deliktische Haftungssystem mit besonderem Schwerpunkt auf der Gefährdungshaftung und der Haftung für vermutetes Verschulden. Zum einen erfolgt eine ausführliche Erörterung der im BGB integrierten Haftungsnormen. Zum anderen vermittelt das Skript ein umfassendes Wissen in den klausurrelevanten Spezialgesetzen wie dem StVG, dem ProdHaftG und dem UmweltHaftG. Abgerundet werden die Darstellungen durch den wichtigen Beseitigungs- und Unterlassungsanspruch des § 1004 BGB.

0010 *13,80 €*

Sachenrecht I-III:

Sachenrecht ist durch immer wiederkehrende examenstypische Problemfelder gut ausrechenbar. Anders als das Schuldrecht ist es ein klar strukturiertes Rechtsgebiet. In der Regel besteht deswegen eine feste Vorstellung, wie der Fall zu lösen ist. Deshalb gilt es gerade hier, mit der hemmer-Methode den Ersteller der Klausur als imaginären Gegner zu erfassen. Es gilt, Begriffe wie z.B. Widerspruch und Vormerkung in ihrer rechtlichen Wirkung zu begreifen und in den Kontext der Klausur einzuordnen.

Sachenrecht I

Zu Beginn werden die allgemeinen Lehren des Sachenrechts (Abstraktionsprinzip, Publizität, numerus clausus etc.) behandelt, die für den Einstieg und ein grundlegendes Verständnis der Materie unabdingbar sind. Im Vordergrund stehen dann das Besitzrecht und das Eigentümer-Besitzer-Verhältnis. Gerade das EBV ist klausurrelevant. Hier dürfen Sie keinesfalls auf Lücke lernen. Schließlich geht es auch um den immer wichtiger werdenden (verschuldensunabhängigen) Beseitigungs- bzw. Unterlassungsanspruch aus § 1004 BGB.

0011 *13,80 €*

Sachenrecht II

Sachenrecht II behandelt den Erwerb dinglicher Rechte an beweglichen Sachen. Neben dem Erwerb kraft Gesetzes ist Schwerpunkt hier natürlich der rechtsgeschäftliche Erwerb des Eigentums. Bei dem Erwerb vom Berechtigten und den §§ 932 ff. BGB müssen Sie sicher sein, insbesondere, wenn wie im Examensfall regelmäßig Dritte (Besitzdiener, Besitzmittler, Geheißpersonen) in den Übereignungstatbestand eingeschaltet werden. Daneben geht es um die klausurrelevanten Probleme beim Pfandrecht, bei der Sicherungsübereignung und beim Anwartschaftsrecht des Vorbehaltsverkäufers.

0012 *13,80 €*

Sachenrecht III

Gegenstand des Skripts Sachenrecht III ist das Immobiliarsachenrecht, wobei die Übertragung des Eigentums an Grundstücken im Vordergrund steht. Weitere Schwerpunkte bilden u.a. Erst- und Zweiterwerb der Vormerkung, die Hypothek und Grundschuld -Gemeinsamkeiten und Unterschiede-, Übertragung sowie der Wegerwerb von Einwendungen und Einreden bei diesen.

0012A *13,80 €*

Kreditsicherungsrecht

Der Clou! Wettlauf der Sicherungsgeber, Verhältnis Hypothek zur Grundschuld, Verlängerter Eigentumsvorbehalt und Globalzession/Factoring sind häufig Prüfungsgegenstand. Lernen Sie das, was zusammen gehört, als zusammengehörend zu betrachten. Alle examenstypischen Sicherungsmittel im Überblick: Wie sichere ich neben dem bestehenden Rückzahlungsanspruch einen Kredit? Unterschieden werden Personalsicherheiten (z.B. Bürgschaft, Schuldbeitritt), Mobiliarsicherheiten (z.B. Sicherungsübereignung, Sicherungsabtretung, Eigentumsvorbehalt und Pfandrecht) sowie Immobiliarsicherheiten (Grundschuld und Hypothek). Wer die Unterscheidung zwischen akzessorischen und nichtakzessorischen Sicherungsmitteln wirklich verstanden hat, geht unbesorgt in die Prüfung.

0013 *13,80 €*

Nebengebiete

Familienrecht

Das Familienrecht wird häufig in Verbindung mit anderen Rechtsgebieten geprüft. So sind z.B. §§ 1357, 1365, 1369 BGB Schnittstelle zum BGB-AT und nur in diesem Kontext verständlich. Die sog. Ehestörungsklage hat ihre Bedeutung bei §§ 823 und 1004 BGB. Da nur der geschädigte Ehegatte einen eigenen Schadensersatzanspruch gegen den Schädiger hat, stellen sich Probleme der Vorteilsanrechnung (vgl. § 843 IV BGB) und Fragen beim Regress. Von Bedeutung sind bei der Nichtehelichen Lebensgemeinschaft Bereicherungsrecht und, wie bei Eheleuten auch, familienrechtliche Bestimmungen sowie das Recht der BGB-Gesellschaft. Die typischen Problemkreise des Familienrechts sind berechenbar und leicht erlernbar.

0014 *13,80 €*

Erbrecht

„Erben werden geboren, nicht gekoren." oder „Erben werden gezeugt, nicht geschrieben." deuten auf germanischen Einfluß mit seinem Sippengedanken. Das Prinzip der Universalsukzession und die Testamentidee sind römisch-rechtliche Tradition. Die Spannung zwischen individualistischem (der Erbe steht im Vordergrund) und kollektivistischem Ansatz (die Sippe ist privilegiert) ist auch für die Klausur von großer praktischer Relevanz, z.B. gewillkürte oder gesetzliche Erbfolge, Formwirksamkeit des Testaments (auch gemeinschaftliches Testament und Erbvertrag), Widerruf und Anfechtung, Bestimmung durch Dritte, Vor- und Nach- sowie Ersatzerbschaft, Vermächtnis, Pflichtteilsrecht, Erbschaftsbesitz, Miterben, Erbschein. Auch die dingliche Surrogation, z.B. bei § 2019 BGB, und das Verhältnis des Erbrechts zum Gesellschaftsrecht sollte als prüfungsrelevant bekannt sein.

0015 *13,80 €*

Zivilprozessrecht I

Versäumnisurteil, Erledigung, Streitverkündung, Berufung (ZPO I, sog. Erkenntnisverfahren) sind mit der hemmer-Methode leicht verständlich für die Klausuranwendung aufbereitet. Von den vielen Bestimmungen der ZPO sind insbesondere diejenigen, die mit materiellrechtlichen Problemen verknüpft werden können, klausurrelevant. ZPO-Probleme werden nur dann richtig erfasst und damit auch für die Klausur handhabbar, wenn man den praktischen Hintergrund verstanden hat. Dies erleichtert Ihnen die hemmer-Methode. Die klausurrelevanten Neuerungen der ZPO-Reform sind selbstverständlich eingearbeitet.

0016 *13,80 €*

Zivilprozessrecht II

Zwangsvollstreckungsrecht - mit diesem Skript halb so wild: Grundzüge, allgemeine und besondere Vollstreckungsvoraussetzungen, sowie die klausurrelevanten Rechtsbehelfe wie §§ 771 BGB (und die Abgrenzung zu § 805), 766 und 767 BGB werden wie gewohnt übersichtlich und gut verständlich für die Anwendung in der Klausur aufbereitet. Dann werden auch gefürchtete Zwangsvollstreckungsklausuren leicht.

0017 *13,80 €*

Arbeitsrecht

Arbeitsrecht ist stark von Richterrecht geprägt und hat sich auch, wie z.B. im Streikrecht, praeter legem entwickelt. Entsprechend häufig sind die Neuerungen. Gleichwohl ist die Arbeitsrechtsklausur im Regelfall standardisiert: Kündigungsschutz (Feststellungsklage) und Lohnzahlung (Leistungsklage) bilden häufig das Grundgerüst. Eingestreut sind regelmäßig Probleme wie z.B. Gratifikationen, Urlaubsabgeltungsanspruch, faktische Bindung und Anwendbarkeit der Grundrechte. Verständnis entsteht. So macht Arbeitsrecht Spaß. Das Standardwerk! Ausgehend von einem großen Fall wird das gesamte Arbeitsrecht knapp und prägnant erklärt.

0018 *16,80 €*

Handelsrecht

Handelsrecht verschärft wegen der Sonderstellung der Kaufleute viele Bestimmungen des BGB (z.B. §§ 362, 377 HGB). Auch Vertretungsrecht wird modifiziert (z.B. § 15 HGB, Prokura), ebenso die Haftung (§§ 25 ff HGB). So kann eine Klausur ideal gestreckt werden. Deshalb sind Kenntnisse im Handelsrecht unerlässlich, alles in allem aber leicht erlernbar.

0019A *13,80 €*

Gesellschaftsrecht

Ein Problem mehr in der Klausur: die Gesellschaft, insbesondere BGB-Gesellschaft, OHG, KG und GmbH. Zu unterscheiden ist häufig zwischen Innen- und Außenverhältnis. Die Haftung von Gesellschaft und Gesellschaftern muss jeder kennen. In der examenstypischen Klausur sind immer mehrere Personen vorhanden (Notendifferenzierung!), so dass sich zwangsläufig die typischen Schwierigkeiten der Mehrpersonenverhältnisse stellen (Zurechnung, Gesamtschuld, Ausgleichsansprüche etc.).

0019B *13,80 €*

Rechtsfolgeskripten

Regelmäßig ist die sog. Herausgabeklausur („A verlangt von B Herausgabe. Zu Recht?") Prüfungsgegenstand. Der Rückgriff kann als Zusatzfrage jede Klausur abschließen. Klausurtypisch werden diese Problemkreise im Anspruchsgrundlagenaufbau dargestellt. So schreiben Sie die 18 Punkteklausur. Ein Muss für jeden Examenskandidaten!

Herausgabeansprüche

Der Band setzt das Rechtsfolgesystem bisheriger Skripten fort. Die Anspruchsgrundlagen, die in den verschiedenen Rechtsgebieten verstreut sind, werden in einem eigenen Skript klausurtypisch konzentriert behandelt, §§ 285, 346, 546, 604, 812, 861, 985, 1007 BGB. Die ideale Checkliste für die Herausgabeklausur. Wer konsequent von der Fallfrage aus geht, lernt richtig.

0031 *13,80 €*

Rückgriffsansprüche

Der Regreß ist examenstypisch. Dreiecksbeziehungen sind nicht nur im wirklichen Leben problematisch, sondern auch im Recht. Der Band gibt unsere Erfahrungen mit den verschiedenen Examenskonstellationen wieder. Beispielhaft ist die Begleichung einer Schuld durch einen Dritten und der Regreß beim Schuldner. In Betracht kommen häufig GoA, Gesamtschuld und Bereiche-rungsrecht.

0032 *13,80 €*

Strafrecht

Eine zweistellige Punktezahl ist im Strafrecht immer im Bereich des Möglichen. Gerade im Strafrecht ist es wichtig, die Klassiker genau zu kennen. Im Strafrecht/Strafprozessrecht wird Ihre Belastbarkeit getestet: innerhalb relativ kurzer Zeit müssen viele Problemkreise „abgehakt" werden.

Strafrecht AT I

Für das Verständnis im Strafrecht unabdingbar sind vertiefte Kenntnisse des Allgemeinen Teils. Der Aufbau eines vorsätzlichen Begehungsdelikts wird ebenso vermittelt wie der eines vorsätzlichen Unterlassungsdelikts bzw. eines Fahrlässigkeitsdelikts. Darin eingebettet werden die examenstypischen Probleme erläutert und anhand der hemmer-Methode Lernverständis geschaffen. Um die allgemeine Strafrechtssystematik besser zu verstehen, beinhaltet dieses Skript zudem Ausführungen zur Garantiefunktion des Strafrechts, zum Geltungsbereich des deutschen Strafrechts sowie einen Überblick über strafrechtliche Handlungslehren.

0020 *13,80 €*

Strafrecht AT II

Dieses Skript vermittelt Ihnen anwendungsorientiert die Problemkreise Versuch (insbesondere Rücktritt vom Versuch), Täterschaft und Teilnahme (z.B. Täter hinter dem Täter), die Irrtumslehre (z.B. aberratio ictus), sowie das Wichtigste zu den Konkurrenzen.
Grundbegriffe werden erläutert und zudem in den klausurtypischen Zusammenhang gebracht. Auch Sonderfälle wie die „actio libera in causa" werden in fallspezifischer Weise erklärt.

0021 *13,80 €*

Strafrecht BT I

Bei den Klassikern wie u.a. Diebstahl, Betrug einschließlich Computerbetrug, Raub, Erpressung, Hehlerei, Untreue (BT I) sollte man sich keine Fehltritte leisten. Mit der hemmer-Methode wird der verständnisvolle Umgang mit Fällen, die im Grenzbereich eines oder mehrerer Tatbestände liegen, eingeübt. Auf klausurtypische Fallkonstellationen wird hingewiesen.

0022 *13,80 €*

Intelligentes Lernen
mit der hemmer-Methode

Strafrecht BT II

Immer wieder in Hausarbeit und Klausur: Totschlag, Mord, Körperverletzungsdelikte, Aussagedelikte, Urkundsdelikte, Straßenverkehrsdelikte. In aller Regel werden diese Delikte mit Täterschaftsformen des Allgemeinen Teils kombiniert, und dadurch die Problematik klausurtypisch gestreckt.

0023 *13,80 €*

Strafprozessordnung

Strafprozessrecht hat auch im Ersten Juristischen Staatsexamen deutlich an Bedeutung gewonnen: In fast jedem Bundesland ist mittlerweile verstärkt mit StPO-Zusatzfragen im Examen zu rechnen. Begriffe wie z.B. Legalitätsprinzip, Opportunitätsprinzip und Akkusationsprinzip dürfen keine Fremdworte bleiben. Lernen Sie spielerisch die Abgrenzung von strafprozessualem und materiellem Tatbegriff. Auf alle klausurtypischen Probleme wird eingegangen.

0030 *13,80 €*

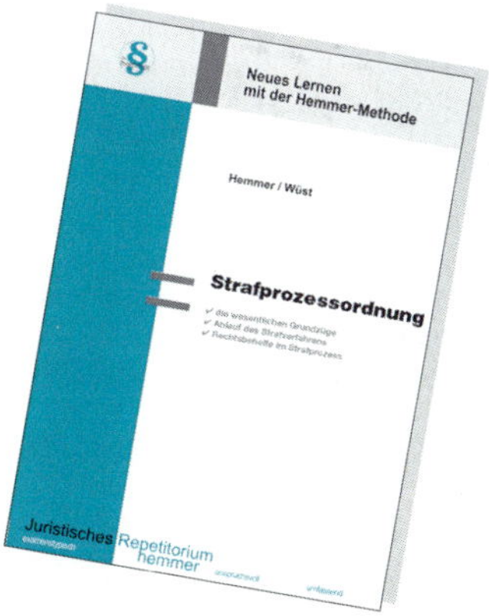

Verwaltungsrecht

Auch die Verwaltungsrechtsskripten sind klausur- und hausarbeitsorientiert und damit als großer Fall zu verstehen. Trainieren Sie Verwaltungsrecht mit uns klausurorientiert. Lernen Sie mit der hemmer-Methode die richtige Einordnung. Im Öffentlichen Recht gilt: wenig Dogmatik - viel Gesetz. Gehen Sie deshalb mit dem sicheren Gefühl in die Prüfung, die Dogmatik genau zu kennen und zu wissen, wo Sie was zu prüfen haben.

Verwaltungsrecht I

Wie in einem großen Fall sind im Verwaltungsrecht I die klausurtypischen Probleme der Anfechtungsklage als zentrale Klageart der VwGO dargestellt. Entsprechend der Reihenfolge in einer Klausur werden Fragen der Zulässigkeit, vom Vorliegen eines VA bis zum Vorverfahren, und der Begründetheit, von der Ermächtigungsgrundlage bis zum Widerruf und der Rücknahme von VAen, klausurorientiert aufbereitet.

0024 *13,80 €*

Verwaltungsrecht II

Die richtige Einordnung der Prüfungspunkte im Rahmen der Zulässigkeit und Begründetheit von Verpflichtungs-, Fortsetzungsfeststellungs-, Leistungs- und Feststellungsklage sowie Normenkontrolle unter gleichzeitiger Darstellung typischer Fragestellungen der Begründetheit sind Gegenstand dieses Skripts. Sie machen es zu einem unentbehrlichen Hilfsmittel zur Vorbereitung auf Zwischenprüfung und Examina.

0025 *13,80 €*

Verwaltungsrecht III

Profitieren Sie von unserer jahrelangen Erfahrung als Repetitoren und unserer Sachkenntnis von Prüfungsfällen. Widerspruchsverfahren, vorbeugender und vorläufiger Rechtsschutz, Rechtsmittel sowie Sonderprobleme aus dem Verwaltungsprozess- und allgemeinen Verwaltungsrechts sind anschließend für Sie keine Fremdwörter mehr.

0026 *13,80 €*

Staatsrecht

Stoffauswahl und Schwerpunktbildung von Verfassungsrecht (Staatsrecht I) und Staatsorganisationsrecht (Staatsrecht II) orientieren sich am praktischen Bedürfnis von Klausur und Hausarbeit. Da in diesem Bereich häufig nach dem Prinzip „terra incognita" gelernt wurde, gilt es Lücken zu schließen. Wer Staatsrecht richtig gelernt hat, kann sich jedem Fall stellen. Es gilt der Wahlspruch der Aufklärung: „sapere aude" (Wage, Dich Deines Verstandes zu bedienen.), Kant, auf ihn Bezug nehmend Karl Popper (Beck´sche Reihe, „Große Denker").

Staatsrecht I

Die Grundrechte sind das Herzstück der Verfassung. Zulässigkeit und Begründetheit der Verfassungsbeschwerde geben jedem Klausurersteller die Möglichkeit, Grundrechtsverständnis abzuprüfen. Die einzelnen Grundrechte werden im Rahmen der Begründetheit der Verfassungsbeschwerde umfassend erklärt. Lernen Sie mit der hemmer-Methode den richtigen Fallaufbau, auf den gerade im Öffentlichen Recht besonders viel Wert gelegt wird.

0027 *13,80 €*

Staatsrecht II

Speziell hier gilt: Die wenigen Klassiker, die immer wieder in der Klausur eingebaut sind, muss man kennen.

Dies sind im Prozessrecht: Organstreitigkeiten, abstrakte und konkrete Normenkontrolle und föderale Streitigkeiten (Bund-/ Länderstreitigkeiten). Das materielle Recht beinhaltet Staatszielbestimmungen (Art. 20 GG), Finanzverfassung, daneben auch oberste Staatsorgane, Gesetzgebungskompetenz und -verfahren, Verwaltungsorganisation und das Recht der politischen Parteien. Mit diesen Problemkreisen sollten Sie sich im Rahmen einer sinnvollen Examensvorbereitung mit den jeweiligen landesrechtlichen Besonderheiten auseinandersetzen. Skripten, die die Problematik „verallgemeinernd" auf Bundesebene darstellen, helfen meist nicht weiter!

0028 *13,80 €*

Staatshaftungsrecht

Das Staatshaftungsrecht ist eine Querschnittsmaterie aus den Bereichen Verfassungsrecht, Allgemeines und Besonderes Verwaltungsrecht und dem Bürgerlichen Recht. Diese Besonderheit macht es einerseits kompliziert, andererseits interessant für Klausurersteller! In diesem Skript finden Sie alle klausurrelevanten Probleme des Staatshaftungsrechts examenstypisch aufgearbeitet.

0040 *13,80 €*

Europarecht

Immer auf dem neusten Stand! Unser Europarecht hat sich zum Klassiker entwickelt. In Zeiten unüberschaubarer Normenflut ermöglicht dieses Skript die zum Verständnis notwendige Orientierung und Vereinfachung. Anschaulich und klar strukturiert erspart es Zeit und dient dem Allgemeinverständnis für dieses in Zukunft immer wichtiger werdende Prüfungsgebiet. Zusammen mit der Fallsammlung Europarecht Garant für ein erfolgreiches Abschneiden in der Prüfung! Die hohe Nachfrage gibt dem Skriptum recht.

0029 *16,80 €*

Öffentliches Recht - landesspezifische Skripten

Wesentliche Bereiche des Öffentlichen Rechts- Kommunalrecht, Sicherheitsrecht, Bauord-nungsrecht - sind aufgrund der Kompetenzverteilung des Grundgesetzes Landesrecht. Hier müssen Sie sich im Rahmen einer sinnvollen Examensvorbereitung mit den jeweiligen landesrechtlichen Besonderheiten auseinandersetzen. Skripten, die die Problematik „verallgemeinernd“ auf Bundesebene darstellen, helfen meist nicht weiter!

Baurecht/Bayern
Baurecht/Nordrhein-Westfalen
Baurecht/Baden Württemberg

Bauplanungs- und Bauordnungsrecht werden in klausurtypischer Aufarbeitung so dargestellt, dass selbst ein Anfänger innerhalb kürzester Zeit die Systematik des Baurechts erlernen kann. Vertieft werden darüber hinaus alle wichtigen Spezialprobleme des Baurechts wie gemeindliches Einvernehmen, Vorbescheid, Erlass von Bebauungsplänen etc. behandelt.

01.0033 BauR Bayern	*13,80 €*
02.0033 BauR NRW	*13,80 €*
03.0033 BauR Baden Württ.	*13,80 €*

Polizei- und Sicherheitsrecht/ Bayern
Polizei- und Ordunungsrecht/ Nordrhein-Westfalen
Polizeirecht/Baden Württemberg

Gerade das Polizei- und/oder Sicherheitsrecht stellt sich von Bundesland zu Bundesland unterschiedlich dar: Hier kommt die Stärke der landesrechtlichen Skripten voll zur Geltung! Lernen Sie im jeweils regionalen Kontext die Begriffe Primär- und Sekundärmaßnahme, Konnexität, Anscheins- und Putativgefahr usw. Der Aufbau des Skripts orientiert sich an der typischen Systematik einer Polizeirechtsklausur.

01.0034 Polizei-/SR Bayern	*13,80 €*
02.0034 Polizei-/OR NRW	*13,80 €*
03.0034 PolizeiR/ Baden Württ.	*13,80 €*

Kommunalrecht/Bayern
Kommunalrecht/NRW
Kommunalrecht/Baden Württemberg

In vielen Bundesländern ist Kommunalrecht das Herz der verwaltungsrechtlichen Klausur, da es sich mit den meisten anderen Bereichen des Verwaltungsrecht-BT hervorragend kombinieren lässt: Begriffe wie eigener und übertragener Wirkungskreis, Kommunalaufsicht, Verbands- und Organkompetenz, Befangenheit von Gemeinderäten, Kommunale Verfassungsstreitigkeit, gemeindliche Geschäftsordnung und vieles mehr werden in gewohnt fallspezifischer Art dargestellt und erklärt.

01.0035 KomR. Bayern	*13,80 €*
02.0035 KomR. NRW	*13,80 €*
03.0035 KomR. Baden Württ.	*13,80 €*

Schwerpunktskripten

Auch im Bereich der Wahlfachgruppen können Sie auf die gewohnte und bewährte Qualität der Hemmer-Skripten zurückgreifen. Wir ermöglichen Ihnen, das Gebiet Ihrer Wahlfachgruppe effektiv und examenstypisch zu erschließen. Die Zusammenstellung der Skripten orientiert sich am examensrelevanten Stoff und den wichtigsten Problemkreisen.

Kriminologie

Das Skript Kriminologie umfasst sämtliche, für die Wahlfachgruppe relevanten Bereiche: Kriminologie, Jugendstrafrecht und Strafvollzug. Im Mittelpunkt stehen insbesondere die Erscheinungsformen und Ursachen von Kriminalität, der Täter, aber auch das Opfer und die Kontrolle und Behandlung des Straftäters.Durch die Behandlung vieler strafrechtlicher Grundbegriffe ist das Skriptum auch für den Studenten geeignet, der diese Wahlfachgruppe nicht gewählt hat.

0039	*16,80 €*

Schwerpunktskripten

Völkerrecht
Die Probleme im Völkerrecht sind begrenzt. Der Band vermittelt den Einstieg in die Rechtsmaterie und stellt die wichtigsten Probleme des Völkerrechts dar. Ergänzt durch Beispielfälle und die Judikatur des IGH ist dieses Skript ein unverzichtbares Hilfsmittel. Erschließen Sie sich mit Hilfe dieses Skripts die Problemkreise der völkerrechtlichen Verträge, über die Personalhoheit bis hin zum Interventionsverbot.
Denken Sie daran: Seit das Europarecht Prüfstoff des Ersten und Zweiten Juristischen Staatsexamens geworden ist, hat die Attraktivität der Wahlfachgruppe Völker-/Europarecht stark zugenommen.

0036 *16,80 €*

Internationales Privatrecht
In der Praxis wird der Jurist von morgen nicht darum herumkommen, sich mit IPR zu beschäftigen. Internationale Verflechtungen gewinnen an Bedeutung und den nationalen Scheuklappen wird entgegen gewirkt. Das Skript ist fallorientiert und ermöglicht den leichten Einstieg.
Die Anwendung des Internationalen Einheitsrechts, staatsvertraglicher Kollisionsnormen sowie des autonomen Kollisionsrechts werden hier erläutert. Auch werden die Rechte der natürlichen Person auf internationaler Ebene vom Vertragsrecht bis hin zum Sachenrecht behandelt.

0037 *16,80 €*

Kapitalgesellschaftsrecht
Im Skript Kapitalgesellschaftsrecht werden die Gründung der Kapitalgesellschaften und deren Orga-nisationsverfassung dargestellt. Es beinhaltet daneben die Rechtsstellung der Gesellschafter, die Finanzordnung der Gesellschaften und die Stellung der Gesellschaften im Rechtsverkehr. Abschließend erfolgt ein Überblick über das Konzernrecht und Sonderformen der Kapitalgesellschaften.

0055 *16,80 €*

Wettbewerbs- und Markenrecht
Im Rahmen des Rechts des unlauteren Wettbewerbs werden die Grundzüge erklärt, die für das Verständnis dieser Materie unerlässlich sind.
Aus dem Bereich des Immaterialgüterrechts wird das Markenrecht näher betrachtet, etwa Unterlassungs- und Schadensersatzansprüche wegen Markenverletzung.

0060 *16,80 €*

Rechtsgeschichte I
Gegenstand des Skripts ist die Rechtsgeschichte des frühen Mittelalters bis hin zur Rechtsgeschichte des 20. Jahrhunderts. Inhaltlich deckt es die Bereiche Verfassungsrechtsgeschichte, Privatrechtsgeschichte und Strafrechtsgeschichte ab. Hauptsächlich hilft das Skript bei der Vorbereitung auf die rechtsgeschichtlichen Klausuren. Gleichzeitig ist es auch für „kleine" Grundlagenklausuren und die „großen" Examensklausuren geeignet. Ideal auch zur Vorbereitung auf die mündliche Prüfung.

0058 *16,80 €*

Rechtsgeschichte II
Das Skript Rechtsgeschichte II befasst sich mit der Römischen Rechtsgeschichte und liefert im Zusammenhang mit dem Skript Rechtsgeschichte I (Deutsche Rechtsgeschichte) den Stoff für die Wahlfachgruppe. Darüber hinaus sollten Grundzüge der Rechtsgeschichte zum Wissen eines jeden Jurastudenten gehören. Mit diesem Skript werden Sie schnell in die Entwicklungen und Einflüsse der Römischen Rechtsgeschichte eingeführt.

0059 *16,80 €*

Steuererklärung leicht gemacht
Das Skript gibt alle erforderlichen Anleitungen und geldwerte Tipps für die selbstständige Erstellung der Einkommensteuererklärung von Studenten und Referendaren. Zur Verdeutlichung sind Beispielfälle eingebaut, deren Lösungen als Grundlage für eigene Erklärungen dienen können.

0038 *13,80 €*

Abgabenordnung
Die Abgabenordnung als das Verfahrensrecht zum gesamten Steuerrecht hält viele Besonderheiten bereit, die Sie sowohl im Rahmen der Pflichtfachklausur im 2. Examen, wie auch in der Wahlfachklausur beherrschen müssen. Hierbei hilft zwar Systemverständnis im allgemeinen Verwaltungsrecht, das wir Ihnen mit unseren Skripten Verwaltungsrecht I - III vermitteln. Jedoch ist auch eine

detaillierte Auseinandersetzung mit abgabenordnungsspezifischen Problemen unverzichtbar. Im Ersten gleichsam wie im Zweiten Examen stellen verfahrensrechtliche Fragen regelmäßig zwischen 25 und 30 % des Prüfungsstoffes der Steuerrechtsklausur dar. Hier zeigt sich immer wieder, dass das Verfahrensrecht zu wenig beachtet wurde. Eine gute Klausur kann aber nur dann gelingen, wenn sowohl die einkommensteuerrechtliche als auch die verfahrensrechtliche Problematik erfasst wurde.

0042 *16,80 €*

Einkommensteuerrecht

Der umfassende Überblick über das Einkommenssteuerrecht! Der gesamte examensrelevante Stoff sowohl für die Wahlfachgruppe als auch für die Pflichtklausur im 2. Examen: Angefangen bei den einkommensteuerlichen Grundfragen der subjektiven Steuerpflicht und den Besteuerungstatbeständen der sieben Einkommensarten, über die verschiedenen Gewinnermittlungsmethoden, bis hin zur Berechnung des zu versteuernden Einkommens orientiert sich das Skript streng am Klausuraufbau und stellt so absolut notwendiges Handwerkszeug dar. Das Skript eignet sich sowohl für den Einstieg, als auch für die intensive Auseinandersetzung mit dem Einkommensteuerrecht. Auch für jeden „Steuerzahler" empfehlenswert! Schwerpunkt bleiben die examensrelevanten Problemkreise.

0043 *21,80 €*

Die Musterklausuren für das Examen

Fahrlässig handelt, wer sich diese Fälle entgehen lässt! Aus unserem langjährigen Klausurenkursprogramm die besten Fälle, die besonders häufig Gegenstand von Prüfungen waren und sicher wieder sein werden. Lernen Sie den Horizont von Klausurenerstellern und -korrektoren anhand von exemplarischen Fällen kennen .

Musterklausuren Examen Zivilrecht

Das Repetitorium hemmer ist für seine Trefferquote bekannt. Das zeigt sich auch in den Musterklausuren: Teilweise wurden die ausgewählten Fälle später zu nahezu identischen Originalexamensfällen. Die Themenkreise sind weiter hochaktuell. Examensklausuren haben eine eigene Struktur. Der Ersteller konstruiert Sachverhalt und Lösung nach bestimmten Regeln, die es zu erfassen gilt. Objektiv muss die Klausur wegen der Notendifferenzierung anspruchsvoll, aber lösbar sein, eine Vielzahl von Problemen beinhalten und bei der Lösung ein einheitliches Ganzes ergeben. Subjektives Merkmal ist, wie der Ersteller die objektiven Merkmale gewichtet hat. Hier zeigt sich sein Ideengebäude, welches zu erfassen die wesentliche Aufgabe bei der Klausurbewältigung ist.

16.01 *13,80 €*

Musterklausuren Examen Strafrecht

Wenig Gesetz, viel Dogmatik. Gerade im Strafrecht gilt: „Streit erkannt, Gefahr gebannt!" Strafrecht ist regelmäßig ein Belastungstest: Strafrechtliche Klausuren bestehen aus einer Vielzahl von Problemen aus dem Allgemeinen Teil, dem Besonderen Teil, bzw. aus beiden. Routine beim „Abhaken" der Problemkreise zahlt sich aus. Frühzeitiges Klausurentraining schafft Sicherheit im Examen.

16.02 *13,80 €*

Musterklausuren Examen Steuerrecht

Steuerrechtliche Klausuren zeichnen sich durch immer wiederkehrende Einzelkonstellationen aus, die zu einem großen Fall zusammengebastelt sind. Es ist leicht eine gute Note zu schreiben, wenn man die Materie kennt. Auf der Grundlage von original Examensklausuren aus den letzten Jahren werden die klassischen Problemfelder aus dem materiellen Recht wie aus dem Verfahrensrecht examenstypisch aufbereitet und vermittelt.

16.03 *13,80 €*

Musterklausur Examen Europarecht

Europarecht ist ohne Fälle nicht fassbar. Erleichtern Sie sich das Verständnis für Europarecht, indem Sie anwendungsspezifisch und fallorientiert lernen. Nachdem das Europarecht auch als Pflichtfach immer größere Bedeutung erlangt, stellt diese Fallsammlung als Erweiterung des Lernmaterials zum Europarecht eine unerlässliche Hilfe bei der Examensvorbereitung dar.

16.04 *13,80 €*

Die Shorties - Minikarteikarten

Die Shorties - in 20 Stunden zum Erfolg

Die wichtigsten Begriffe und Themenkreise werden anwendungsspezifisch erklärt.
Knapper geht es nicht.
Die „sounds" der Juristerei (super learning) grafisch aufbereitet - in Kürze zum Erfolg.

- als Checkliste
zum schnellen Erfassen des jeweiligen Rechtsgebiets.

- zum Rekapitulieren
mit dem besonderen Gedächtnistraining schaffen Sie Ihr Wissen ins Langzeitgedächtnis.

- vor der Klausur zum schnellen Überblick

- ideal vor der mündlichen Prüfung

Die Shorties 1 *BGB AT, SchuldR AT (50.10)*	*21,80 €*
Die Shorties 2/I *KaufR, MietV, Leihe, WerkVR, ReiseV, Verwahrung (50.21)*	*21,80 €*
Die Shorties 2/II *GoA, BerR, DeliktsR, SchadensersatzR (50.22)*	*21,80 €*
Die Shorties 3 *SachenR, ErbR, FamR (50.30)*	*21,80 €*
Die Shorties 4 *ZPO I/II, HGB (50.40)*	*21,80 €*
Die Shorties 5 *StrafR AT/BT (50.50)*	*21,80 €*
Die Shorties 6 *Öffentliches Recht (50.60)* *(VerwR, GrundR, BauR, StaatsOrgR, VerfProzR)*	*21,80 €*

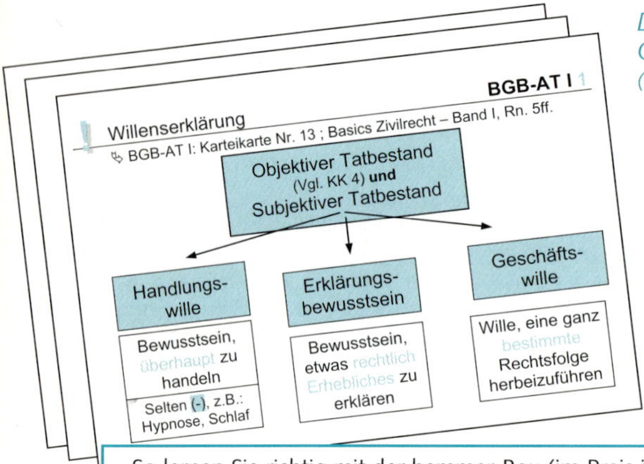

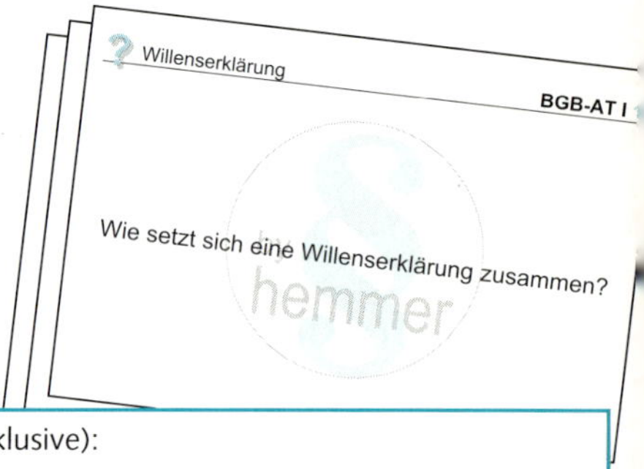

So lernen Sie richtig mit der hemmer-Box (im Preis inklusive):

1. Verstehen: Haben Sie den gelesenen Stoff verstanden, wandert die Karte auf Stufe 2., Wiederholen am nächsten Tag.

2. Wiederholen: Haben Sie den Stoff behalten, wandert er von Stufe 2. zu Stufe 4.

3. kleine Strafrunde: Konnten Sie den Inhalt von 2. nicht exakt wiedergeben, arbeiten Sie die Themen bitte noch einmal durch.

4. fundiertes Wissen: Wiederholen Sie die hier einsortierten Karten nach einer Woche noch einmal. Konnten Sie alles wiedergeben? Dann können Sie vorrücken zu Stufe 5.

5. Langzeitgedächtnis: Wiederholen Sie auf dieser Stufe das Gelernte im Schnelldurchlauf nach einem Monat. Sollten noch Fragen offen bleiben, gehen sie bitte eine Stufe zurück.

Die Karteikartensätze

Lernen Sie intelligent
mit der 5-Schritt-Methode.

Weniger ist mehr. Das schnelle Frage- und Antwortspiel sich auf dem Markt durchgesetzt. Mit der hemmer-Methode wird der Gesamtzusammenhang leichter verständlich, das Wesentliche vom Unwesentlichen unterschieden. Ideal für die AG und Ihre Lerngruppe: wiederholen Sie die Karteikarten und dem hemmer-Spiel „Jurapolis". Lernen Sie so im Hinblick auf die mündliche Prüfung frühzeitig auf Fragen knapp und präzise zu antworten. Wissenschaftlich ist erwiesen, dass von dem Gelernten in der Regel innerhalb von 24 Stunden bis zu 70% wieder vergessen wird. Daher ist es wichtig, das Gelernte am nächsten Tag zu wiederholen, bevor Sie sich neue Karteikarten vornehmen.
Mit den Karteikarten können Sie leicht kontrollieren, wie viel Sie behalten haben.
Karteikarten bieten die Möglichkeit, knapp, präzise und zweckrational zu lernen. Im Hinblick auf das Examen werden die wichtigsten examenstypischen Problemfelder vermittelt. Das Kartei-kartensystem entspricht modernen Lernkon-zepten und führt zum „learning just in time" (Lernen nach Bedarf). Da sie kurz und klar strukturiert sind, kann mit ihnen in kürzester Zeit der Lernstoff erarbeitet und vertieft werden.

Basics - Zivilrecht

Das absolut notwendige Grundwissen vom Vertragsabschluß bis zum EBV. Alles was Sie im Zivilrecht wissen müssen. Die Grundlagen müssen sitzen.

20.01 *11,80 €*

Basics - Strafrecht

Karteikarten Basics-Strafrecht bieten einen Überblick über die wichtigsten Straftatbestände wie z.B.: Straftaten gegen Leib und Leben sowie Eigentumsdelikte und Straßenverkehrsdelikte, sowie verschiedene Deliktstypen, wichtige Probleme aus dem allgemeinen Teil, z.B. Versuch, Beteiligung Mehrerer, usw.

20.02 *11,80 €*

Basics - Öffentliches Recht

Anhand der Karten Basics-Öffentliches Recht erhalten Sie einen breitgefächerten Überblick über Staatsrecht, Verwaltungs-, und Staatshaftungsrecht. So lassen sich die verschiedenen Rechtsbehelfe optimal in ihrer Zulässigkeits- und Begründetheitsstation auf die Grundlagen hin erlernen.

20.03 *11,80 €*

BGB-AT I

Die BGB-AT I Karteikarten beinhalten das, was zum Wirksamwerden eines Vertrages beiträgt (Wirksamwerden der WE, Geschäftsfähigkeit, Rechtsbindungswille, usw.) bzw. der Wirksamkeit hindernd entgegensteht (Willensvorbehalte, §§ 116 ff., Sittenwidrigkeit, u.v.m.). Die Problemfelder der Geschäftsfähigkeit, insbesondere das Recht des Minderjährigen, dürfen bei dieser Möglichkeit zu lernen nicht fehlen.

22.01 *13,80 €*

BGB-AT II

Die BGB-AT II Karteikarten stellen in bekannt knapper und präziser Weise dar, was auf dem umfangreichen Gebiet der Stellvertretung von Ihnen erwartet wird. Die unerlässlichen Kenntnisse der Probleme der Anfechtung, der AGB-Bestimmungen und des Rechts der Einwendungen und Einreden können hiermit zur Examensvorbereitung wiederholt bzw. vertieft werden.

22.02 *13,80 €*

Schuldrecht AT I

Im bekannten Format werden hier die Grundbegriffe des Schuldrechts dargestellt. Dazu gehören der Inhalt und das Erlöschen des Schuldverhältnisses (z.B. durch Erfüllung, Aufrechnung oder auch Rücktritt). Insbesondere die verschiedenen Probleme in Zusammenhang mit der Haftung im vorvertraglichen Schuldverhältnis nach §§ 280 I, 311 II, 241 II BGB (c.i.c.), das Verhältnis des allgemeinen Leistungsstörungsrechts zu anderen Vorschriften und die Formen und Wirkungen der Unmöglichkeit werden behandelt.

22.031 *13,80 €*

Schuldrecht AT II

Klassiker wie Verzug, Abtretung, Schuldübernahme, Vertrag zugunsten oder mit Schutzwirkung zugunsten Dritter und Drittschadensliquidation gehören hier genauso zum Stoff der Karteikarten wie die Gesamtschuldnerschaft und das Schadensrecht (§§ 249 ff. BGB), das umfassend von Schadenszurechnung bis hin zu Art, Inhalt und Umfang der Ersatzpflicht dargestellt wird.

22.032 *13,80 €*

Schuldrecht BT I

Bei diesen Karteikarten steht das Kaufrecht als examensrelevante Materie im Vordergrund. Die Schwerpunkte bilden aber auch Sachmängelrecht und die Probleme rund um den Werkvertrag.

22.40 *13,80 €*

Schuldrecht BT II

Die Karteikarten Schuldrecht BT II behandeln nach Kaufrecht im Karteikartensatz Schuldrecht BT I, die restlichen Vertragstypen. Dazu gehören vor allem das Mietrecht, der Dienstvertrag, die Bürgschaft und die GoA. Auch Gebiete wie z.B. Schenkung, Leasing, Schuldanerkenntnis und Auftrag kommen nicht zu kurz.

22.41 *13,80 €*

Bereicherungsrecht

Die §§ 812 ff. BGB sind regelmäßig die Folge unwirksamer Verträge. Abgrenzungsprobleme gibt es u.a. zum Wegfall der Geschäftsgrundlage (z.B. Rückabwicklung bei der nichtehelichen Lebensgemeinschaft) und §§ 987 ff. BGB. Der Karteikartensatz versteht sich als Gebrauchsanweisung für die erfolgreiche Bewältigung des anspruchsvollen Rechtsgebiets Bereicherungsrecht. Ohne Verständnis für dieses Rechtsgebiet bleibt der Zusammenhang im Zivilrecht im Dunkeln.

22.08 *13,80 €*

Deliktsrecht

Thematisiert werden im Rahmen dieser Karteikarten schwerpunktmäßig die §§ 823 I und 823 II BGB. Verständlich und präzise wird auch auf die Probleme der §§ 830 ff. eingegangen, wobei besonders auf den Verrichtungsgehilfen und die Gefährdungshaftung geachtet wird. Neben einem Einblick in das Staatshaftungsrecht wird auch die Haftung aus dem StVG, ProdHaftG und die negatorische/ quasinegatorische Haftung behandelt.

22.09 *13,80 €*

Sachenrecht I

Mit den Karteikarten zum Sachenrecht können Sie ein so komplexes Gebiet wie dieses optimal wiederholen und Ihr Wissen trainieren.
Das Sachenrecht mit EBV, Anwartschaftsrecht und Pfandrechten ist für jeden Examenskandidaten ein Muss.

22.11 *13,80 €*

Sachenrecht II

Auch auf einem so schwierigen Gebiet wie dem Grundstücksrecht und den damit verbundenen Pfand- und Sicherungsrechten geben die Karteikarten nicht nur eine zügige Wissensvermittlung, sondern reduzieren die Komplexität des Immobiliarsachenrechts auf das Wesentliche und erleichtern somit die eigene Systematik, z.B. des Hypothek- und Grundschuldrechts, zu verstehen. Begriffe wie die Vormerkung und das dingliche Vorkaufsrecht müssen im Examen beherrscht werden.

22.12 *13,80 €*

Kreditsicherungsrecht

Die Karteikarten als Ergänzung zum Skript Kreditsicherungsrecht ermöglichen Ihnen, spielerisch mit den einzelnen Sicherungsmitteln umzugehen, und die Unterschiede zwischen akzessorischen und nichtakzessorischen Sicherungsmitteln genauso wie ihre Besonderheiten zu beherrschen.

22.13 *13,80 €*

Arbeitsrecht

Arbeitsrecht ist stark von Richterrecht geprägt und hat sich auch, wie z.B. im Streikrecht, praeter legem entwickelt. Entsprechend häufig sind die Neuerungen. Gleichwohl ist die Arbeitsrechtsklausur im Regelfall standardisiert: Kündigungsschutz (Feststellungsklage) und Lohnzahlung (Leistungsklage) bilden häufig das Grundgerüst. Eingestreut sind regelmäßig Probleme wie z.B. Gratifikationen, Urlaubsabgeltungsanspruch, faktische Bindung und Anwendbarkeit der Grundrechte.
Verständnis entsteht, so macht Arbeitsrecht Spaß.

22.18 *13,80 €*

Familienrecht

Die wichtigsten Problematiken dieses Gebietes werden hier im Überblick dargestellt und erleichtern Ihnen den Umgang mit Ehe, Sorgerecht, Vormundschaft, aber auch dem Familienprozessrecht.

22.14 *13,80 €*

Erbrecht

Die Grundzüge des Erbrechts mit den einzelnen Problematiken der gewillkürten und gesetzlichen Erbfolge, des Pflichtteilrechts und der Erbenhaftung gehören ebenso zum Examensstoff wie die Annahme und Ausschlagung der Erbschaft und die Problematik mit dem Erbschein. Die Grundlagen zu beherrschen ist wichtiger als einzelne Sonderprobleme.

22.15 *13,80 €*

ZPO I

ZPO taucht zunehmend in den Examensklausuren auf und darf nicht vernachlässigt werden. Nutzen Sie die Möglichkeit, sich durch die knappe und präzise Aufbereitung in den Karteikarten mit dem Prozessrecht vertraut zu machen, um im Examen eine ZPO-Klausur in Ruhe angehen zu können.

22.16 *13,80 €*

ZPO II

Die Karteikarten ZPO II führen Sie quer durch das Recht der Zwangsvollstreckung bis hin zu den verschiedenen Rechtsbehelfen in der Zwangsvollstrekkung. Dabei können Rechtsbehelfe wie die Vollstreckungsgegenklage oder die Drittwiderspruchsklage den Einstieg in eine BGB-Klausur bilden.

22.17 *13,80 €*

Handelsrecht

Im Handelsrecht kehren oft bekannte Probleme wieder, die mittels der Karteikarten optimal wiederholt werden können. Auch für das umfassende Schuld- und Sachenrecht des Handels, in dem auch viele Verknüpfungen zum BGB bestehen, bieten die Karteikarten einen guten Überblick.

22.191 *13,80 €*

Gesellschaftsrecht

Die Personengesellschaften, Körperschaften und Vereine haben viele Unterschiede, weisen aber auch Gemeinsamkeiten auf. Um diese mit allen wichtigen Problemen optimal vergleichen zu können, eignen sich besonders die Karteikarten im Überblicksformat.

22.192 *13,80 €*

Strafrecht-AT I

Das vorsätzliche Begehungsdelikt mit all seinen Problemen der Kausalität, der Irrtumslehre bis hin zur Rechtfertigungsproblematik und Schuldfrage ist hier umfassend, aber in bekannt kurzer und übersichtlicher Weise dargestellt.

22.20 *13,80 €*

Strafrecht-AT II

Die Karteikarten Strafrecht AT II decken die restlichen Problemkreise Versuch (insbesondere Rücktritt vom Versuch), Täterschaft und Teilnahme, das Fahrlässigkeitsdelikt und die oft vernachlässigten Konkurrenzen ab.

22.21 *13,80 €*

Strafrecht-BT I

Ergänzend zum Skript werden Ihnen hier die Vermögensdelikte in knapper und übersichtlicher Weise veranschaulicht. Besonders im Strafrecht BT, wo es oft zu Abgrenzungsproblematiken kommt (z.B. Abgrenzung zwischen Raub und räuberischer Erpressung) ist eine Darstellung auf Karteikarten sehr hilfreich.

22.22 *13,80 €*

Strafrecht-BT II

Die Strafrecht BT II - Karten befassen sich mit den Nichtvermögensdelikten. Besonderes Augenmerk wird hierbei auf die Körperverletzungsdelikte sowie die Urkundendelikte und die Brandstiftungsdelikte gelegt.

22.23 *13,80 €*

StPO

In fast jeder StPO-Klausur werden Zusatzfragen auf dem Gebiet des Strafprozessrechts gestellt. Es handelt sich hierbei meist um Standardfragen, aber gerade diese sollten Sie sicher beherrschen. Die Karteikarten decken alle Standardprobleme ab, von Prozessmaximen bis hin zu den einzelnen Verfahrensstufen.

22.30 *13,80 €*

Verwaltungsrecht I

Ob allgemeines oder besonderes Verwaltungsrecht - die einzelnen Probleme der Eröffnung des Verwaltungsrechtsweges werden Ihnen immer wieder begegnen. Wiederholen Sie hier auch Ihr Wissen rund um die Anfechtungsklage, welche die zentrale Klageart in der VwGO darstellt.

22.24 *13,80 €*

Verwaltungsrecht II

Von der Verpflichtungsklage über die Leistungsklage bis hin zum Normenkontrollantrag sowie weitere Bereiche, mit deren jeweiligen Sonderproblemen werden alle verwaltungsrechtlichen Klagearten dargestellt.

22.25 *13,80 €*

Verwaltungsrecht III

Mittels Karteikarten können die Spezifika der jeweiligen Rechtsgebiete umfassend aufbereitet und verständlich erklärt werden. Thematisiert werden im Rahmen dieser Karten das Widerspruchsverfahren, der vorläufige sowie der vorbeugende Rechtsschutz und das Erheben von Rechtsmitteln.

22.26 *13,80 €*

Staatsrecht

Karteikarten eignen sich besonders gut, die einzelnen Grundrechte, Verfassungsrechtsbehelfe und Staatszielbestimmungen darzustellen, da gerade die einschlägigen Rechtsbehelfe zum Bundesverfassungsgericht sehr klaren und eindeutigen Strukturen folgen, innerhalb derer eine saubere Subsumtion notwendig ist. Das Gesetzgebungsverfahren und die Aufgaben der obersten Staatsorgane können hierbei gut wiederholt werden. Auch wird ein kurzer Einblick in die auswärtigen Beziehungen und die Finanzverfassung gegeben.

22.27 *13,80 €*

Europarecht

Nutzen Sie die Europarechtskarteikarten, um im weitläufigen Gebiet des Europarechts den Überblick zu behalten. Vom Wesen und den Grundprinzipien des Gemeinschaftsrechts über das Verhältnis von Gemeinschaftsrecht zum mitgliedstaatlichen Recht bis hin zu den Institutionen wird hier übersichtlich alles dargestellt, was Sie als Grundlagenwissen benötigen. Hinzu kommen die klausurrelevanten Bereiche des Rechtsschutzes und der Grundfreiheiten.

22.29 *13,80 €*

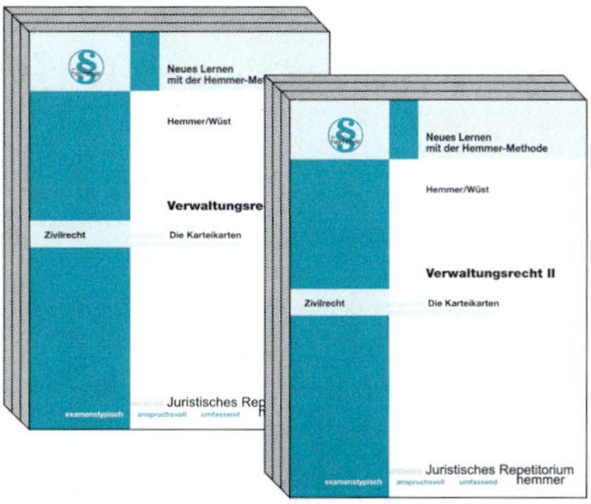

Übersichtskarteikarten

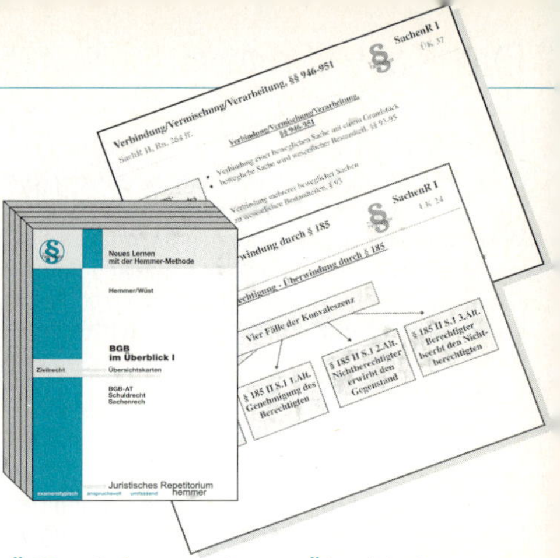

Ihr Begleiter vom 1. Semester bis zum 2. Staatsexamen! Die wichtigsten Problemfelder im Zivil-, Straf- und Öffentlichen Recht sind knapp, präzise und übersichtlich dargestellt. Sie erfassen effektiv auf einen Blick das Wesentliche. Die grafische Aufbereitung auf der Vorderseite erleichtert den schnellen Zugriff. Die Kommentierung mit der hemmer-Methode auf der Rückseite schafft die Einordnung für die Klausur. Nutzen Sie die Übersichtskarten auch als Checkliste zur Kontrolle.

BGB im Überblick I

Mit den Übersichtskarteikarten verschaffen Sie sich einen schnellen und effizienten Überblick über die wichtigsten zivilrechtlichen Problemkreise des BGB-AT, Schuldrecht AT und BT sowie des Sachenrecht AT und BT.

Knapp und teilweise graphisch aufbereitet vermitteln Ihnen die Übersichtskarten das Wesentliche. Aufbauschemata helfen Ihnen bei der Subsumtion. Für den Examenskandidaten sind die Übersichtskarten eine „Checkliste", für den Anfänger eine Möglichkeit zum ersten Einblick.

25.01 *30,00 €*

BGB im Überblick II

Diese Karteikarten bieten einen Überblick der Gebiete Erbrecht, Familienrecht, Handelsrecht, Arbeitsrecht und ZPO.

Für den Examenskandidaten sind die Übersichtskarteikarten eine „Checkliste", für den Anfänger eine Möglichkeit zum ersten Einblick.

25.011 *30,00 €*

Strafrecht im Überblick

Die Übersichtskarten leisten eine Einordnung in den strafrechtlichen Kontext. Im Hinblick auf das Examen werden so die wichtigsten examenstypischen Problemfelder vermittelt. Behandelt werden die Bereiche Strafrecht AT I und II wie auch BT I und II und StPO. Im Strafrecht BT ist bekanntlich fundiertes Wissen der Tatbestandsmerkmale mit ihren Definitionen gefragt, was sich durch Lernen mit den Übersichtskarten gezielt und schnell wiederholen lässt.

25.02 *30,00 €*

Öffentliches Recht im Überblick

Verschaffen Sie sich knapp einen Überblick über das Wesentliche der Gebiete Staatsrecht und Verwaltungsrecht. Die verwaltungs- und staatsrechtlichen Klagearten, Staatszielbestimmungen und die wichtigsten Vorschriften des Grundgesetzes werden mit den wichtigsten examenstypischen Problemfeldern verknüpft und vermindern in der gezielten Knappheit die Datenflut.

25.03 *16,80 €*

ÖRecht im Überblick / Bayern
ÖRecht im Überblick / NRW

Mit dem zweiten Satz der Übersichtskarteikarten im Öffentlichen Recht können Sie Ihr Wissen nun auch auf den Gebiete Polizei- und Sicherheitsrecht überprüfen und auffrischen. Die wichtigsten Probleme auf den Gebieten Baurecht und Kommunalrecht werden im klausurspezifischen Kontext dargestellt, z.B. die Besonderheiten von Kommunalverfassungsstreitigkeiten im Kommunalrecht oder Fortsetzungsfeststellungsklagen im Polizeirecht.

25.031 ÖRecht im Überb. / Bayern *16,80 €*

25.032 ÖRecht im Überb. / NRW *16,80 €*

Europarecht/Völkerrecht im Überblick

Die Übersichtskarten zum Europarecht dienen der schnellen Wiederholung. Gerade in diesem Rechtsgebiet ist es wichtig, einen schnellen Überblick über Institutionen, Klagearten usw. zu bekommen. Klassiker wie Grundfreiheiten und Verknüpfungen zum deutschen Recht werden ebenfalls dargestellt. Komplettiert wird der Satz durch eine Darstellung der Grundzüge des Völkerrechts.

25.04 *16,80 €*

Skripten Assessor-Basics

Trainieren Sie mit uns genau das, was Sie im 2. Staatsexamen erwartet. Die Themenbereiche der Assessor-Basics sind alle examensrelevant. So günstig erhalten Sie nie wieder eine kleine Bibliothek über das im 2. Staatsexamen relevante Wissen. Die Skripten dienen als Nachschlagewerk, sowie als Anleitung zum Lösen von Examensklausuren.

Theoriebände

Die Zivilrechtliche Anwaltsklausur/Teil 1:
410.0004 *16,80 €*

Das Zivilurteil
410.0007 *16,80 €*

Die Strafrechtsklausur im Assessorexamen
410.0008 *16,80 €*

Die Assessorklausur Öffentliches Recht
410.0009 *16,80 €*

Klausurentraining (Fallsammlung)

Zivilurteile (früher. Zivilprozess)
410.0001 *16,80 €*

Arbeitsrecht
410.0003 *16,80 €*

Strafprozess
410.0002 *16,80 €*

Zivilrechtliche Anwaltsklausuren/Teil 2:
410.0005 *16,80 €*

Öffentlichrechtl. u. strafrechtl. Anwaltsklausuren
410.0006 *16,80 €*

in Vorbereitung: Skript FGG-Verfahren

Karteikarten Assessor-Basics

Zivilprozessrecht im Überblick
41.10 *19,80 €*

Strafrecht im Überblick
41.20 *19,80 €*

Öffentliches Recht im Überblick
41.30 *19,80 €*

in Vorbereitung: Karteikarte ErbR/FamilienR

Skripten für BWL'er, WiWi und Steuerberater

Profitieren Sie von unserem know-how.
Seit 1976 besteht das ‚in Würzburg gegründete, Repetitorium hemmer und bildet mit Erfolg aus. Grundwissen im Recht ist auch im Wirtschaftsleben heute eine Selbstverständlichkeit. Die prüfungstypischen Standards, die so oder in ähnlicher Weise immer wiederkehren, üben wir anhand unserer Skripten mit Ihnen ein. Durch unsere jahrelange Erfahrung wissen wir, mit welchen Anforderungen zu rechnen sind und welche Aspekte der Ersteller einer juristischen Prüfungsklausur der Falllösung zu Grunde legt. Das prüfungs- und praxisrelevante Wissen wird umfassend und gleichzeitig in der bestmöglichen Kürze dargestellt. Der Zugang zur „Fremdsprache Recht" wird damit erleichtert. Unsere Erfahrung - Ihr Profit. Die richtige Investition in eine gute Ausbildung garantiert den Erfolg.

Privatrecht für BWL´er, WiWi & Steuerberater
18.01 *13,80 €*

Ö-Recht für BWL´er, WiWi & Steuerberater
18.02 *13,80 €*

Musterklausuren für´s Vordiplom/PrivatR
18.03 *13,80 €*

Musterklausuren für´s Vordiplom/ÖRecht
18.04 *13,80 €*

in Vorbereitung:

Die wichtigsten Fälle:
BGB-AT, Schuldrecht AT/BT für BWL´er

Die wichtigsten Fälle:
Sachenrecht, Handelsrecht, GesR, GoA, DeliktsR, BereicherungsR für BWL´er

Garantiert erfolgreich lernen

Wie Sie Ihre Lese- und Lernfähigkeit steigern

Das Leben ist ein ständiger Lernprozess. Ob für Prüfungen, Examina, berufliche und private Weiterbildung: Niemand kommt daran vorbei, sich ständig neues Wissen anzueignen. Wie zeigen Ihnen wie Sie effektiver lernen.

75.03 *16,80 €*

Coach dich!

Rationales Effektivitäts-Training zur Überwindung emotionaler Blockaden

70.05 *19,80 €*

Lebendiges Reden (inkl. CD)

Wie man Redeangst überwindet und die Geheimnisse der Redekunst erlernt.

70.06 *21,80 €*

Die praktische Lern-Karteikartenbox

- Maße der Lernbox mit Deckel: je 160 mm x 65 mm x 120 mm
- für alle Karteikarten, auch für die Übersichtskarteikarten
- inclusive Lernreiter als Sortierhilfe: In 5 Schritten zum Langzeitgedächtnis

28.01 *1,99 €*

demnächst erhältlich:
Band 2: DER RECHTSANWALT!

Der Referendar

24 Monate zwischen Genie und Wahnsinn

Das gesamte nicht-examensrelevante Wissen über Trinkversuche, Referendarsstationen, Vorstellungsgespräch... von Autor und Jurist Jörg Steinleitner. Humorvoll und sprachlich spritzig!

250 Seiten im Taschenbuchformat

70.01 *8,90 €*

Orig. Klausurenblock

DinA 4, 80 Blatt, Super praktisch

- Wie in der Prüfung wissenschaftlicher Korrekturrand, 1/3 von links
- glattes Papier zum schnellen Schreiben
- Klausur schreiben, rausreißen, fertig

KL 1 *2,49 €*

Die Gesetzesbox

- stabile Box aus geprägtem Kunstleder mit Magnetverschluss
- für Ihre Gesetzestexte (Schönfelder und Sartorius)
- innen und außen gepolstert

28.05 *24,80 €*

hemmer-akademie Wiederholungsmappe

Kaum etwas ist frustrierender, als sich in mühseliger Arbeit Wissen anzueignen, nur um wenige Zeit später festzustellen, dass das Meiste wieder vergessen wurde. Mit dieser Wiederholungsmappe möchten wir diesem Problem beim Lernen entgegentreten. Mit einem effektiven Wiederholungsmanagement werden Sie Ihr Wissen beständig auf einem hohen Niveau halten.

Wiederholungsmappe inklusive Übungsbuch und Mindmapps

75.01 *9,90 €*

Jurapolis - das hemmer-Spiel

Mit Jurapolis lernen Sie Jura spielerisch.

Die mündliche Prüfungssituation wird spielerisch trainiert. Sie trainieren im Spiel Ihre für die mündliche Prüfung so wichtige rhetorische Fähigkeiten. Vergessen Sie nicht, auch im Mündlichen wird entscheidend gepunktet.

Inklusive Karteikartensatz (ohne Übersichtskarteikarten und Shorties) nach Wahl, bitte bei Bestellung angeben!

Lässt sich auch mit eigenen Karteikarten spielen!

40.01 *30,00 €*

bitte abtrennen oder kopieren

Bestellschein

Intelligentes Lernen
mit der hemmer-Methode

Bestellen Sie:
per Fax: 09 31/79 78 240
per e-Shop: www.hemmer-shop.de
per Post: hemmer/wüst Verlagsgesellschaft
Mergentheimer Str. 44, 97082 Würzburg

D

Kundennummer (falls bekannt)

Absender:

Name: Vorname:

Straße: Hausnummer:

PLZ: Ort:

Telefon: E-Mail-Adresse:

Bestell-Nr.:	Titel:	Anzahl:	Einzelpreis:	Gesamtpreis:

+ Versandkostenanteil: 3,30 €
ab 30.- € versandkostenfrei!

Gesamtsumme

Prüfen Sie in Ruhe zuhause!
Alle Produkte dürfen innerhalb von 14 Tagen an den Verlag (Originalzustand) zurückgeschickt werden. Es wird ein uneingeschränktes gesetzliches Rückgaberecht gewährt. Hinweis: Der Besteller trägt bei einem Bestellwert bis 40 € die Kosten der Rücksendung. Über 40 € Bestellwert trägt er ebenfalls die Kosten, wenn zum Zeitpunkt der Rückgabe noch keine (An-) Zahlung geleistet wurde.
Ich weiß, dass meine Bestellung nur erledigt wird, wenn ich in Höhe meiner Bestellungs-Gesamtsumme zzgl. des Versandkostenanteils zum Einzug ermächtige. Bestellungen auf Rechnung können leider nicht erledigt werden. Bei fehlerhaften Angaben oder einer Rücklastschrift wird eine Unkostenpauschale in Höhe von 8 € fällig. Die Lieferung erfolgt unter Eigentumsvorbehalt.

Buchen Sie die Endsumme von meinem Konto ab:

Kontonummer:

BLZ:

Bank:

☐ **Schicken Sie mir bitte unverbindlich und kostenlos Informationsmaterial über hemmer-Hauptkurse in** ____________________

Ort, Datum: **Unterschrift:**